Jan Sneyd
Alternative Nutzpflanzen

# Alternative Nutzpflanzen

Von Jan Sneyd

35 Farbfotos
55 Schwarzweißfotos und Zeichnungen

E.U.
VERLAG
EUGEN
ULMER

Prof. Dr. Jan Sneyd ist Leiter des Fachgebietes Pflanzenbau und angewandte Züchtung an der Fachhochschule Nürtingen, Fachbereich Landwirtschaft.
Studium an der „Hochschule für Landwirtschaft“ Brünn; Justus-Liebig-Universität Gießen / Prof. Dr. Dr. h.c. E. von Boguslawski und bei Prof. Dr. R. von Sengbusch, Hamburg-Ahrensburg.

Die Deutsche Bibliothek-CIP-Einheitsaufnahme

**Sneyd, Jan:**
Alternative Nutzpflanzen/
von Jan Sneyd. –
Stuttgart: Ulmer, 1995
ISBN 3-8001-3093-9


Wollgrasweg 41, 70599 Stuttgart (Hohenheim)
Printed in Germany
Lektorat: Werner Baumeister
Herstellung: Steffen Meier
Einbandgestaltung: Alfred Krugmann mit einem Foto von Werner Baumeister
Satz: Gulde-Druck GmbH, Tübingen
Druck: Gutmann, Talheim
Bindung: Dieringer, Gerlingen

# Vorwort

Die stürmische Entwicklung unserer Gesellschaft ändert bekanntlich auch das Bild unserer Landwirtschaft und der Landschaft. Die Rahmenbedingungen, Beschlüsse, Vorgaben und das Preisdiktat der Europäischen Union, auf die der Einzellandwirt kaum Einfluß hat, führen auch zur Herausnahme von riesigen Ackerflächen aus der Pflanzenproduktion. Sie werden stillgelegt, extensiviert, zu nichtlandwirtschaftlichen Zwecken freigegeben oder zu Natur- und Wasserschutzgebieten umgewandelt.

Schon deshalb ist das Interesse an möglichen „alternativen" Arten und Nutzungen merklich gestiegen, und daher soll dieses Buch dem Landwirt, Praktiker, Lehrenden, Berater, Anbauer, Studenten, Jäger, Imker, Kleintierhalter und dem Landschaftspfleger einige Ausweichmöglichkeiten aufzeigen.

Eine recht schwierige Sache war die Wahl der „alternativen" Arten, da sie botanisch und landwirtschaftlich eigentlich ganz „normal" sind. Bald hatte sich herausgestellt, daß es keinen Sinn hat, Arten vorzustellen, von denen es kein Saatgut auf dem Markt gibt, oder Arten zu beschreiben, die bei uns nicht anbaufähig sind. Mehrere Arten, die Pabst (1844) noch beschreibt (Zackenschote, Dotter, Krapp ...) gibt es heute höchstens noch in botanischen Gärtchen. Andererseits wurden weniger bekannte Arten „entdeckt", die gerade heute zu besonderen Zwecken benötigt werden, da es z. B. in Baden-Württemberg in den Wasserschutzgebieten ein „Begrünungsgebot" für Obstanlagen, Weinanlagen, Hopfen, Körnermais und Spargel gibt. Sie dienen als Grünbrache, Gründüngung, zur Verfütterung, Wildäsung, Zwischenfruchtbau, als Insektenweide, Böschungsbefestigung, Erosionsschutz, Untersaaten, „Nitratfänger", „Nematodenbekämpfer", Bereicherung der natürlichen Pflanzengesellschaften, „Nachwachsende Rohstoffe", oder schließlich als Begrünungspflanzen. So ist insgesamt eine bunte, sicherlich unvollständige Palette von recht verschiedenen Pflanzenarten entstanden, die zumindest eines gemeinsam haben: sie alle könnten mehr angebaut und „alternativ" genutzt werden.

Die Bezeichnungen erfolgten nach dem Bundessortenamt Hannover, bzw. der EG-Sortenliste. Die Artenbeschreibungen, Abbildungen und Zeichnungen beziehen sich auf bekannte, verbreitete, bei uns erhältliche Sorten, die Preise auf das Angebot 1993/94 in Süddeutschland. Bei den aufgeführten Beispielssaatgutgemengen (teils aus verschiedenen Literaturquellen übernommen oder variiert, teils in eigenen Versuchen im Lehr- und Versuchsbetrieb Tachenhausen der Fachhochschule Nürtingen überprüft) schließe ich mich Renius (1949) an: „Die anstehenden Ansaatgemische geben einige Beispiele an, sie haben aber keinen Anspruch auf Vollständigkeit ..."

Außerdem herrschen bei den Saatgutgemengen (Synonym = Gemische, Mischungen) oft Unklarheiten, die sich aus dem Saatgutverkehrsgesetz und den EG-Richtlinien einerseits und den Anforderungen der Praxis (z. B. nach Landsorten oder „exotischen" Arten und Sorten) andererseits ergeben.

Dies alles hindert aber den Anbauer nicht daran, sein eigenes Gemenge für seinen speziellen Bedarf selbst herzustellen und zu variieren.

Auch hierzu soll das vorliegende Buch einen Beitrag leisten.

Danken möchte ich an dieser Stelle für das Verständnis für die wirklich zeitraubende Arbeit an diesem Buch meiner Frau Bohumila, den Söhnen Jan und Patrik, natürlich allen Mitarbeitern, vor allem Frau G. Hahn, Frau T. Wolff und Herrn M. Wüstholz, den zahlreichen konsultierten Firmen und nicht zuletzt meinem Betreuer im Verlag Eugen Ulmer, Herrn W. Baumeister.

Phellos, Linsenhofen und Nürtingen, 1991 bis 1995

Jan Sneyd

**WIDMUNG**

Meinen Eltern Edith und Jaroslav, die mein landwirtschaftliches Studium ermöglicht haben, in Dankbarkeit gewidmet.

# Inhaltsverzeichnis

# Erklärung einiger Fachbegriffe und Abkürzungen

| | | |
|---|---|---|
| **Chromosomen** | | = Träger des Erbmaterials (Gene); die Zahl in den Pflanzenzellen ist typisch für die Art oder sogar Sorte, kann aber abweichen |
| | x | = Chromosomengrundzahl |
| | 2x | = „normaler“ Chromosomensatz (= 2n, Gameten) |
| | 4x | = tetraploider Chromosomensatz (= ebenfalls 2n) |
| | 3x | = triploider Chromosomensatz; Hybridsorte – in der Regel aus diploidem und tetraploidem Elter entstanden |
| | 2n | = Chromosomenzahl in der diploiden Phase |
| **TKG** | | = Tausendkorngewicht, normalerweise Gewicht von 1000 lufttrockenen Samen, angegeben in Gramm |
| **K%** | | = Keimfähigkeit des verkaufsfähigen Saatgutes; die Mindestkeimfähigkeit ist bei vielen Arten gesetzlich vorgeschrieben (Saatgutverkehrsgesetz von 1985) |
| **R%** | | = Gewichtsanteil der reinen Samen in einer Partie; ebenfalls vorgeschrieben |
| **ZS** | | = Zertifiziertes Saatgut; anerkanntes und nach dem Saatgutverkehrsgesetz vertriebsfähiges Saatgut von zugelassenen Sorten (im Jahre 1994 = 1636 Sorten von landwirtschaftlichen Arten auf dem deutschen Markt) |
| **HS** | | = ebenfalls anerkannt; die Qualitätsnormen liegen etwas unter dem ZS-Saatgut, es muß aber artenecht sein; können auch nicht zugelassene Sorten sein (Importsaatgut)! |
| **Preise** | | = die angegebenen Saatgutpreise galten für Kleinverbraucher im süddeutschen Raum in den Jahren 1993/94; sie sollen lediglich eine Vorstellung über die Hektarkosten vermitteln |
| **Futterwert** | | = Maßstab für die chemische Zusammensetzung eines Futtermittels und die Verwertung durch eine bestimmte Tierart |
| **Futterwertzahl** | | = gibt Aufschluß über die Grünverfütterbarkeit der Pflanze und wie gern sie gefressen wird (also nicht über die Gehaltsmengen und Spurenelemente!). Sie umfaßt die Noten –1, 0, 1 bis 8, bzw. oft Noten 1 bis 9 (best, vollwertig) |
| **Feuchtezahl** | | = gibt eine Vorstellung über die Wasseransprüche einer Art; Note 1 = Pflanzen der steppenähnlichen Trockenlagen, Note 10 = im Wasser wachsende Ufer- und Sumpfpflanzen |
| **NEL** | | = Nettoenergielaktation; Bewertungsmaßstab der Restnettoenergie für die Milchkühe, heute in MJ/kg angegeben (das neue Energiebewertungssystem) |
| **kStE** | | = Kilostärkeeinheiten, Stärkeeinheiten; beim Wiederkäuer das herkömmliche Energiemaß. Es beruht auf dem Fettansatz wachsender Ochsen |
| **Verdaulichkeit** | | = vom Ballastgehalt abhängige Verdaulichkeit der organischen Substanz und der einzelnen Nährstoffe; wird in Tierversuchen ermittelt |
| **BSA** | | = Bundessortenamt; in Deutschland zuständig für die Sortenanerkennung und Saatgutverkehrskontrolle; Sitz in Hannover |
| **Beschreibende Sortenlisten** | | = Herausgeber der Broschüren: Bundessortenamt; „Beschreibung von landw. (gärtn.) Pflanzensorten“, um z. B. Wahl einer „richtigen“ Sorte zu ermöglichen |
| **EG-Sortenliste** | | = Verzeichnis der Sorten aus den EG-Ländern, welche innerhalb der EG als ZS/HS frei vertriebsfähig sind |
| **Bakteriengruppe** | | = mit Leguminosenarten symbiotisch lebende Rhizobiumbakterienarten; sie können Luftstickstoff in eine für die Pflanze verwendbare Form umwandeln. Es gibt mehrere Gruppen: |

| **Pflanzenart** | **Symbiose, Bakteriengruppe** |
|---|---|
| Rot-, Weiß-, Schweden-, Alexandriner-, Persischer-, Inkarnatklee | I |
| Luzerne, Gelb-, Stein-, Bokharaklee | II |
| Wund-, Sumpfschoten-, Hornschotenklee | III |
| Ackerbohnen, Erbsen, Wicken, Peluschken, Linsen | IV |
| Busch-, Stangen-, Gartenbohnen | V |
| alle Lupinenarten, Serradella | VI |
| Sojabohnen | VII |
| Esparsette | VIII |

('Radicin-Kulturen', nach: Radicin-Institut, Iserlohn, 1992)

# Alternative Nutzpflanzen

## Alexandriner Klee

Alexandrinerklee, Ägyptischer Klee, Sommerklee
Bersim, berseem, Egyptian clover
*Trifolium alexandrinum L.*

### Herkunft/Vorkommen

Der Alexandrinerklee ist eine sehr alte Kulturpflanze aus dem Mittelmeergebiet und insbesondere in Ägypten autochthon; in Nahost und Indien war er schon immer von großer Bedeutung. Heute ist er auch in den USA, Rußland und den Nachbarstaaten verbreitet.
Alexandrinerklee wurde bei uns vor etwa 40 Jahren erstmals als Rotkleeersatz eingeführt und bekommt inzwischen eine ständig steigende Bedeutung als Haupt- und Zwischenfruchtart, da die Grünschnittreife nach nur zwei bis drei Monaten erreicht werden kann (Saatzucht Petersen, 1993). Inzwischen ist er in vielen Gebieten der Erde eingeführt, sogar in den Subtropen und Australien.

Besonders im Gemengeanbau mit kurzlebigen Weidelgräsern beste Grünfutterleistung und -qualität. Im Haupt- und Zwischenfruchtanbau als schnellwüchsige, wärmeliebende, gut abfrierende Pflanzenart.

### Botanik

Cytologie: 2n = 2x = 16 Chromosomen (bzw. 32). Familie *Leguminosae*, Unterfamilie *Papilionatae* (Schmetterlingsblütler), Gattung *Trifolium* (Wagner 1979). (Tres = drei, folium = Blatt.)
Im allgemeinen Aussehen erinnert diese Feinleguminose an Luzerne. Es gibt mehrschnittige, gut nachtreibende (früher „Muskowi-Formen“) und einschnittige Sorten (früher „Fahli-Formen“); sie unterscheiden sich aber wesentlich durch die Gesamtleistung (Bundessortenamt 1994).

**Pflanze:** Einjährig (sommerjährig in Europa, doch auch winterjährig im Mittelmeerklima), bis etwa 1 m hoch, raschwüchsig, relativ standfest, frostempfindlich, kurztagliebend. Luftstickstoffbindung mit Bakteriengruppe 1 (wie Rot-, Weiß-, Schweden-, Perser- und Inkarnatklee). Diese sogen. Rhizobiumbakterien leben in den Wurzelknöllchen; rosafarbene Knöllchen sind besonders während der Symbiose Pflanze / Bakterien aktiv.
**Jugendentwicklung:** Gut, stark temperaturabhängig (Wärmebedarf).
**Konkurrenzkraft:** Gering bis mittel, doch harmoniert er sehr gut vor allem mit Weidelgräsern.
**Stengel:** Dünn, ungefüllt, weich, reichlich verzweigt.
**Blätter:** Dreizählig mit länglichen Blättchen, die eiförmig bis langoval sind, Nebenblätter spitzig.
**Blüte:** Dichter, kopfförmiger Blütenstand am Ende der Triebspitzen, gelblichweiße Einzelblütchen, etwas später blühend als Perserklee. Typischer Fremdbefruchter (siehe auch Abschnitt Bienenweide).

### Samen

Die Hülse ist klein und einsamig; die Samen sind denen des Inkarnatklees ähnlich.

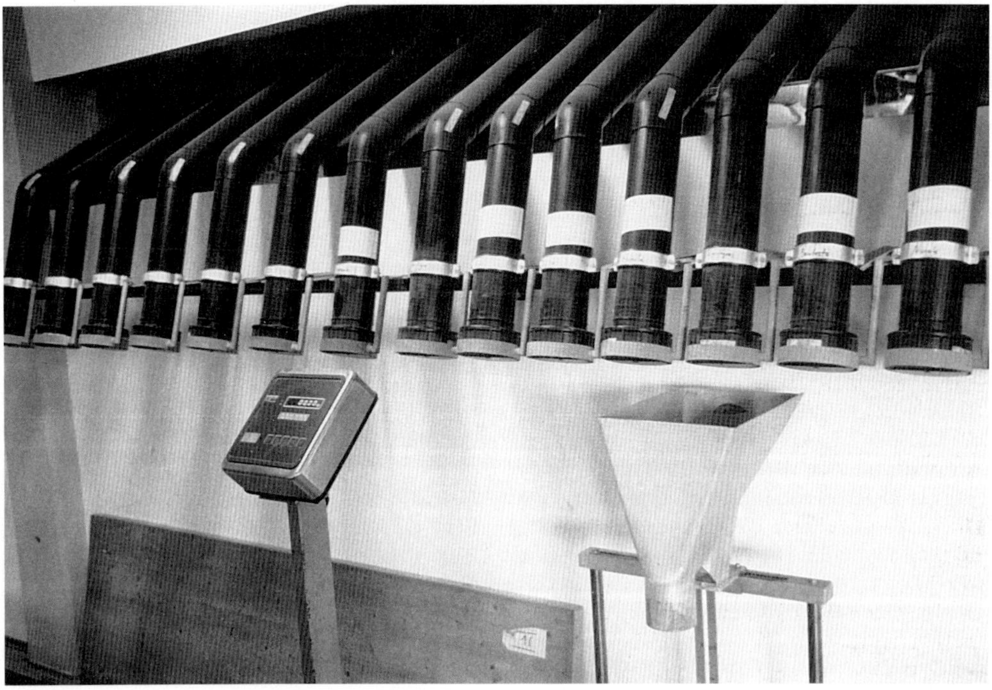

Moderne Saatgutmischungsanlagen (Hier: Fa. SCHOELL, 1993) sind für eine korrekte, präzise und homogene Gemengeherstellung unabdingbar.

**TKG:** etwa 3 g; (die mehrschn. Sorten auch kleiner);
**Farbe:** rotbraun, gelb, wenig glänzend;
**Form:** eiförmig, länglich, gleichmäßig;
**Größe:** etwa 2 × 1,3 × 1 mm;
**Besonderheiten:** Keimwürzelchen lang, eng anliegend; Nabel rund, vertieft.

**Ansprüche**
Allgemein gute Anpassungsfähigkeit, ähnlich unseren einheimischen Kleearten, vor allem dem Rotklee.

**Klima**
Warme, feuchte Witterung ist für die Keimung und Jugendentwicklung vorteilhaft. Kühle Jahre wirken sich ungünstig aus (LESAK 1986). Niederschläge während der Vegetation sind vorteilhaft. Insbesondere bei den mehrschnittigen Sorten ist Bewässerung empfehlenswert. Der Alexandrinerklee friert in Deutschland relativ sicher ab.

**Boden**
Leichte bis mittelschwere, nährstoffreiche, sogar salzige Standorte sind gut geeignet; zu sandige, saure Lagen dagegen ungünstig.

**Nährstoffbedarf**
Mit Rotklee vergleichbar. Die Luftstickstoffbindung ist gut, deshalb ist eine Stickstoffgabe höchstens in Gemengen oder nach dem Grünschnitt notwendig.

**Auftreten von Krankheiten und Schädlingen**
Relativ selten, doch wie bei den übrigen vom Bundessortenamt Hannover geprüften Kleearten werden vor allem beobachtet: Kleekrebs, Mehltau, Rost, Stengelbrenner, Blattschütte, Stockälchen, Blattrandkäfer, Drahtwürmer, Mäuse (Wühlmaus, Feldmaus), Wildverbiß (hier Sortenunterschiede möglich). Wie bei fast allen Kleearten ist auch Befall vom Parasit 'Kleeteufel' (*Orobanche minor*) bei uns möglich.

## Verwendung

**Grünfutter**
Alexandrinerklee wird gerne von Tieren gefressen. Seine Eignung für die Hauptfrucht- und Zwischenfruchternte ist durch seinen Massenwuchs sehr gut (Saatzucht Petersen 1993).
Der Grünschnitt ist bereits nach zwei Monaten möglich; zwischen zwei Schnitten liegen dann aber nur etwa drei bis vier Wochen. Das Ertragsvermögen liegt etwas unter dem des Perserklee.
**Futterwert:** Ist sehr hoch, ebenso der Eiweißgehalt, da der Blattanteil an der Gesamttrockenmasse bis 50% betragen kann. Auch die Qua-

lität ist sehr gut. Der Trockensubstanzgehalt liegt meist etwas höher als beim Perserklee, doch unter dem von Rotklee. KStE und NEL sind fast so hoch wie bei den Sommerwicken, entscheidend ist jedoch der Erstschnitt (Tab. 1).
**Schmackhaftigkeit** und **Verdaulichkeit:** Sind hoch, doch nach der Blüte verhärten die Pflanzen schnell. Deshalb ist der Frühschnitt vor bzw. zur Blüte vorteilhaft. Bei mehrschnittigen Sorten ist ein nicht zu tiefer Schnitt von Nutzen. Auch sollten gerade bei Gemengen (= Mischungen) mit Weidelgräsern die Entwicklungsunterschiede aller Arten und Sorten beachtet werden (siehe hierzu Beschreibende Sorten listen des Bundessortenamtes); exakte Futterwertangaben sind der Tab. 3 zu entnehmen).
Alexandrinerklee wird von Rindern nicht nur rein gerne gefressen, sondern auch in Kombination mit kurzlebigen Weidelgräsern und/oder Perserklee aus Haupt- und Zwischenfruchtanbau (Sommerkleegemisch).
Gemengebeispiele (Mengen pro ha):

- Alexandrinerklee mehrschn. 16 kg
  Perserklee 11 kg
  Einjähriges Weidelgras 6 kg
  Welsches Weidelgras 2 kg
  (als Hauptfrucht ab April),

oder

- Alexandrinerklee einschnittig 15 kg
  Einjähriges Weidelgras 15 kg
  (für Spätsaaten),

oder

- Alexandrinerklee 14 kg
  Einjähriges Weidelgras 10 kg
  Sommerwicken 22 kg
  (Saaten-Union 1992)

oder

- Alexandrinerklee 6 kg
  Perserklee 10 kg
  Rotklee 2 kg

(oder siehe bei Buchweizen, Erdklee, Malve, Perserklee und Platterbse).

**Weide, Heu, Silage**

(Zur Bewertung der Qualität von Heu und Silage siehe auch: Merkblatt DLG, Nr. 224, Frankfurt 1985)
Seltener, doch gut möglich sind, z.B.:

- Alexandrinerklee 12 kg
  Einjähriges Weidelgras 8 kg
  Welsches Weidelgras 8 kg

oder

- Alexandrinerklee 3 kg
  Perserklee 12 kg
  Hafer 70 kg
  Sonnenblumen 2 kg

(oder siehe bei Buchweizen, Perserklee und Platterbse).

**Gründüngung**

Alexandrinerklee ist auch als Zwischenfrucht und Erosionsschutz sehr gut geeignet (Tab. 1).
Saatbeispiele:

- Reinsaat Alexandrinerklee 35 kg

oder

- Alexandrinerklee 5 kg
  Buchweizen 12 kg
  Platterbse 10 kg
  Sommerwicken 10 kg
  Sonnenblumen 2 kg

(oder siehe bei Buchweizen, Erdklee, Phacelia und Platterbse).

**Grünbrache**

Sehr gute Eignung für Rotationsbrache (auch Kurzbrache genannt im Unterschied zur 3- bis 5jährigen Dauerbrache) auf leichten bis schweren Böden, z.B.:

- Alexandrinerklee 4 kg
  Perserklee 7 kg
  Weißklee 3 kg
  Welsches Weidelgras 4 kg

oder

- Alexandrinerklee 20 kg
  Perserklee 15 kg
  Phacelia 10 kg
  (Bayerische Futtersaatbau 1993)

oder

- Reinsaat Alexandrinerklee 32 kg

(oder siehe bei Phacelia, Perserklee und Platterbsen).
**Bemerkung:** Die Bedeutung der Grünbracheformen (einfache Stillegung oder Dauerbrache oder 6jährige Rotationsbrache) wird immer größer (TOP AGRAR 12/1994).

**Wildäsung**

Sehr gut geeignet als Sommer- und Herbstgrünäsung für Reh- und Rotwild und Hasen sind die mehrschnittigen Sorten.
**Beurteilung als Wildackerpflanze:** Der Äsungswert ist hoch, da das Futter schmackhaft und eiweißreich ist. Die Niederwilddeckung ist gut, da er relativ hoch wird. Er lagert dann allerdings und friert ab.
Gemengebeispiel:

- Alexandrinerklee 5 kg
  Wicken 15 kg
  Buchweizen 10 kg
  Mais 10 kg
  Ölrettich 2 kg

(oder siehe bei Sonnenblume).

**Die stillgelegten Flächen (alleine in Deutschland waren es im Jahre 1994 1,5 Millionen Hektar) werden an vielen Standorten durch begleitende Versuchs- und Forschungsarbeiten beobachtet und untersucht.**

**Besonderheiten:** Im Rahmen des EG-Flächenstillegungsprogramms wurden z.B. 1992 Zuschußmittel für wild- und bienenfreundliche Begrünungseinsaaten gewährt (Ministerium für Ländlichen Raum 1992).

**Bienenweide**

Sehr empfehlenswert ist z.B.:

| | |
|---|---|
| – Alexandrinerklee | 8 kg |
| Phacelia | 6 kg |
| Buchweizen | 8 kg |

(oder siehe bei Buchweizen und Phacelia).
(Anmerkung: Kleehonig hat einen ausgezeichneten Geschmack und kristallisiert langsam; auch deshalb ist der Alexandrinerklee bei den Imkern beliebt.)

**Sonstige Nutzung**

Alexandrinerklee ist auch im Wein- und Obstbau und in Hausgärten gut einsetzbar, da er ein guter Bodendecker ist und sicher abfriert. Deshalb gibt es keine Durchwuchsprobleme. Auch nach ausgewinterten Pflanzenarten wird er öfters als gute Zwischenlösung angebaut (Tab. 1). Doch Vorsicht: in Wasserschutzgebieten ist Alexandrinerklee als Leguminose nur anteilig (mit mindestens 50% Nichtleguminosen) zu empfehlen (SCHALVO 1992).

## Saat

Bei **Reinsaat**: etwa 25 bis 40 kg/ha, je nach TKG und Keimfähigkeit;
**Mindestqualität**: K > 80%, R > 97%, max. 20% hartschalige Samen, 0% Kleeseidesamen;
**Bemerkung:** Besonders in den Gemengen muß man bei der Saatstärkebemessung die artenunterschiedliche „kritische Saatstärke" berücksichtigen (KÄMPF et al. 1985).
**Saattiefe:** 1 bis 2 cm;
**Reihenweite:** 15 bis 25 cm; Breitsaat möglich;
**Saatgutpreise:** ca. 5,– DM.

**Saatmethoden**

Als **Untersaat:** Ist er kaum geeignet; Ausnahmen bei späten Silomaisuntersaaten sind aber denkbar.
Als **Hauptfrucht:** Saat von April bis Juni, Nutzung bis Oktober möglich. Für diesen intensiven Futterbau sind besonders die mehrschnittigen Sorten zu empfehlen.
Als **Zwischenfrucht:** Alexandrinerklee gilt als ausgezeichnete Stoppelfruchtpflanze. Saat nach einer Hauptfrucht ab Juli bis 10. August noch möglich. Gut geeignet sind Sorten mit hohem Grünertrag im 1. Schnitt; Nutzung bis zum Frost im Spätherbst möglich (Tab. 2).

## Ertrag (oberirdisch)

Der Grünertrag als Hauptfrucht liegt bei 250 bis 500 dt/ha Grünmasse (etwa 60 bis 90 dt/ha Trockenmasse mit etwa 16 dt Rohprotein). Als Zwischenfrucht sind 120 bis 200 dt/ha Grünmasse zu erwarten (entspricht etwa 20 bis 25 dt/ha Trockenmasse; Saaten Union / LÜTKE-ENTRUP 1993).

## Ökologische Bedeutung

**In der Fruchtfolge**
Alexandrinerklee bildet leicht zersetzbare Rückstände, ist struktur- und bodengareverbessernd und hat einen hohen **Vorfruchtwert**, er gilt als „aufbauend" (Tab. 2), kleekrebstolerant, hat eine gute Gesamtresistenz gegen Schädlinge und Krankheiten und kann deshalb öfters auf dem gleichen Schlag angebaut werden. Chemische und mechanische Pflegemaßnahmen sind seltener notwendig.
**Bodenbedeckung:** Sehr gut, vor allem bei mehrschnittigen Sorten. Er verbessert somit die Bodengare und gilt auch deshalb als „humuspositiv" (KÄMPF 1987).
**Bodendurchwurzelung:** Sehr gut, gleichmäßig, Hauptwurzel tiefer wachsend.
**Ernterückstände:** Etwa 12 dt/ha Trockenmasse und 10 dt/ha Wurzelmasse.
**Vorsicht:** Die Stroheinarbeitung der Leguminosen in Wasserschutzgebieten darf nur in Verbindung mit einer unmittelbaren Folgekultur erfolgen (SCHALVO 1992).
In **natürlichen Pflanzengesellschaften** ist er bei uns kaum bekannt bzw. verbreitet, dafür aber im Mittelmeerraum häufig anzutreffen (SNEYD 1994).

## Sortenangebot

Das Angebot wurde früher durch Qualitätssaatgut deutscher Sorten und Handelssaatimporte aus Ägypten und Marokko gedeckt. Künftig soll nur noch Zertifiziertes Saatgut vertrieben werden. Im Jahre 1994 waren in Deutschland fünf Sorten zugelassen. Sie unterscheiden sich durch Blühbeginn, Wuchshöhe, Wuchsform, Stengellänge und Proteingehalt. Die Vermehrungen erfolgen im Ausland. Im EG-Sortenkatalog 1992 waren zehn Sorten aufgeführt.

# Bodenfrüchtiger Klee/Erdklee

Australischer Klee, Unterirdischer Klee, subterranean clover
*Trifolium subterraneum* L.

## Herkunft/Vorkommen

Der Erdklee ist eine alte, robuste und typische Kleeart aus dem Mittelmeerraum. Erst spät nach Australien eingeführt, wurde er dort durchgezüchtet und in den Weizenfruchtfolgen verstärkt als Weidepflanze angebaut. Bemerkenswert ist seine Eigenschaft, die Blütenstände in den Boden zu stecken und erst dort die Samen auszubilden (Geopartie).
Die heutigen Anbaugebiete reichen von Europa bis Südafrika und Südamerika. Besonders in Nordeuropa ist der Erdklee als alternative Art zunehmend gefragt. Die Weltanbauflächen sind jedoch insgesamt sehr niedrig.

> Erdklee, eine wenig bekannte Pflanzenart; steigende Bedeutung in Deutschland als Gründüngungs-, Erosionsschutz- und Zwischenfruchtpflanze. Neuerdings sind auch östrogenarme Grünfuttersorten interessant.

## Botanik

Cytologie: 2n = 2x = 16 Chromosomen.
Familie *Leguminosae*, Gattung *Trifolium*.
Erdklee ist eine Futterleguminose, welche dem Weißklee und dem Gelbklee sehr ähnelt.

**Pflanze:** Sommerjährig, bestockungs- und verzweigungsfreudig, auch ausläuferbildend, blattreich; etwa 25 bis 40 cm hoch wachsend, doch später lagernd. Sie friert bei –5 °C ab.
**Jugendentwicklung:** Gut, doch etwas zögernd. Hoher Wärmebedarf.
**Konkurrenzkraft:** Ab 20 cm Höhe gut bis sehr gut.
**Stengel:** Rund, gefüllt, behaart, saftig, später verhärtend.
**Blätter:** Kleeblattähnlich, herzförmig, mit ausgeprägter Blattzeichnung. Die Blattunterseite ist fein behaart.
**Blütenstand:** Auf längeren Stielchen unscheinbare vierblütige weißliche Blütenköpfchen, die etwa 5 mm groß sind. Diese werden – ähnlich

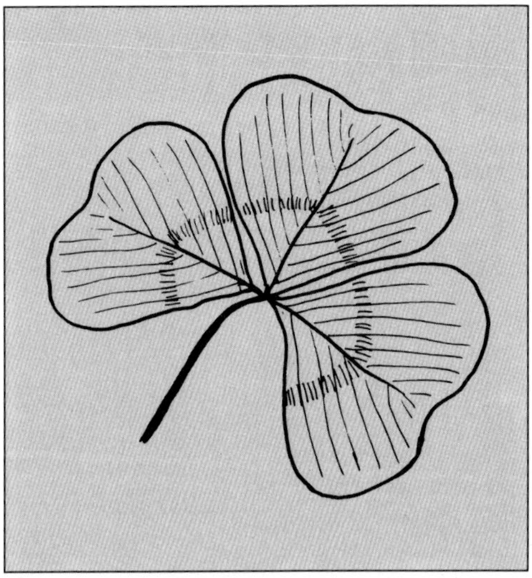

wie bei der Erdnußblüte – in den Boden geschoben, wo sie dann ausreifen. Hochgradiger Selbstbestäuber.

## Samen

Die Hülsen sind mehrsamig, oval, etwa 3,5 × 3 × 5 mm groß. Sie müssen mit Spezialgeräten geerntet werden (australische Fabrikate).
**TKG:** 5 bis 10 g;
**Farbe:** dunkelbraun bis schwarz, schwach glänzend, glatt;
**Form:** rundlich bis dick-oval, herzförmig;
**Besonderheiten:** Würzelchen eng anliegend, Narbe rund, weißlich.

## Ansprüche

Sie sind ähnlich wie bei anderen Sommerkleearten.

### Klima

Wärmere Lagen und ein trockener Herbst sind optimal; Erdklee ist aber trotzdem gut anpassungsfähig. Nach kurzer Frosteinwirkung erfriert er aber doch.

### Boden

Nährstoffreichere Standorte mit pH-Werten von 5,5 bis 7 sind optimal. Für feuchtere Standorte gibt es speziell gezüchtete Sorten.
**Nährstoffbedarf:** Der Nährstoffentzug ist mittelhoch, das Aneignungsvermögen für Kalium, Phosphor, Magnesium und Stickstoff aber hoch. Für mäßige Grunddüngung ist der Erdklee dankbar. Die Luftstickstoffbindung für die Selbstversorgung ist mittelhoch, spezielle Rhizobiumbeize notwendig.

### Auftreten von Krankheiten und Schädlingen

Im Zwischenfruchtbau ist der Erdklee bei uns bis jetzt relativ gesund. Mehltau wurde beobachtet, sehr selten aber die übrigen Kleekrankheiten und Schädlinge, wie z. B. Blattrandkäfer und Schnecken.

## Verwendung

### Grünfutter

Über die Reinverfütterung ist bei uns recht wenig bekannt. Die meisten Sorten können wegen der Verdauungsschwierigkeiten bei den Tieren jedoch nur anteilig in Futtermischungen angebaut werden. Obwohl es inzwischen neue, östrogenarme Futtersorten gibt, die gut nachwachsen (z. B. 'Nuba'), ist deren Nutzung in Europa heute ziemlich gering. Ein Teil des importierten Saatgutes aus Australien ist nach dem Saatgutverkehrsgesetz nicht zu Futterzwecken freigegeben.
KStE und NEL sind sehr hoch (siehe Tab. 3).
Der **Futterwert** ist gut, da eiweiß- und blattreich (Tab. 1).
**Schmackhaftigkeit** und **Verdaulichkeit** sind insgesamt gut, doch bis jetzt bei uns wenig untersucht (Tab. 3).
Gemengebeispiele:

| | |
|---|---|
| – Erdklee | 4 kg |
| Sommerwicke | 15 kg |
| Platterbse | 20 kg |
| Buchweizen | 10 kg |
| Alexandrinerklee | 3 kg |
| Phacelia | 2 kg |
| Kräuter | 0,5 kg |
| oder | |
| – Erdklee | 5 kg |
| Rotklee | 5 kg |
| Schwedenklee | 3 kg |
| Wiesenschwingel | 4 kg |
| Welches Weidelgras | 10 kg |
| Kräuter | 1 kg |
| (Bernath 1990) | |
| oder | |
| – Erdklee | 5 kg |
| Rotklee | 5 kg |
| Schwedenklee | 3 kg |
| Wiesenschwingel | 4 kg, |
| | für feuchte Lagen, |
| | als Untersaat |
| (Preuschen 1983) | |

- Reinsaat 30 kg
  (östrogenarme Sorte z.B. 'Nuba')

oder

- Erdklee, östrogenarm 5 kg
  Schwedenklee 3 kg
  Rotklee 6 kg
  Wundklee 1 kg
  Wiesenschwingel 4 kg
  Welsches Weidelgras 8 kg
  Luzerne 3 kg
  (für zweijährige Nutzung)

**Weide, Heu, Silage**
Über die Heu- und Silageeignung ist in Europa wenig bekannt. Für die „Portionsweide“ werden jedoch die östrogenarmen Sorten anteilig in Gemengen empfohlen.

**Gründüngung**
Erdklee ist insgesamt gut geeignet (Tab. 1.), da er mit vielen Arten gut zu kombinieren ist. Er ist gut bodendeckend und friert sicher ab.
Beispiele:

- Erdklee 4 kg
  Platterbse 20 kg
  Sommerwicke 10 kg
  Inkarnatklee 3 kg
  Alexandrinerklee 4 kg
  Buchweizen 15 kg
  Phacelia 1 kg
  (PREUSCHEN 1991)

oder

- als Reinsaat 25–30 kg

(oder siehe bei Buchweizen, Phacelia, Sonnenblumen und Wundklee)

**Grünbrache**
Für Rotationskurzbrache eignet sich der Erdklee ebenfalls sehr gut, da er schnell wächst und untersaatenverträglich ist. Für feuchte Lagen als Getreide- oder Silomaisuntersaat, z. B.:

- Erdklee 7 kg
  Fadenklee 5 kg
  Schwedenklee 5 kg
  Wiesenschwingel 4 kg
  (PREUSCHEN 1983)

(oder siehe bei Phacelia und Platterbse).

**Wildäsung**
Anteilig möglich, z. B.:

- Erdklee 15 kg
  Winterraps (00-Sorte*) 8 kg
  (*erucasäure- und glucosinolatfrei)

**Bienenweide**
Ohne Bedeutung, da die Blütchen klein, nektarlos und versteckt sind.

**Sonstige Nutzung**
Erdklee kann im Obstbau als Zwischenreihenbegrünung mit anderen Arten gesät werden, z. B.:

- Erdklee 4 kg
  Schwedenklee 3 kg
  Steinklee 6 kg
  Deutsches Weidelgras 5 kg
  Wiesenrispe 5 kg
  Kümmel 2 kg
  (PREUSCHEN 1985)

(oder siehe bei: Platterbse und Serradella).

**Vorsicht!** Als Leguminose soll Erdklee in Wasserschutzgebieten nur anteilig gesät werden (SCHALVO 1992).

## Saat

**Reinsaat:** 20 bis 30 kg/ha;
**Mindestqualität:** K > 90%, R > 95% (beim Import-$Z_2$-Saatgut auch 70% Keimfähigkeit möglich);
**Saattiefe:** 1 bis 2 cm;
**Reihenweite:** 15 bis 20 cm; Breitsaat möglich;
**Saatgutpreis:** etwa 7,– DM/kg.

**Saatmethoden**
Als **Untersaat:** Späteinsaaten unter Mais, Sonnenblumen, Ackerbohnen, Getreide mit breiten Reihen, sind gut möglich, falls die Feuchtigkeit stimmt (Vorteil: Fahrgassen!).
Als **Hauptfrucht:** Ab Frühjahr nach dem letzten Frost möglich.
Als **Zwischenfrucht:** Im Frühherbst noch lohnend (Julisaaten sind vorteilhaft, Tab. 2).

## Ertrag

Der Grünertrag bei Zwischenfruchtanbau liegt bei 150 bis 220 dt/ha (etwa 20 dt Trockenmasse mit etwa 3 dt Rohprotein).

## Ökologische Bedeutung

**In der Fruchtfolge**
Der Erdklee ist in der Fruchtfolge wertvoll durch die dichte, nährstoffreiche, unkrautun-

terdrückende Pflanzengründecke. Noch im Winter, wenn er abgefroren ist, bleibt diese intakt und erosionsschützend. Bis zum Frühjahr zerfallen die Reste und verrotten gut. Die Luftstickstoffausnutzung ist bei den nicht mit Rhizobium gebeizten Samen relativ niedrig.

**Bodenbedeckung:** Nach wenigen Wochen sehr gut (Tab. 2).

**Bodendurchwurzelung:** In der Ackerkrume reichlich und gleichmäßig; die Pfahlwurzel ist tiefwachsend. Erdklee gilt deshalb als wertvoller Strukturverbesserer. Der gesamte Pflegeaufwand ist minimal (Tab. 2).

**Selbstausbreitung:** Durch die unterirdisch angelegten Samen kann Erdklee im Mittelmeerraum standorttreu werden; in unseren natürlichen Gesellschaften ist er aber unbekannt.

**Ernterückstände:** Oberirdisch etwa 15 dt/ha, unterirdisch bis 10 dt Trockenmasse.

## Sortenangebot

Erdklee unterliegt bisher nicht dem deutschen Saatgutverkehrsgesetz (Stand 1994). In Deutschland war 1994 nur eine geschützte Sorte eingetragen. Das Qualitätssaatgutangebot auch von östrogenarmen australischen Sorten ist jedoch ausreichend. Die meisten Importe sind zwar nach ISTA- und EWG-Normen untersucht, nicht aber für Futterzwecke bestimmt. Im „EG-Sortenkatalog 1992" ist die Art Erdklee noch nicht aufgeführt.

# Gelbklee

Hopfenklee, Hopfenluzerne, Lämmerklee
black medick, hop clover, yellow trefoil
*Medicago lupulina* L.

## Herkunft/Vorkommen

Der Gelbklee ist eine alte euro-asiatische Leguminosenart. Im 19. Jahrhundert war er in Europa noch ziemlich verbreitet, in Deutschland vor allem als stickstoffsammelnde Kleeart im Gründüngungszwischenfruchtbau als Gemengeanteil berühmt. Die Hauptanbaugebiete lagen auf den flachen, trockeneren, kalkhaltigen Böden der Alb in Württemberg, in Thüringen und Westfalen. Die wichtigsten Sorten hießen entsprechend „Württemberger", „Thüringer", „Eifeler".

Heute wird er gerne in Asien, Nordafrika, Amerika und Australien in Gemengen angebaut. In natürlichen wildwachsenden Pflanzengemeinschaften ist er bis nach Schweden und in Höhen bis 2100 m über NN überall in Europa verbreitet.

Für Gründüngungsmischungen, Grünfutter und Zwischenfrucht eine empfehlenswerte Pflanze, insbesondere für trockenere, kalkhaltige Standorte. Auch sonst vielseitig nutzbar, da anspruchslos. Untersaat möglich; sonst biß- und trittverträglich.

## Botanik

Cytologie: 2n = 2x = 16 Chromosomen (auch tetraploide Sorten wurden inzwischen gezüchtet).

Familie *Leguminosae*, Gattung: *Medicago*; also eng mit Luzerne verwandt.

**Pflanze:** Einjährig (in maritimen Lagen eher zweijährig), bis 60 cm hoch, lagernd, sattgrün, meistens mehrschnittig, im ersten Winter hart. Durch Samenausfall standorttreu, dadurch wirkt sie ausdauernd. Luftstickstoffbindung mit Bakteriengruppe 2 (wie Luzerne, Stein- und Bokharaklee).

**Jugendentwicklung:** Anfangs zögernd, dann aber zügig.

**Konkurrenzkraft:** Gering bis mittelhoch.

**Stengel:** Halbgefüllt bis gefüllt, stets behaart,

**Unter geeigneten Boden- und Klimabedingungen sind kleeartige Futterleguminosen wie „Bodenfrüchtiger Klee" in der Lage, den Boden stark durchzuwurzeln und mit Nährstoffen, vor allem mit Stickstoff, anzureichern.**

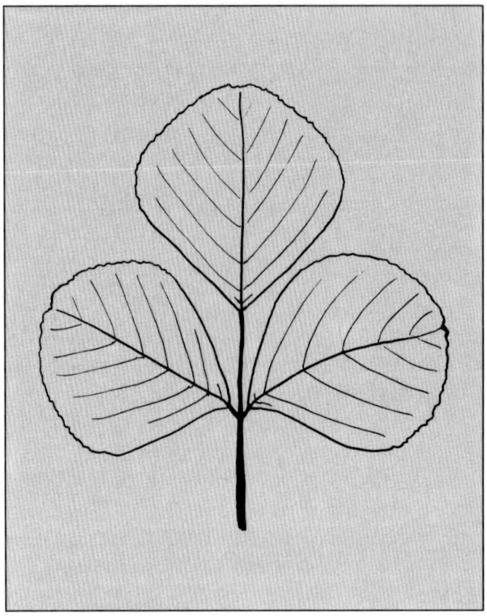

verzweigt, nicht ganz rund, bis 60 cm lang, in dichteren Beständen mehr aufrecht, oft lagernd.

**Blätter:** Dreizählig, teilweise behaart und gezähnt. Einzelblättchen sind verkehrt-eiförmig, das mittlere gestielt – dies ist für die Medicago-Arten typisch! Die Nebenblätter sind eiförmig-rund.

**Blütenstand:** 10 bis 50 Einzelblüten bilden kurzgestielte, zitronengelbe, kugelige Köpfchen. Der Name Hopfenklee stammt von dieser hopfenähnlichen Form. Das Abblühen dauert sehr lange, deshalb sind die Samen unterschiedlich reif und die Pflanze bleibt lange grün. Gelbklee ist ein Fremd- und Selbstbefruchter. Deshalb lockt er einerseits Insekten an, andererseits ist er witterungsunabhängig. Durch die sehr häufige Aussamung wird er standorttreu und wirkt dadurch ausdauernd.

## Samen

Die Hülsen („Samenkappen") sind meistens einsamig, die Frucht ist eigentlich eine Nuß.

**TKG:** etwa 1,2 bis 2 g (enthülste Samen); Hektolitergewicht etwa 76 kg;

**Farbe:** gelb, grünlich-gelb; matt, glatt, schwach glänzend;

**Form:** eiförmig bis langoval;

**Größe:** etwa 1,7 × 1,4 × 1,3 mm;

**Besonderheiten:** langes Keimwürzelchen mit typischer Spitze („kleine Nase"). Nabel ist punktförmig.

## Ansprüche

Der Gelbklee ist relativ anspruchslos. Er wächst auch auf trockenen Standorten, ist jedoch für mittelintensive Kulturmaßnahmen dankbar.

### Klima

Er hat mittlere Wärmeansprüche und ist für mäßig feuchte, auch trockenere Witterung dankbar. Er ist wie die Luzerne kälteunempfindlich und im ersten Winter sehr frostfest. Die Wasseransprüche sind eher niedrig; die „Feuchtezahl" liegt bei Note 3 (Note 9 bedeutet einen sehr hohen Wasserbedarf; Faustzahlen 1988).

### Boden

Der Gelbklee ist insgesamt anpassungsfähig, bevorzugt aber warme, nährstoffreiche, tiefgründige, kalkhaltige Lößböden. Ärmere, flachgründige, neutrale, lehmige Standorte, sogar steinige und moorige Böden werden aber noch gerne akzeptiert, vorausgesetzt der Kalkgehalt stimmt. Zu nasse, schwere Böden sind ungünstig.

**Nährstoffbedarf:** Insgesamt niedrig bis mittelhoch; der Gelbklee hat ein gutes Nährstoffaneignungsvermögen. Der Phosphor- und Kaliumbedarf ist jedoch mittelhoch, der Magnesium- und Kalkbedarf sogar hoch. Stickstoffbindung mit Selbstversorgung sind nach dem Anwachsen optimal.

### Auftreten von Krankheiten und Schädlingen

Der Gelbklee kann von Mehltau und Pilzen befallen werden, oder auch von Blattrandkäfern. Der Gelbklee ist aber im Großen und Ganzen eine robuste und gesunde Art.

## Verwendung

### Grünfutter

Gelbklee ist vor allem als Gemengeanteil zu empfehlen; er liefert keine zu hohe Mengen, ist aber ertragstreu. Der gesamte **Futterwert** ist mit der Note 7 (von 9 möglichen) hoch. Wichtig ist der erste nährstoffreiche und proteinreiche Grünschnitt (Tab. 3).

Der zweite Aufwuchs kann z. B. durch Schafe noch sehr gut abgeweidet werden. Insgesamt sind aber kStE und NEL nicht besonders hoch.

**Schmackhaftigkeit** und **Verdaulichkeit** sind nicht ideal, da bei Reinverfütterung ein leichter Bittergeschmack vorkommen kann; auch Bläh-

gefahr ist möglich. Deshalb sollte Gelbklee nur anteilig verfüttert werden.
(Die exakten Futterwerte sind der Tab. 3 zu entnehmen.)
Beispiele einiger Gemenge:

| | |
|---|---|
| – Gelbklee | 4 kg |
| Rotklee | 10 kg |
| Glatthafer | 5 kg |
| Knaulgras | 2 kg |
| Welsches Weidelgras | 2 kg |

für einjährige Hauptnutzung
(Kämpf 1985)
oder

| | |
|---|---|
| – Gelbklee | 6 kg |
| Weißklee | 3 kg |
| Rotklee | 7 kg |
| Knaulgras | 6 kg |

oder

| | |
|---|---|
| – Gelbklee | 5 kg |
| Weißklee | 4 kg |
| Hornschotenklee | 3 kg |
| Knaulgras | 6 kg |
| Glatthafer | 10 kg |
| Wiesenlieschgras | 3 kg |
| Welsches Weidelgras | 2 kg |

oder

| | |
|---|---|
| – Gelbklee | 6 kg |
| Weißklee | 2 kg |
| Welsches Weidelgras | 12 kg |

als Frühjahrs- und Getreideuntersaat
(Renius 1992)
(oder siehe bei Glatthafer, Hornklee, Serradella und Zaunwicke).

**Weide, Heu, Silage**
Der Gelbklee ist besonders für eine Weidenutzung geeignet, da er tritt- und bißfest ist und lange grün bleibt (Tab. 1). Nach Untersaat in Getreide ist diese Nutzung bereits im Spätherbst des Ansaatjahres möglich.
Das Heu hat sehr gute Eigenschaften, vor allem in Mischungen mit Weidelgräsern, z. B.:

| | |
|---|---|
| – Gelbklee | 6 kg |
| Weißklee | 2 kg |
| Welsches Weidelgras | 12 kg |

(DSV 19891)
(oder siehe bei Esparsette).

**Vorsicht!** Allein siliert ist Gelbklee schwer vergärbar. In Mischungen ist er jedoch einwandfrei.

**Gründüngung**
In Gemengen zeigt der Gelbklee eine sehr gute Kombinationseignung.
Beispiele:

| | |
|---|---|
| – Gelbklee | 5 kg |
| Weißklee | 2 kg |
| Perserklee | 4 kg |
| Erdklee | 4 kg |
| Welsches Weidelgras | 10 kg |

(auch als Untersaat)
oder

| | |
|---|---|
| – Gelbklee | 7 kg |
| Erdklee | 8 kg |
| Schwedenklee | 2 kg |
| Welsches Weidelgras | 7 kg |

(oder siehe bei Gelbe Lupine und Schwedenklee).

**Grünbrache**
Gelbklee kann in Gemengen gut als Grünbrachepflanze eingesetzt werden.
Beispiele:

| | |
|---|---|
| – Gelbklee | 2 kg |
| Wiesenschwingel | 12 kg |
| Rotschwingel | 5 kg |
| Wiesenrispe | 3 kg |
| Deutsches Weidelgras | 7 kg |

(für Dauerbrache)
oder für winterjährige Rotationsbrache-Herbstsaat z. B.:

| | |
|---|---|
| – Gelbklee | 3 kg |
| Winterwicken | 8 kg |
| Inkarnatklee | 6 kg |
| Hornklee | 3 kg |
| Rotschwingel | 12 kg |
| Knaulgras | 2 kg |
| Weißklee | 1 kg |
| Wiesenschwingel | 4 kg |

(oder siehe bei Esparsette, Schwedenklee und Zaunwicke).

**Wildäsung**
Wegen der Bißverträglichkeit und guter Schmackhaftigkeit ist der Gelbklee vor allem in Mischungen beliebt, z. B.:
für Höhenlagen bis 660 m NN

| | |
|---|---|
| – Gelbklee | 4 kg |
| Rotklee | 2 kg |
| Weißklee | 1 kg |
| Schwedenklee | 1 kg |
| Perserklee | 1 kg |
| Deutsches Weidelgras | 4 kg |
| Wiesenschwingel | 8 kg |
| Wiesenlieschgras | 8 kg |
| Wiesenrispe | 4 kg |
| Straußgras | 1 kg |
| Glatthafer | 2 kg |
| Goldhafer | 2 kg |
| Knaulgras | 2 kg |

(Esser und Lütke-Entrup 1991)

oder als mehrjähriges Schalenwildgemenge:

| | | |
|---|---|---|
| – Gelbklee | 1 | kg |
| Wiesenschwingel | 12 | kg |
| Wiesenlieschgras | 3 | kg |
| Wiesenrispengras | 3 | kg |
| Deutsches Weidelgras | 8 | kg |
| Rotschwingel | 2 | kg |
| Weißes Straußgras | 2 | kg |
| Weißklee | 4 | kg |
| Hornschotenklee | 1 | kg |
| Wundklee | 1 | kg |
| Pimpinelle | 2 | kg |
| Wilde Petersilie | 0,5 | kg |
| Wilde Zichorie | 0,5 | kg |
| Wilder Kümmel | 0,5 | kg |
| Schafgarbe | 0,25 | kg |

(EGGELING 1991)

(oder siehe bei Blaue Lupine, Esparsette, Glatthafer, Markstammkohl, Serradella und Wundklee).

**Bienenweide**
Der Gelbklee wird zwar oft von verschiedenen Insekten angeflogen, da er lange und auffällig blüht. Eine ausgesprochene Trachtpflanze ist er aber nicht, obwohl er eine relativ hohe Nektar- und Pollenmenge besitzt. Trotzdem wird er für viele Bienenmischungen empfohlen, z. B.:

| | | |
|---|---|---|
| – Gelbklee | 2 | kg |
| Schwedenklee | 6 | kg |
| Wundklee | 2 | kg |
| Sonnenblumen | 6 | kg |
| Malve | 1 | kg |
| Ölrettich | 3 | kg |
| Phacelia | 1 | kg |

(oder siehe bei Hornklee, Inkarnatklee, Schwedenklee und Zaunwicke).

**Sonstige Nutzung**
Gelbklee ist für Geflügelauslaufmischungen empfehlenswert, ebenso für Wildwieseneinsaaten. Im Wein- und Obstbau, besonders aber in Hanglagen, hat er sich als Erosionsschutz ausgezeichnet bewährt, auch im Reinanbau. Neuerdings wird er gerne für Dachbegrünung empfohlen (Tab. 1).
(oder siehe auch bei Esparsette, Schwedenklee, Steinklee und Wundklee.

## Saat

**Reinsaat:** 15 bis 20 kg/ha;
**Mindestqualität**: K > 80%, R > 97%, max. 20% hartschalige Samen;
**Saattiefe:** 1 bis 2 cm;
**Reihenweite:** 15 bis 20 cm;
**Breitsaat:** möglich;
**Saatgutpreis:** etwa 14,– DM/kg.

**Saatmethoden**
Als **Untersaat** ist er sehr gut geeignet; vor allem im Frühjahr unter Winter- oder Sommergetreide eingesät (Saaten-Union 1993).
Als **Hauptfrucht** und **Zwischenfrucht** in Mischungen bei Frühjahrs- oder Herbstsaat (Tab. 2).

## Ertrag

Der Grünertrag im Hauptnutzungsjahr liegt bei 200 bis 300 dt/ha; entscheidend ist aber der erste Schnitt mit etwa 140 bis 180 dt.
Als Zwischenfrucht liefert der Gelbklee bis 150 dt/ha (15–25 dt/ha Trockenmasse mit etwa 4 dt Rohprotein).

## Ökologische Bedeutung

**In der Fruchtfolge**
Hier ersetzt der Gelbklee auf ärmeren Böden den Rotklee und die Luzerne und hat als Nachfrucht keine besonderen Ansprüche. Er hat einen hohen **Vorfruchtwert**. Gelbklee ist eine Zeigerpflanze für alkalische Böden. Er ist selbstverträglich und gilt als Strukturverbesserer und Förderer der bodenbiologischen und physikalischen Eigenschaften. Der Selbstversorgungsgrad mit Stickstoff ist ausgezeichnet.
Die **Bodenbedeckung** ist geringer, die Ernterückstände mit etwa 17 dt/ha Trockenmasse eher mäßig.
Die **Durchwurzelungsintensität** durch zahlreiche Faserwurzeln und die wenig verzweigte, mitteltiefe Pfahlwurzel ist auch auf ärmeren Standorten ausgezeichnet. Durch Samenausfall („Regenschwemmlinge“) wird er standorttreu.
In **natürlichen Gesellschaften** ist er bei uns überall in Wiesen oder an Wegrändern häufig (Tab. 2).

## Sortenangebot

Zugelassen ist in Deutschland seit 1974 nur eine dänische, sehr bewährte Sorte (‘Virgo’); sie ist auch im „EG-Sortenkatalog 1992“ aufgeführt. Diese Sorte ist hinsichtlich Blüte, Höhe, Nachwuchs, Auswinterungsneigung, Lager und Roh-

proteinertrag mit Note „Mittel" eingestuft (Bundessortenamt 1994).
Die Saatgutvermehrung des Z- und H-Saatgutes erfolgt ausschließlich im Ausland.

## Hornschotenklee

Hornklee, Gemeiner Hornklee, Gründüngungsklee, Vogelfuß,
bird's foot trefoil
*Lotus corniculatus* L.

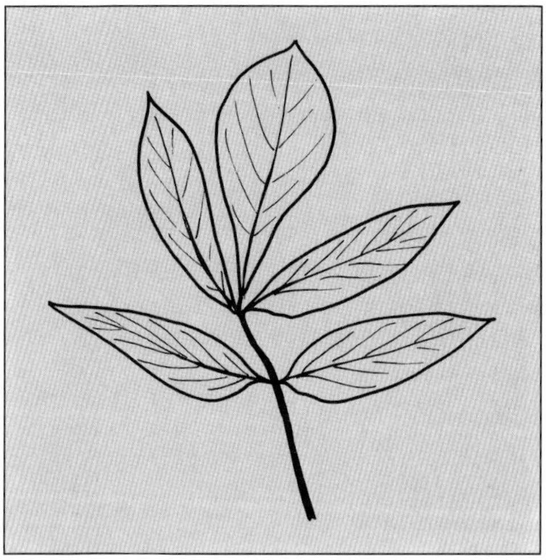

### Herkunft/Vorkommen

Der Hornschotenklee, schon vor unserer Zeitrechnung eine bekannte Futterpflanze, stammt aus dem Mittelmeerraum. Im 19. Jahrhundert wurde er in ganz Europa recht gut verbreitet, dann schnell auch in Nordafrika, Australien, Neuseeland und Nordamerika (KAPPERT 1959). Seine große ökologische Breite ermöglichte auch eine besondere Ausbildung der später berühmten Futterökotypen in der Rheinebene. Aus diesen Genotypen wurden schließlich die früher bekannten deutschen Sorten gezüchtet. Erstaunlich ist die Tatsache, daß heute noch gerne die alten, bewährten Sorten wie 'Odenwälder Hornklee' angebaut werden (Süddeutsche Saatzucht 1994).
Den Namen hat er nach der hornähnlichen Schiffchen- bzw. Hülsenausformung erhalten (*corniculatus* = gehörnt). In vielen Ländern der Welt gehört er zu den wichtigeren Kleefutterleguminosen. Er wird als Weideverbesserer sogar in tropischen Höhenlagen angebaut. Auch als Unkraut ist er heute weltweit verbreitet.

Eine wertvolle, ausdauernde, winterharte Futterpflanze mit steigender Bedeutung. Sie wächst auch da noch gut, wo Rotklee und Luzerne bereits versagen. Heute vor allem in mehrjährigen Kleegrasmischungen und im Dauergrünland auf trockeneren, kalkhaltigen Standorten angebaut.

### Botanik

Cytologie: 2n = 4x = 24 Chromosomen (bzw. 2x = 12).

Familie *Leguminosae*, Gattung: *Lotus* (hierzu gehören mehr als 100 Arten).
Unser Hornschotenklee ist eine mehrjährige, mehrschnittige Futterleguminose. Der ähnliche und engverwandte Sumpfschotenklee (*L. uliginosus*) ist mehr für feuchte Standorte geeignet. Diese beiden Formen sind bei uns die landwirtschaftlich wichtigsten *Lotus*-Arten (HOFFMANN 1985).

**Pflanze:** Horstbildend, stark bestockt; der Bestockungsknoten kann in drei Jahren bis zu 240 Stengel anlegen, die jedoch nur gering verzweigt sind. Bis 60 cm hoch, winterhart, in Mischungen verdrängungsgefährdet. Kann bereits im Ansaatjahr genutzt werden. Die Stickstoffnutzung erfolgt mit Bakteriengruppe 3 (wie Wundklee). Tiefwurzler!
**Jugendentwicklung:** Gut, doch etwas zögernd.
**Konkurrenzkraft:** Insgesamt gut, außer in dichten Beständen.
**Stengel:** Markig, gefüllt, selten hohl, härter.
**Blätter:** Dreizählig, lanzettähnlich, deutlich darunter zwei größere spitzige Nebenblätter, so daß insgesamt der Eindruck eines fünfzähligen Blattes entsteht.
**Blüten:** Auf langen Stielchen, leuchtend gelb, seltener rötlich bis purpurrot, in Dolden gruppiert. Diese bestehen aus drei bis acht Blütenschiffchen. Der Blütenaufbau ist auf die Insektenbefruchtung eingerichtet. Erst beim Druck wird der Pollen herausgedrückt. Reife Samen werden regelrecht herausgeschleudert. Diese Art ist praktisch selbststeril (HOFFMANN et al. 1985).

## Samen

Die Frucht ist eine mehrsamige, braune, schlauchartige, einige cm lange, leichtplatzende Hülse.
**TKG:** etwa 1 bis 1,3 g, Hektolitergewicht etwa 74 kg;
**Farbe:** lederbraun, oft gefleckt; glänzend, glatt;
**Besonderheiten:** Nabel rund, Keimwurzel länger, Hartschaligkeit hoch. Vermehrungen technisch schwierig.

## Ansprüche

Die Ansprüche sind insgesamt nicht hoch, denn Hornklee ist gut anpassungsfähig. Auf kalkreichen, trockeneren Standorten konkurriert er deshalb mit Luzerne und Rotklee.

### Klima

Hornklee bevorzugt trockenwarme Witterung und hohe Sonneneinstrahlung. Mäßige Nässe und Frost werden von den Pflanzen gut vertragen. Durch die lange Pfahlwurzel unempfindlich gegen Trockenheit. Hornklee meidet überschwemmte Wiesen.

### Boden

Der Kalkzustand ist entscheidend; dann wächst Hornklee auch auf schlechteren, sandigeren, flachgründigeren, trockenen Standorten. Zu saure und schattige Lagen sind ungeeignet. Optimal sind dagegen kalkhaltige, nährstoffreiche Lehmböden.
**Nährstoffbedarf:** Insgesamt mäßig, vergleichbar mit den übrigen Kleearten; nur sein Kalziumbedarf ist höher. Grunddüngung wie zu Rotklee und eine Startstickstoffgabe sind empfehlenswert.

### Auftreten von Krankheiten und Schädlingen

Krankheiten und Schädlinge sind seltener. Hornklee hat insgesamt eine gute Widerstandskraft gegenüber Pilzkrankheiten.

## Verwendung

Hornklee ist vielseitig zu verwenden. Er gilt in Gemengen als Futterwertverbesserer (Tab. 1). Optimal für ihn sind mittelintensiv geführte, mehrjährige Bestände.

### Grünfutter

Reinverfütterung wegen Blähgefahr meiden!
Der **Futterwert** ist hoch (Futterzahl 7 von 9 möglichen), ebenso der Gehalt an Eisen und Kalzium. Auch im zweiten Futterschnitt ist eine gute Qualität zu erwarten, da der Blattanteil bis zu 50% betragen kann.
KStE bzw. NEL sind mittel bis hoch.
**Schmackhaftigkeit** und **Verdaulichkeit** sind ausgezeichnet, doch wegen des cyanogenen bitteren Wirkstoffs Lotaustralin sollte eine Mischfütterung erfolgen. (**Bemerkung:** auch bei anderen Futterleguminosen ist die Entstehung der giftigen Blausäure möglich.)
(Exakte Futterwerte siehe Tab. 3)
Beispiele einiger Gemenge:

| | |
|---|---|
| – Hornschotenklee | 6 kg |
| Welsches Weidelgras | 10 kg |
| Wehrlose Trespe | 4 kg |
| Wiesenknopf | 2 kg |
| Luzerne | 4 kg |

oder Mischung für vorwiegende Schnittnutzung (Ministerium für Ländlichen Raum 1992), für trockene bis frische Lagen:

| | |
|---|---|
| – Hornklee | 1 kg |
| Rotklee | 1 kg |
| Wiesenschwingel | 12 kg |
| Wiesenlieschgras | 6 kg |
| Wiesenrispe | 6 kg |
| Rotschwingel | 3 kg |
| Glatthafer | 4 kg |
| Knaulgras | 3 kg |
| Weißklee | 1 kg |

oder für trockene Lagen als Untersaat:

| | |
|---|---|
| – Hornklee | 5 kg |
| Luzerne | 5 kg |
| Welsches Weidelgras | 10 kg |
| Wehrlose Trespe | 5 kg |
| Kräuter | 1 kg |

(Bernath 1990)

oder für mehrjährige Futternutzung in trockeneren Lagen:

| | |
|---|---|
| – Hornklee | 22 kg |
| Knaulgras | 6 kg |
| Glatthafer | 6 kg |

oder für zweijährige Hauptnutzung auf leichteren, trockenen Böden:

| | |
|---|---|
| – Hornklee | 6 kg |
| Gelbklee | 4 kg |
| Rotklee | 4 kg |
| Glatthafer | 10 kg |
| Knaulgras | 3 kg |
| Wiesenlieschgras | 4 kg |

(oder siehe bei Gelbklee, Esparsette, Glatthafer, Goldhafer, Wundklee und Zaunwicke).

**Weide, Heu, Silage**
Anteilig sehr gut geeignet, da Hornschotenklee in Weiden bis 15 Jahre ausdauernd ist. Zum Beweiden z. B. in folgendem Gemenge:

| | |
|---|---|
| – Hornklee | 3 kg |
| Weißklee | 3 kg |
| Knaulgras | 4 kg |
| Schafschwingel | 5 kg |
| Rotschwingel | 8 kg |
| Rotstraußgras | 1 kg |
| Schafgarbe | 0,5 kg |
| Wiesenlieschgras | 4 kg |
| Deutsches Weidelgras | 5 kg |
| Wiesenrispe | 6 kg |
| Wundklee | 0,5 kg |

(oder siehe bei Esparsette und Schwedenklee).

**Gründüngung**
Auch für diese Nutzung ist er als Mischungspartner sehr gut geeignet (Tab. 1), deshalb nannte man den Hornklee früher auch Gründüngungsklee.
Saatbeispiel:

| | |
|---|---|
| – Hornklee | 5 kg |
| Weißklee | 2 kg |
| Welsches Weidelgras | 8 kg |
| Serradella | 6 kg |
| Einjähriges Weidelgras | 6 kg |

(oder siehe bei Wundklee).

**Grünbrache**
Beispiele für einjährige Brache in mittleren Lagen und Herbstsaat:

| | |
|---|---|
| – Hornklee | 2 kg |
| Weißklee | 3 kg |
| Inkarnatklee | 4 kg |
| Winterwicken | 8 kg |
| Wiesenschwingel | 8 kg |
| Rotschwingel | 6 kg |
| Deutsches Weidelgras | 3 kg |

oder für mehrjährige „Öko“-Grünbrache in trockenen Lagen:

| | |
|---|---|
| – Hornklee | 4,5 kg |
| Weißklee | 1,8 kg |
| Knaulgras | 13,5 kg |
| Wiesenlieschgras | 4,2 kg |
| Rotschwingel | 6 kg |

(Hesa 1992)
(oder siehe bei Gelbklee, Dauerlupine, Esparsette, Inkarnatklee und Schwedenklee).

**Wildäsung**
Da Hornklee frosthart, ausdauernd und schmackhaft ist, ist er für Rot-, Reh- und Muffelwild in Gemengen sehr empfehlenswert.
Beispiel für zwei- bis fünfjährige Nutzung:

| | |
|---|---|
| – Hornklee | 2 kg |
| Weißklee | 3 kg |
| Wiesenrispe | 3 kg |
| Straußgras | 1,5 kg |
| Wiesenlieschgras | 7 kg |
| Knaulgras | 7,5 kg |

(Faustzahlen für die Landwirtschaft 1988)
oder für schwere Böden, besonders für Schalenwild und Hasen geeignet:

| | |
|---|---|
| – Hornklee | 1,5 kg |
| Schwedenklee | 2,5 kg |
| Deutsches Weidelgras | 9,0 kg |
| Knaulgras | 2,5 kg |
| Wiesenlieschgras | 2,5 kg |
| Wiesenschwingel | 10,0 kg |
| Rotschwingel | 2,5 kg |
| Wiesenrispe | 2,5 kg |
| Glatthafer | 2,5 kg |
| Weißes Straußgras | 1,5 kg |

(Eggeling 1991)
(oder siehe bei Buchweizen, Kolbenhirse, Markstammkohl, Rispenhirse, Serradella und Zottelwicke).

**Bienenweide**
Hornklee ist auf Insektenbefruchtung angewiesen. Er blüht sehr lange, hat eine mäßige Pollenqualität und mittelhohe Nektarmengen mit einem Zuckergehalt von bis zu 40%.
Für den Imker ist er deshalb von großem Interesse.
Gemengebeispiel:

| | |
|---|---|
| – Hornklee | 5 kg |
| Schwedenklee | 4 kg |
| Gelbklee | 4 kg |
| Phacelia | 2 kg |
| Ölrettich | 4 kg |
| Malve | 1 kg |
| Sonnenblume | 4 kg |

(oder siehe bei Zaunwicke).

**Sonstige Nutzung**
Für Begrünungen in trockeneren, kalkhaltigen Obst- und Weinanlagen ist z. B. folgendes Gemenge geeignet:

| | |
|---|---|
| – Hornklee | 4 kg |
| Schafschwingel | 8 kg |
| Trespen | 10 kg |
| Wiesenrispe | 8 kg |
| Deutsches Weidelgras | 5 kg |
| Knaulgras | 6 kg |
| Rotschwingel | 10 kg |

Gemengebeispiel zur Einsaat an Böschungen:

| | |
|---|---|
| – Hornklee | 2,5 kg |
| Weißklee | 2,5 kg |
| Schwedenklee | 2,5 kg |

Die Samen der Kleinleguminosen; von oben links nach unten rechts:
Alexandriner Klee
Bodenfrüchtiger Klee
Gelbklee
Hornschotenklee
Inkarnatklee
Persischer Klee
Schwedenklee
Steinklee
Wundklee

| | | |
|---|---|---|
| Esparsette | 3 | kg |
| Knaulgras | 5 | kg |
| Einjähriges Weidelgras | 5 | kg |
| Rotschwingel | 5 | kg |
| Wiesenrispe | 5 | kg |
| Wiesenlieschgras | 10 | kg |
| Wiesenschwingel | 7 | kg |
| Steinklee | 3 | kg |

Auch für Einsaaten in Wiesen in trockeneren Lagen ist er mit 3 kg/ha bestens geeignet.
(Oder siehe bei Schwedenklee, Serradella und Zaunwicke; siehe auch Tab. 1).

## Saat

**Reinsaat:** 10 bis 20 kg/ha (nicht üblich);
**Mindestqualität** (ZS): K > 75%, R > 95%, max. 40% hartschalige Samen erlaubt;
**Saattiefe:** 1 bis 2 cm;
**Reihenweite:** 15 bis 20 cm;
**Breitsaat:** möglich;
**Saatgutpreis:** etwa 14,– DM/kg.

**Saatmethoden**
Als **Untersaat**: In Sommergetreide möglich.
Als **Hauptfrucht**: In Gemengen als Frühjahrs- oder Herbstsaat (Tab. 2).
Als **Zwischenfrucht**: Kaum lohnend.

## Ertrag

Die Grünfuttermenge liegt mit 250 bis 350 dt/ha (70–90 dt/ha Trockenmasse mit etwa 16 dt Rohprotein) etwas unter den Rotklee- und Luzernewerten. Wichtig und entscheidend sind der erste Grünschnitt im Vegetationsjahr und die ersten Anbaujahre.

## Ökologische Bedeutung

**In der Fruchtfolge**
Sein Wert ist in der Fruchtfolge insgesamt hoch und sicher auch auf schlechteren Standorten. Schwerlösliche Nährstoffe holt er mittels seiner Pfahlwurzel mühelos auch aus Tiefen bis 2 m. Er hinterläßt wertvolle, nährstoffreiche, gut verrottbare Rückstände.
Die **Bodenbedeckung** ist gut, die **Durchwurzelung** in der Ackerkrume ist als höchst positiv zu beurteilen. Er gilt auch als Strukturverbesserer und Erosionsschutzpflanze. Der Pflegeaufwand ist minimal.

**Natürliche Gesellschaften:** Der Hornklee gilt als **die** Kleeart der mäßig trockenen Wiesengesellschaften. Durch seine leicht platzende Hülsen (Streuweite der Samen bis 2 m) wird er leicht standorttreu (Tab. 2).
Dies gilt vor allem für Wildwiesen, Rohböden, Böschungen, Steinbrüche, Wegränder und Brachflächen. Bei uns sind seine wildverwandten Arten oft verbreitet, z. B. in Überschwemmungsgebieten auch die Kulturform *Lotus uliginosus* (Sortenschutz möglich).

## Sortenangebot

Im deutschen Sortenregister waren 1994 fünf Sorten zugelassen. Sie unterscheiden sich durch Blühbeginn, Wuchshöhe, Wuchsform, Grünschnittleistung und Proteingehalt. Die Vermehrungen erfolgen im Ausland. Die „EG-Sortenliste 1992“ führt 13 Sorten auf, vor allem die deutschen und französischen Züchtungen.
Die OECD-Liste verzeichnete 1984 18 Sorten.

# Inkarnatklee

Blutklee, Fleischklee, Buntklee, Rosenroter Klee (aber nicht Pfeilblattklee)
crimson clover
*Trifolium incarnatum* L.

## Herkunft/Vorkommen

Der Inkarnatklee stammt ursprünglich aus Spanien bzw. Algerien. Er ist heute noch als Wildform (var. *molinerii*) in diesen Gebieten und im ganzen Mittelmeergebiet verbreitet (SEIFFERT 1968).
Seit dem 19. Jahrhundert fanden die großblättrigen Formen aus Katalanien in den wärmeren europäischen Lagen stärkere Verbreitung. In Deutschland wurden im Gründüngungszwischenfruchtbau die Land- und Zuchtsorten wie ‘Heusers’, ‘Niederrheinischer’ und ‘Badischer’ Anfang des 20. Jahrhunderts als Futter- und Heupflanzen anerkannt und gerne angebaut. Interessant ist, daß noch heute die altbewährten Sorten wie ‘Heusers Ostsaat’ vertrieben werden (BEHM 1991; O.S.G. Saatzucht; KRUSE 1994).
Inkarnatklee wird heute als leistungsfähige Kleefutterleguminose auch in den kühleren

Hochlagen der Tropen und Subtropen kultiviert. Erst im Jahre 1955 in die USA eingeführt.

Weltbekannt als raschwüchsiger, wertvoller Bestandteil der Grünfuttermischung 'Landsberger Gemenge'. Eine einschnittige, typische Pflanze für Winterzwischenfruchtbau, als Grünfutter und Gründüngung hoch geschätzt.

## Botanik

Cytologie: 2n = 2x = 14 Chromosomen.
Familie *Leguminosae*, Gattung *Trifolium*.
Eine einjährige Pflanzenart mit durchschnittlicher Frostresistenz.
**Pflanze:** Winterjährig, einschnittig, schmackhaft, bis 80 cm hochwachsend, raschwüchsig, relativ anspruchslos, bestockungsfreudig, früh nutzbar, etwas trittempfindlich und konkurrenzschwach. Stickstoffbindung mit Bakteriengruppe 1. Wurzelwerk insgesamt gut ausgebildet.
**Jugendentwicklung:** Gut, temperatur- und feuchtigkeitsabhängig.
**Konkurrenzkraft:** Mittelhoch, doch anpassungsfähig.
**Stengel:** Markig bis halbgefüllt, saftig, behaart, ausreichend verzweigt bzw. verästelt, gut beblättert.
**Blätter:** Dreizählig, herzblattähnlich, unterschiedlich behaart. Die Einzelblättchen sind immer ohne Zeichnung!
**Blütenstand.** Auffallend leuchtend purpurrot oder auch rosa-gefärbt. Die längeren Blütenköpfe sind kegelförmig verlängert und blütenreich. Insektenbefruchtung ist vorherrschend, Selbstbefruchtung jedoch gut möglich.

## Samen

Die eiförmige Hülse ist einsamig.
**TKG:** 3–4 g (enthülste Samen); Hektolitergewicht etwa 78 kg;
**Farbe:** hellbraun, rötlichgelb oder gelb, glatt, glänzend;
**Form:** bohnen- bis eiförmig;
**Größe:** 3 × 2 × 1,5 mm;
**Besonderheiten:** Keimwürzelchen länglich, Nabel dunkel. Pro Hektar können 6 dt Samen geerntet werden.

## Ansprüche

Inkarnatklee ist insgesamt anspruchsloser als Rotklee und Luzerne, doch im Reinanbau nicht so winterfest.

**Klima**
Warme, feuchte Herbstwitterung ist entscheidend für die optimale vegetative Entwicklung und Wurzelanlage des Inkarnatklees. Ab –10 °C besteht Auswinterungsgefahr; in Gemengen überwintert er aber meistens problemlos. Die Kurztage induzieren die Blüte, die Langtage den Blütenanfang. Deshalb ist die Blütenzahl auch stark vom Klimaverlauf abhängig.

**Boden**
Gut geeignet sind mittlere, humose, durchlässige, kalkhaltige Standorte. Zu nasse, schwere, dichte, moorige, oder trockene Böden sind schlecht.
**Nährstoffbedarf:** Mittelhoch, für übliche Rotkleedüngung sehr dankbar. Die Stickstoffselbstversorgung ist fast optimal.

**Auftreten von Krankheiten und Schädlingen**
Relativ selten; schlimm kann Kleekrebs (*Sclerotinia trifoliorum*) sein, deshalb vorsichtig in Kleefruchtfolgen, vor allem mit Rotklee (Kämpf 1987). Möglich ist auch Echter Mehltau (*Erysiphe martii*).

## Verwendung

**Grünfutter**
Die Gesamteigenschaften sind dem Rotklee ähnlich (Tab. 1), doch hat der Inkarnatklee eine

sehr rasche Frühjahrsentwicklung und höchste Ertragsleistung beim ersten Schnitt. (Das Nachwuchsvermögen ist minimal.) Die Nettoenergielaktation des „Landsberger Gemenges“, in dem er am häufigsten angebaut wird, liegt über der von Raps, Wicken und Felderbsen (Tab. 3).

Verfütterungsbeispiel für Milchkühe (Tagesration):

- Landsberger Gemenge 20 kg
  Heu 2 kg
  Maissilage 15 kg
  Hafer/Gerste 1 kg
  Kraftfutter 5 kg

Der **Futterwert** ist hoch, ebenso der Proteingehalt. Der Gesamtwert liegt jedoch etwas unter dem Rotklee. Bei Reinverfütterung kann es bei den Tieren zu Verdauungsstörungen kommen. KStE und NEL sind hoch.

**Schmackhaftigkeit** und **Verdaulichkeit** sind sehr gut bis zur Vollblüte, auch die Qualität ist optimal. Nach der Blüte verholzen die Pflanzen schnell und verlieren an Qualität. (Die exakten Futterwerte sind der Tab. 3 zu entnehmen.)

Beispiele einiger Gemenge:

- Inkarnatklee 20 kg
  Zottelwicken 20 kg
  Welsches Weidelgras 20 kg
  (alte Originalmischung des Landsberger Gemenges)
- Inkarnatklee 24 kg
  Zottelwicke 24 kg
  Welches Weidelgras 32 kg
  (Württembergisches Wochenblatt für die Landwirtschaft 1994)

Möglich sind auch:

- Inkarnatklee 20 kg
  Zottelwicken 30 kg
  Welsches Weidelgras 20 kg

oder

- Inkarnatklee 10 kg
  Einjähriges Weidelgras 30 kg
  als Sommerzwischenfrucht mit Saat Juli und August.

(DSV 1993)

oder

- Inkarnatklee 15 kg
  Zottelwicken 10 kg
  Welsches Weidelgras 25 kg
  mit Saat September
  (DSV 1992)

(oder siehe bei Blaue Lupine, Peluschke, Platterbse und Zottelwicke).

**Weide, Heu, Silage**

Inkarnatklee ist wegen seiner Trittempfindlichkeit für die Beweidung weniger geeignet, bei üppiger Herbstentwicklung ist diese jedoch möglich.

Gemengebeispiel:

- Inkarnatklee 10 kg
  Deutsches Weidelgras 10 kg
  Welsches Weidelgras 10 kg

Heu- und Silageeignung in Grasgemengen ist sehr gut. Die technische Trocknung ist relativ schwierig. Für die Heugewinnung wurde früher das ‘Pferdefuttergemenge’ empfohlen:

- Inkarnatklee 30 kg
  Einjähriges Weidelgras 40 kg

als Stoppelsaat. Zur Herbstfutternutzung für Beweidung.

**Gründüngung**

Vor allem vor Zuckerrüben, Mais und Kartoffeln ist Inkarnatklee als Gründüngungspflanze sehr gut geeignet, doch hat er einen hohen Transpirationskoeffizienten. Für 1 kg Trockenmasse werden 600 bis 700 Liter Wasser benötigt, also mehr als bei Mais, Gerste, Roggen, Sonnenblumen und Weizen, aber etwa gleich wie bei Raps, Rotklee und Erbsen.

Gemengebeispiel:

- Inkarnatklee 15 kg
  Welsches Weidelgras 8 kg
  Erdklee 5 kg
  Zottelwicken 15 kg
  Platterbse 15 kg
  Buchweizen 5 kg

(oder siehe bei Erdklee, Markstammkohl, Platterbse und Zottelwicke).

**Grünbrache**

Beispiel für Herbstsaat:

- Inkarnatklee 1 kg
  Rotklee 1 kg
  Weißklee 1 kg
  Deutsches Weidelgras 12 kg
  Wiesenschwingel 5 kg
  (DSV 1992)

oder

- Inkarnatklee 6 kg
  Weißklee 3 kg
  Hornschotenklee 3 kg
  Zottelwicke 8 kg
  Wiesenschwingel 8 kg
  Rotschwingel 5 kg
  Deutsches Weidelgras 3 kg

Beispiel als Sommerbrache:

- Inkarnatklee 10 kg
  Lupinen (Weiße, Blaue) 120 kg
  Einjähriges Weidelgras 10 kg

oder (Rotationsbrache)

- Inkarnatklee 5 kg
  Welsches Weidelgras 20 kg
  (KRUSE 1994)

oder

- Inkarnatklee 9 kg
  Phacelia 6 kg
  (DSV 1994)

(oder siehe bei Hornklee, Serradella, Zottelwicke und Phacelia).

**Wildäsung**
Besonders gerne wird Inkarnatklee vom Rotwild angenommen.
Gemengebeispiel:

- Inkarnatklee 20 kg
  Zottelwicke 30 kg
  Deutsches Weidelgras 20 kg

oder

- Inkarnatklee 10 kg
  Deutsches Weidelgras 8 kg
  Wiesenschwingel 8 kg
  (APPEL 1991)

Beispiel für spezielle einjährige Wildäsungsmischung:

- Inkarnatklee 20 kg
  Herbstrüben 2 kg
  (Ministerium für Ländlichen Raum 1992)

(oder siehe bei Markstammkohl, Peluschke und Sommerrübsen).

**Bienenweide**
Inkarnatklee ist für die Bienenweide nicht ideal, obwohl er bei Vollblüte gerne angeflogen wird. Der Nektargehalt liegt unter dem von Rot-, Schweden- und Weißklee. Außerdem sind die Einzelblüten zu lang und der Traubenzuckergehalt ist niedrig. Der Pollen dagegen hat einen sehr hohen Nährwert.
Gemengebeispiel:

- Inkarnatklee 4 kg
  Schwedenklee 5 kg
  Gelbklee 3 kg
  Weißklee 3 kg
  Welsches Weidelgras 5 kg
  Sonnenblumen 8 kg
  Phacelia 1 kg

oder

- Inkarnatklee 10 kg
  Phacelia 5 kg
  (KRUSE 1994)

(oder siehe bei Schwedenklee).

**Sonstige Nutzung**
Im Wein- und Obstbau als Gründüngungspflanze mit Aussaat im Mai in Gemengen gut möglich (Tab. 1)
Gemengebeispiel:

- Inkarnatklee 6 kg
  Platterbse 12 kg
  Zottelwicke 15 kg
  Fadenklee 3 kg
  Welsches Weidelgras 7 kg
  Winterroggen 15 kg
  Phacelia 2 kg

## Saat

**Reinsaat:** 25 bis 40 kg/ha;
**Mindestqualität:** K > 75%, R > 97%, max. 20% Hartschaligkeit;
**Saattiefe:** 1 bis 2 cm;
**Reihenweite:** 15 bis 20 cm;
**Breitsaat:** möglich;
**Saatgutpreis:** etwa 7,– DM/kg (Landsberger Gemenge etwa 365,– DM/ha).

**Saatmethoden**
Als **Untersaat** eignet sich Inkarnatklee schlecht, da er schattenempfindlich ist.
Als **Hauptfrucht** bei Frühjahrssaat ist er nicht lohnend (Vernalisationsbedarf!).
Als **Zwischenfrucht** im Winteranbau aber weltberühmt. Auch möglich als blattreiche Zwischenfrucht mit Julisaat und Oktobernutzung (Tab. 2). „Der Inkarnatklee ist die wichtigste Pflanze für die Stoppelsaaten, deren Entwicklung nicht mit Wintereintritt beendigt ist, sondern in der Hauptsache im ersten Frühjahr erfolgt“ (RHEINWALD 1936).

## Ertrag

Im Mai können 200 bis 300 dt/ha Grünmasse geerntet werden (40–60 dt/ha Trockenmasse mit etwa 10 dt Rohprotein). Als Sommerzwischenfrucht etwa die Hälfte.

## Ökologische Bedeutung

**In der Fruchtfolge**
Inkarnatklee ist eine wertvolle, genügsame, pflegeleichte und garefördernde Winterzwischenfruchtpflanze (Tab. 2). Sie stellt geringe Ansprüche an die Bodenbearbeitung und hat einen hohen **Vorfruchtwert**. Inkarnatklee gilt als Strukturverbesserer. Er ist aber nur mäßig frostfest und selbstverträglich, schon deshalb ist ein Fruchtfolgeabstand von drei Jahren empfehlenswert.

Als nematodenneutrale Art paßt er gut als Vorfrucht besonders für Kartoffeln, Silomais, Rüben und Raps. Als Nachfrucht sind Hafer und Sommergerste geeignet. Die Luftstickstoffbindung ist mittelhoch, die Unkrautunterdrückung gut.

**Ernterückstände** sind mit etwa 25 dt Trockenmasse pro ha mittelhoch, doch der Wurzelanteil mit 40% ungewöhnlich hoch.

Die **Bodendurchwurzelung** ist durch das reichlich verzweigte Nebenwurzelsystem und die Bodenkrümelung sehr gut. Die Pfahlwurzel wächst nicht besonders tief, ist aber sehr leistungsfähig.

In unseren **natürlichen Pflanzengesellschaften** ist der Inkarnatklee recht selten, da er konkurrenzschwach ist und nur selten aussamt.

## Sortenangebot

Als Zertifiziertes Saatgut wurden bei uns im Jahre 1994 drei Sorten angeboten. Sie unterscheiden sich vor allem durch Wuchshöhe, Grünmassezuwachs, Ertrag und Proteingehalt. Zwei werden auch in Deutschland vermehrt; die Vermehrungsfläche lag im Jahre 1994 bei 135 ha. Im EG-Sortenkatalog 1992 waren insgesamt sechs deutsche und italienische Sorten aufgeführt.

# Persischer Klee

Perserklee, Sommerklee, Wendeblumenklee, reversed clover, Persian clover
*Trifolium resupinatum* L.

## Herkunft/Vorkommen

Der Perserklee hat seine Entstehung und stammesgeschichtliche Entwicklung in den wärmeren Gebieten des Iran, Afghanistans und später praktisch im ganzen östlichen Mittelmeerraum. In den frostfreien Gebieten war die Überwinterung möglich, deshalb besitzt er heute so große ökologische Streubreite und Variabilität. Nachdem er erst vor 30 Jahren als alternative Futterpflanze nach Deutschland eingeführt wurde, konnte er sich im sommerjährigen Feldfutterbau recht schnell und überzeugend behaupten (Saatzucht Petersen 1993).

Heute wird er auch im übrigen Europa, bis nach Mittelasien, in den USA und in Australien verstärkt angebaut.

> Wachsende Bedeutung im sommerjährigen Feldfutterbau und als frohwüchsige Zwischenfruchtpflanze. Auch als Gründüngungs-, Grünbrache-, Wildäsungs- und Bienenpflanze ausgezeichnet. Er ist schnellwachsend, mehrschnittig, schmackhaft; in Deutschland abfrierend.

## Botanik

Cytologie: 2n = 2x = 16 Chromosomen.
Familie *Leguminosae*, Gattung *Trifolium*.
In den Ursprungsgebieten heute noch eine sehr formenreiche Leguminosenart.

**Pflanze:** Sommerjährig, ähnlich dem Alexandrinerklee. Tagesneutral und wärmeliebend; rasche Entwicklung, sehr guter Nachwuchs, gute Bestockung und Verzweigung. Bis 1 m hoch. Luftstickstoffbindung mit Bakteriengruppe 1.
**Jugendentwicklung:** Gut, wärmeabhängig.
**Konkurrenzkraft:** Nur durchschnittlich hoch.
**Stengel:** Dick, rund, unbehaart, hohl, wasserreich. Bis zur Blüte relativ standfest, verzweigt, grün, dann lagernd.
**Blätter:** Ähneln den übrigen Kleearten, sind aber immer ohne Zeichnung. Die drei Einzelblättchen sind verkehrt eiförmig, teilweise bis ganz gezähnt. Deutsche Sorten haben ziemlich große, rundliche oder auch spitze Blättchen.
**Blüten:** Rosa bis violett in kleineren, kugeligen Köpfchen angeordnet, bei Abblüte nach außen drehend (deshalb *resupinatum* = drehend). Die

Köpfchen stehen endständig auf kürzeren Stielchen und blühen früher als die des Alexandrinerklees. Unverwechselbarer Honigduft, auch nachts. Überwiegend Fremdbefruchtung durch zahlreiche Insekten.

## Samen

Die Hülsen sind ein- bis zweisamig, etwa 2 mm lang, mit einem kurzen Schnabel; bräunlich.
**TKG:** 0,8–1,5 g;
**Farbe:** grünlich-gelb bis rötlich-gelb, olivgrün, auch bunt, frische Samen sind glatt und glänzend;
**Form:** ei- bis herzförmig;
**Größe:** etwa 1,3 × 1 × 0,7 mm;
**Besonderheiten:** Keimwurzel lang, Nabel klein; Samenkeimkraft hoch.

## Ansprüche

Perserklee hat insgesamt mittlere Ansprüche; in Trockenjahren ist er manchmal ertragreicher als Alexandrinerklee.

**Klima**
Er ist anpassungsfähiger und weniger spätfrostempfindlich als Alexandrinerklee. Liebt Wärme und gute Wasserversorgung (auch Bewässerung oder Beregnung). Bei den mehrschnittigen Sorten ist gute Wasserversorgung sehr wichtig. Im Winter abfrierend.

**Boden**
Leichtere bis mittelschwere, nährstoffreiche, auch salzige Standorte sind optimal. Zu sandige, trockene, nasse, kalte Böden mag der Perserklee nicht.
**Nährstoffbedarf:** Mittelhoch, Nährstoffaneignungsvermögen ist aber hoch. Für leichtlöslichere Kali- und Phosphorgaben von etwa 100 kg/ha sind besonders die mehrschnittigen Sorten dankbar.
Der Gesamtnährstoffentzug ist mit dem des Alexandrinerklees etwa vergleichbar. Luftstickstoff wird durch die Rhizobiumbakterien sehr gut gebunden. Trotzdem kann für Kleegrasmischungen eine mäßige Andüngung mit mineralischem Stickstoff empfohlen werden.

**Auftreten von Krankheiten und Schädlingen**
Perserklee hat eine gute Gesundheit; lediglich Stengelbrenner und Kleekrebs sind möglich, doch seltener als beim Alexandrinerklee. In Zuckerrüben-Fruchtfolgen besteht nach neuesten Beobachtungen Nematodengefahr.

**Hochwertige Kleegrasgemenge als Frischfutter, Silage oder Heu und gesunde Tiere garantieren dem Verbraucher auch hohe Fleisch- und Milchqualität.**

## Verwendung

**Grünfutter**
Für fast alle Tierarten ist der Perserklee anteilig in der Tagesration sehr gut geeignet, besonders aber lieben ihn Wiederkäuer und Schweine.
Der **Futterwert** ist sehr hoch, da die Pflanze eiweißreich, saftig und blattreich ist (Tab. 1).
Reinverfütterung kann allerdings zu Blähungen führen. Perserklee verholzt sehr langsam, hat einen hohen Proteingehalt und Nettoenergielaktation (vergleichbar mit Alexandrinerklee, Rotklee und Felderbse). Der Rohfasergehalt ist niedrig; Phosphor- und Kaligehalt dagegen hoch. KStE und NEL sind hoch.
Perserklee kombiniert sehr gut mit kurzlebigen Weidelgräsern. Auch Spätsaaten bilden noch wertvolles Grünfutter. Die amtliche Prüfung und Einstufung wird vom Bundessortenamt bei Blühbeginn des 1. Schnittes durchgeführt.
**Schmackhaftigkeit** und **Verdaulichkeit** sind bis zur Vollblüte ausgezeichnet und vergleichbar mit Grünroggen und Felderbse. Der Gehalt an verdaulichem Rohprotein liegt sehr hoch (exakte Futterwerte siehe Tab. 3).
Beispiele einiger Gemenge:

| | |
|---|---|
| – Perserklee | 20 kg |
| Einjähr. Weidelgras | 7 kg |
| Welsches Weidelgras | 3 kg |
| oder | |
| – Perserklee | 10 kg |
| Welsches Weidelgras | 5 kg |
| Alexandrinerklee | 15 kg |
| oder | |
| – Perserklee | 10 kg |
| Einjähriges Weidelgras | 20 kg |
| für Frühherbstsaat | |

(oder siehe bei Alexandrinerklee, Malve und Platterbse).

**Weide, Heu, Silage**
Perserklee in Mischung mit Weidelgräsern kann gut beweidet werden. Zur Heubereitung ist Unterdachtrocknung empfehlenswert.
Gemengebeispiele:

| | |
|---|---|
| – Perserklee | 12 kg |
| Einjähriges Weidelgras | 13 kg |

Für die Silage hat gute Eignung z. B.:

| | |
|---|---|
| – Perserklee | 8 kg |
| Alexandrinerklee | 3 kg |
| Hafer | 70 kg |
| Sonnenblumen | 2 kg |
| Buchweizen | 8 kg |

(oder siehe bei Alexandrinerklee und Buchweizen).

**Gründüngung**
Der Perserklee wirkt wegen seiner guten Bedeckung und **Garewirkung** positiv auf die Bodenfruchtbarkeit.
Gemengebeispiel:

| | |
|---|---|
| – Perserklee | 11 kg |
| Winterraps | 5 kg |
| Phacelia | 4 kg |

(oder siehe bei Gelbklee und Phacelia).

**Grünbrache**
Perserklee wird für Rotationsbrache empfohlen.
Gemengebeispiele:

| | |
|---|---|
| – Perserklee | 7 kg |
| Alexandrinerklee | 3 kg |
| Weißklee | 2 kg |
| Wiesenschwingel | 10 kg |
| Welsches Weidelgras | 5 kg |

(anschließend Wintergetreide anbauen wegen der möglichen Nitratverlagerung)
oder

| | |
|---|---|
| – Perserklee | 4,5 kg |
| Alexandrinerklee | 5,5 kg |
| Einjähriges Weidelgras | 8,0 kg |
| Welsches Weidelgras | 12,0 kg |

(Feldsaaten Freudenberger 1992)
(oder siehe bei Alexandrinerklee und Phacelia).

**Wildäsung**
Perserklee ist als Äsungspflanze bei Reh-, Rot- und Muffelwild, bei Kaninchen und Hasen sehr beliebt, da er schmackhaft, saftig, eiweißreich und bißverträglich ist.
Für einjährige Wildäcker z. B. in folgendem Gemenge:

| | |
|---|---|
| – Perserklee | 3 kg |
| Einjähriges Weidelgras | 25 kg |
| Welsches Weidelgras | 10 kg |
| Raps | 2 kg |

(oder siehe bei Gelbklee, Buchweizen, Esparsette, Schwedenklee, Serradella, Sonnenblume, Sommerrübsen und Zottelwicke).

**Bienenweide**
Als Trachtquelle ist der Perserklee bei den verschiedensten Insektenarten sehr beliebt, da er früh blüht und auch nachts stark riecht. Sein Nektar ist besonders zuckerreich und die Pollendarbietung überdurchschnittlich hoch.
Gemengebeispiele:

| | |
|---|---|
| – Perserklee | 6 kg |
| Phacelia | 6 kg |
| Buchweizen | 8 kg |

oder

- Perserklee 4 kg
  Malve 2 kg
  Phacelia 3 kg
  Buchweizen 8 kg
  Ölrettich 2 kg
  Sonnenblumen 4 kg
  (auch Futternutzung möglich)

oder

- Reinsaat 25 kg

(oder siehe bei Buchweizen, Malve, Phacelia, Sareptasenf, Serradella und Sonnenblume).

**Sonstige Nutzung**
Neuerdings wird Perserklee auch als Zwischenfrucht im Rübenanbau und -fruchtfolgen empfohlen (Tab. 1).

## Saat

**Reinsaat:** 16 bis 30 kg/ha;
**Mindestqualität:** K > 80%, R > 97%, maximal 20% hartschalige Samen,
**Saattiefe:** 1 bis 2 cm, Breitsaat möglich;
**Saatgutpreis:** etwa 5,– bis 6,– DM/kg.

**Saatmethoden**
Als **Untersaat**: Wegen der artentypischen Wüchsigkeit nur bedingt zu empfehlen: Späteinsaaten in Mais, Grünhafer und Sonnenblumen können gelingen.

Als **Hauptfrucht:** Saat ab März (Frostgefahr) bis Mai empfehlenswert; dann sind hohe Grünerträge und bis zu vier Grünschnitte zu erwarten.
Als **Zwischenfrucht:** Bis 10. August möglich, dann kommt der Perserklee im Oktober noch zur Blüte. Anschließend sind u. U. zwei Herbstschnitte möglich (Tab. 2). Steigende Bedeutung in Rübenanbaugebieten (BSA 1993).

## Ertrag

Mit drei Schnitten kann man im Jahr 450 bis 700 dt/ha Grünmasse ernten. Dies entspricht etwa 50 bis 100 dt Trockenmasse mit etwa 20% Rohprotein!
Im ersten Schnitt erntet man etwa 43% der Gesamtjahresernte, mit dem zweiten Schnitt etwa 36% und mit dem dritten etwa 20%.

## Ökologische Bedeutung

**In der Fruchtfolge**
Der Perserklee hat in der Fruchtfolge einen hohen Wert; er gilt als Strukturverbesserer. Als nematodenneutrale Art ist er als **Vorfrucht** auch für Kartoffeln, Rüben und Raps sehr gut geeignet (Tab. 2), als Nachfrucht akzeptiert er Getreide. Wegen der geringeren Selbstverträg-

**Nur wenige Pflanzenarten sind in der Lage, die Bodenschichten intensiv durchzuwurzeln, zu krümeln und zu der positiven Humusbildung beizutragen wie das Kleegrasmenge.**

lichkeit sollten drei Jahre Fruchtfolgeabstand eingehalten werden.
Da er einen buschigen Wuchs hat, ist die **Bodenbedeckung** sehr gut, auch noch nach dem Abfrieren, so daß eine erosionsschützende Schicht lange erhalten bleibt. Der Gesamtpflegeaufwand ist minimal.
Die **Ernterückstände** sind im Hauptfruchtanbau mit bis zu 35 dt/ha Trockenmasse sehr hoch, im Zwischenfruchtanbau mit immerhin 15 bis 25 dt hoch.
**Durchwurzelung**, Krümelwirkung und Stickstoffsammlung sind ausgezeichnet, ebenso wie die Verrottung der Pflanzenreste und Wurzeln (Tab. 2).
In **natürlichen Pflanzengesellschaften** kommt der Perserklee bei uns kaum vor.

### Sortenangebot

Im Jahre 1994 waren bei uns vier Sorten zugelassen. Sie unterscheiden sich etwas in der Wuchshöhe und im Proteingehalt, ebenso in Wuchsform, Stengellänge, Nachwuchsvermögen, Lagerneigung und Gesamttrockenertrag (Beschreibende Sortenliste 1992).
Ab 1994 darf in den Bundesländern nur noch Zertifiziertes Saatgut vertrieben werden. Im EG-Sortenkatalog sind 1992 noch sechs griechische und italienische Sorten aufgeführt.

## Schwedenklee

Bastardklee, Hybridklee, Grünklee, Alsikeklee
Alsike clover
*Trifolium hybridum L.*

### Herkunft/Vorkommen

Die Heimat des Schwedenklees ist Nordeuropa. Aus einer seiner Ursprungsformen (Varietät *typicum*) konnten landwirtschaftlich wertvolle Typen zuerst in der Ortschaft Alsike in Schweden selektiert werden. Diese Landsorten haben sich dann schnell Ende des 19. und Anfang des 20. Jahrhunderts auch in Mitteleuropa, USA und Kanada bis in Höhenlagen von 2000 m NN unter der Bezeichnung Alsike- oder Schwedenklee verbreitet. Die nördliche Anbaugrenze liegt heute in Lappland.
In Deutschland hatten die Sorten 'Schlesischer', 'Eifeler', 'Thüringer' und 'Württemberger' stärkere Anbaubedeutung. (Heute hat hier der Schwedenklee eine relativ geringe Anbaufläche). Weltbekannt wurde die Sorte 'Hytra', die aus der schwedischen, winterfesten Landsorte 'Balingsta' durch Chromosomenverdoppelung (Polyploidisierung) bereits Anfang der fünfziger Jahre entstand und noch heute im Anbau ist (WEIBULL 1991).

> Geschätzt als ein- bis mehrjährige Gründüngungs- und Grünfutterpflanze in Kleegrasgemengen. In rauhen, kalten, feuchten, schneereichen Lagen und auf schwerem Boden ist der anspruchslose Schwedenklee dem Rotklee überlegen. Trittempfindlich.

### Botanik

Cytologie: 2n = 2x = 16 Chromosomen (oder auch tetraploide Sorten).
Familie *Leguminosae*, Gattung *Trifolium*. Die Pflanze ist dem Rotklee ähnlich, jedoch ohne Blattbehaarung, glatt. Die Stärke von Schwedenklee liegt in seiner guten Kombinationsfähigkeit mit verschiedenen Grünfutterpflanzen. Anpassungsfähig, ein- bis zweijährig, in Wiesen und Weiden auch mehrjährig.

**Pflanze:** Mittelhoch, bestockungsfreudig, unbehaart, trittempfindlich, lagernd, mäßig verdrängend, bis 1 m hoch, ertragstreu. Stickstoffsammlung mit Bakteriengruppe 1 (wie Rot-, Weiß-, Alexandriner-, Perser- und Inkarnatklee). Flachwurzler.
**Jugendentwicklung:** Im Ansaatjahr zögernder als Rotklee.
**Konkurrenzkraft:** Im 1. Jahr mittel, später sehr gut.
**Stengel:** Rund, fast gefüllt, auch hohl, unbehaart.
**Blätter:** Dem Rotklee ähnlich, doch immer ohne Blattzeichnung. Die oberen dreizähligen Blätter sind mehr oval, fast eiförmig, die unteren sind oft gezähnt und kleiner.
**Blütenstand:** Kugelige Köpfchen, gestielt, mit zahlreichen Einzelblütchen. Diese sind weiß mit rötlichem Grund. Wegen dieser Farbkombination wurde der Schwedenklee irrtümlicherweise von LINNÉ Bastardklee (Hybridklee) genannt. Er ist aber eine selbständige Art!
Der Blütenaufbau ist wie der des Weißklees; der angenehme Duft lockt zahlreiche Insekten

**Oben links: Inkarnatklee wird verständlicherweise auch Blutklee genannt; typisch sind die kegelförmigen vielblütigen Blütenköpfe.**

**Oben rechts: Hornschotenklee, eine mehrjährige Futterleguminose mit leuchtend gelben Schmetterlingsblüten.**

**Mitte links: Persischer Klee, zutreffend auch Wendeblumenklee genannt, ist eine ausgesprochene Insektentrachtpflanze mit starkem, unverwechselbarem Honigduft.**

**Mitte rechts: Schwedenklee, wegen seiner Blütenfarbenkombination irrtümlich als Hybridklee bezeichnet, ist eine selbständige Kleeart.**

**Unten links: Wundklee, eine uralte Heilpflanze; sie hat heute nicht nur in natürlichen Pflanzengesellschaften eine zunehmende Bedeutung.**

**Unten rechts: Weißer Steinklee – typische Traube mit Einzelblüten.**

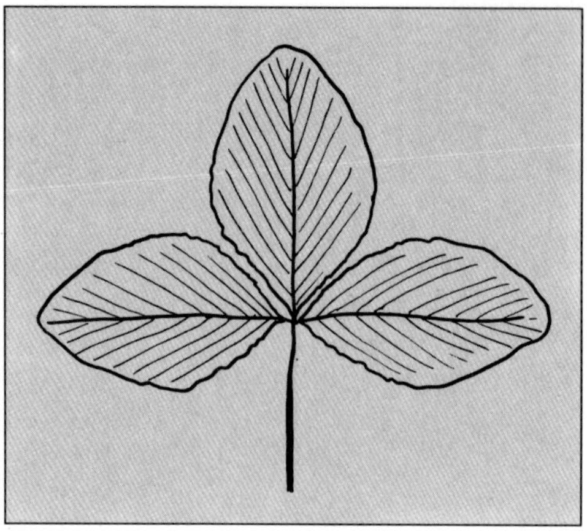

an. Hochgradiger Fremdbefruchter; die diploiden Sorten sind nämlich selbststeril.

## Samen

Die Hülse ist ein- bis viersamig, leicht aufspringend.
**TKG:** 0,6–0,9 g (enthülste Samen); Hektolitergewicht liegt bei 75 kg;
**Farbe:** hell-, dunkel-, oliv-, gelblichgrün, deshalb auch Grünklee genannt; frische Samen glänzen und sind glatt;
**Form:** rundlich-herzförmig;
**Größe:** etwa 1,3 × 0,9 × 0,8 mm;
**Besonderheiten:** Keimwurzel länger, Nabel rund, weiß, Hartschaligkeit bis 20%. Die Samenproduktion ist relativ schwierig (WEIBULL 1991).

## Ansprüche

Schwedenklee ist anpassungsfähig und relativ anspruchslos; er wächst bis 2000 m über NN.

**Klima**
Strenge Winter, naßkalte Perioden und Schnee werden sehr gut vertragen. Nur Trockenheit, zuviel Wärme und Hitze mag er nicht.

**Boden**
Geeignet sind frische, feuchte, auch rauhe, schwere, nasse Böden, auch schwere Tonböden, Moorböden und Hochlagen, insgesamt also rotkleeunsichere Standorte. Für nährstoffreichere, neutrale Böden ist er dankbar. Zu trockene, leichte Böden sind ungeeignet.
**Nährstoffbedarf:** Eine rotkleeähnliche Grunddüngung mit etwa 90 kg $P_2O_5$ und 160 kg $K_2O$ in leichtverfügbarer Form ist empfehlenswert. Die Symbiose mit den Rhizobiumbakterien ist für die Stickstoffselbstversorgung ausreichend.

**Auftreten von Krankheiten und Schädlingen**
Schwedenklee ist robust und gesund; Kleekrebs kann aber für den Anbau limitierend sein. Zu dichte Bestände können auch von Mehltau, Fäulnispilzen oder Stengelälchen befallen werden. Deshalb ist ein Fruchtfolgeabstand von drei Jahren einzuhalten (KÄMPF 1987).

## Verwendung

**Grünfutter**
Üblich ist ein Ansaatjahr und ein Hauptnutzungsjahr. Der erste Grünschnitt erfolgt später als bei anderen Kleearten und liegt bei 70% des Gesamtertrages (Tab. 1).
Der **Futterwert** ist mit Note 6 (von 9 möglichen) fast so hoch wie bei Rotklee und Luzerne. Der Rohproteingehalt ist ähnlich hoch, der Rohfasergehalt niedriger. Im Kleegrasgemenge ist jedoch seine Qualität als „Verbesserer“ bekannt. In der Grünmasse sind etwa 2,2% Protein vorhanden.
KStE und NEL sind mittelhoch.
**Schmackhaftigkeit** und **Verdaulichkeit** sind gut, doch Reinverfütterung kann zu Verdauungsstörungen führen. Auch schmeckt Schwedenklee rein etwas bitter.
Beste Qualitäten erreicht man bis zum Blühbeginn und zusammen mit Gräsern, da er sogar mit Grünmais und Perserklee vergleichbar ist (exakte Futterwerte siehe Tab. 3).
Gemengebeispiele:
Beispiele einiger Gemenge

| | |
|---|---|
| – Schwedenklee | 5 kg |
| Rotklee | 6 kg |
| Wiesenschwingel | 7 kg |
| Wiesenlieschgras | 5 kg |
| Welsches Weidelgras | 2 kg |
| (für einjährige Hauptnutzung) | |
| oder | |
| – Schwedenklee | 8 kg |
| Wiesenlieschgras | 6 kg |
| Knaulgras | 4 kg |
| Wiesenschwingel | 10 kg |
| Weißklee | 4 kg |
| (für zweijährige Hauptnutzung) | |

(oder siehe bei Erdklee, Glatthafer, Goldhafer und Serradella).

**Weide, Heu, Silage**
Für Weiden ist der Schwedenklee anteilig emp-

fehlenswert, obwohl er weniger biß- und trittverträglich ist. „Sein Bitterstoffgehalt verhindert das gierige Fressen und setzt die Gefahr des Aufblähens beim Beweiden herab ..." (RENIUS 1949).
Als Mischungspartner für Heu- und Silagenutzung ist er empfehlenswert, vor allem auf Problemstandorten (Tab. 1).
Gemengebeispiele:

| | |
|---|---|
| – Schwedenklee | 5 kg |
| Rotklee | 6 kg |
| Wiesenschwingel | 4 kg |
| Deutsches Weidelgras | 8 kg |
| Luzerne | 3 kg |
| Wundklee | 1 kg |
| Hornklee | 4 kg |
| Wiesenlieschgras | 3 kg |
| Zaunwicke | 0,5 kg |

(oder siehe bei Erdklee).

**Gründüngung**
Schwedenklee eignet sich sehr gut für die Gründüngung, obwohl die Wurzelleistung unter der des Rotklees liegt.
Gemenge für schwere, feuchte Böden z. B.:

| | |
|---|---|
| – Schwedenklee | 12 kg |
| Gelbklee | 24 kg |
| Wiesenrispe | 4 kg |
| oder | |
| – Schwedenklee | 12 kg |
| Serradella | 35 kg |

(oder siehe bei Gelbklee, Gelbe Lupine, Inkarnatklee und Zaunwicke).

**Grünbrache**
Für eine mittelfristige Brache ist folgendes Gemenge empfehlenswert:

| | |
|---|---|
| – Schwedenklee | 2 kg |
| Hornklee | 2 kg |
| Weißklee | 4 kg |
| Gelbklee | 4 kg |
| Wiesenrispe | 5 kg |
| Deutsches Weidelgras | 4 kg |
| Rotschwingel | 2 kg |

(oder siehe bei Dauerlupine und Erdklee).

**Wildäsung**
Für Reh-, Rot- und Muffelwild ist der Äsungswert gut, für Hasen sogar sehr gut; Schwedenklee ist empfehlenswert, da standorttreu.
Gemengebeispiele:

| | |
|---|---|
| – Schwedenklee | 3 kg |
| Waldstaudenroggen | 40 kg |
| Hafer, Sommerweizen | 30 kg |
| Rotklee (tetraploid) | 10 kg |
| Futtererbse | 10 kg |
| Perserklee | 5 kg |
| Ölrettich | 2 kg |

für alle Böden, Saat April–Juni
(EGGELING 1991)
oder

| | |
|---|---|
| – Schwedenklee | 4 kg |
| Weißklee | 6 kg |
| Hornschotenklee | 2 kg |
| Luzerne | 10 kg |
| Deutsches Weidelgras | 5 kg |
| Knaulgras | 5 kg |
| Wiesenlieschgras | 6 kg |
| Wiesenschwingel | 5 kg |
| Wiesenrispengras | 5 kg |

(EGGELING 1991)
(oder siehe bei Dauerlupine, Gelbklee, Hornklee, Markstammkohl, Wundklee und Zaunwicke).

**Bienenweide**
Ausgezeichnete Eigenschaften; besonders die Hummeln und Bienen werden stark angezogen. Die Blütenröhren sind kurz und liefern weißkleeähnliche Nektarmengen mit bis zu 43% Zucker. Die Pollendarbietung ist sehr gut.
Gemengebeispiel:

| | |
|---|---|
| – Schwedenklee | 8 kg |
| Gelbklee | 2 kg |
| Weißklee | 4 kg |
| Inkarnatklee | 3 kg |
| Wundklee | 2 kg |

(oder siehe bei Gelbklee, Hornklee, Inkarnatklee).

**Sonstige Nutzung**
Geeignet im Weinbau und auf schweren, kalten Böden. Gemengebeispiele für längerandauernde Nutzung:

| | |
|---|---|
| – Schwedenklee | 4 kg |
| Steinklee | 5 kg |
| Hornklee | 5 kg |
| Deutsches Weidelgras | 5 kg |
| Weißes Straußgras | 2 kg |
| Kümmel | 2 kg |

(PREUSCHEN 1983)
oder

| | |
|---|---|
| – Schwedenklee | 3 kg |
| Esparsette | 3 kg |
| Rotklee | 3 kg |
| Weißklee | 3,9 kg |
| Perserklee | 3 kg |
| Gelbklee | 2,1 kg |
| Hornklee | 3 kg |
| Wiesenrispe | 0,9 kg |
| Wiesenlieschgras | 3 kg |
| Deutsches Weidelgras | 2,1 kg |

**Oben links: In nur wenigen Wochen können Zwischenfrüchte wie Bodenfrüchtiger Klee die Bodenstruktur verbessern und die getreidereichen Fruchtfolgen im Spätherbst vielseitig bereichern.**

**Oben rechts: Gelber Steinklee, eine ursprünglich ruderale Wildpflanze, wird heute zunehmend als Gründüngungs-, Bienen- und sogar Futterpflanze genutzt.**

**Unten links: Das weltberühmte „Landsberger Gemenge" besteht aus drei Pflanzenarten: Inkarnatklee, Welschem Weidelgras und Zottelwicke (von rechts).**

**Unten rechts: Gelbklee, eine vielseitige anspruchslose Futterleguminose mit kugelförmigen, gelben Blüten, wird durch Aussamen oft standorttreu.**

Rotschwingel, ausläufer-treibend 0,9 kg
Kräuter 2,1 kg
vier- bis fünfjährige Nutzung. Auch Einsaaten in Wildwiesen lohnend!
(SCHOELL 1993)
(oder siehe bei Hornklee und Tab. 1).

## Saat

**Reinsaat:** 8 bis 15 kg/ha (nicht üblich);
**Mindestqualität** (ZS): K > 80%, R > 97%, max. 20% Hartschaligkeit, ampferfrei;
**Saattiefe:** 1 bis 2 cm;
**Reihenweite:** 15–20 cm;
**Breitsaat:** möglich;
**Saatgutpreis:** etwa 6,– DM/kg.

**Saatmethoden**
Als **Untersaat** unter Getreide oder sogar als Kleegras im Frühjahr möglich, da er schattenverträglich ist.
Als **Hauptfrucht** mit Herbsteinsaaten ist Schwedenklee gut geeignet (Nutzung im folgenden Jahr dann bis zu dreimal möglich).
Als **Zwischenfrucht** ist er weniger lohnend (Tab. 2).

## Ertrag

Der Grünertrag bei mehrschnittiger Hauptfrucht liegt zwischen 250 bis 500 dt/ha (40–80 dt Trockenmasse mit etwa 10 dt Rohprotein), der Blattanteil beträgt 35 bis 40%.

## Ökologische Bedeutung

**In der Fruchtfolge**
Als **Vorfrucht** auf nassen, kalten Böden ist der Schwedenklee eine fast konkurrenzlose Pflanzenart vor Raps, Weizen und Hackfrüchten. Die Selbstversorgung mit Stickstoff ist ausgezeichnet, und er gilt als selbstverträglich. Zudem gilt er als **Strukturverbesserer** auch auf ungaren Standorten und Wildwiesen.
**Bodenbedeckung**: Fast vergleichbar mit Rot- und Weißklee.
**Ernterückstände:** Etwa 25 dt/ha Trockenmasse; davon bis zu 15 dt Wurzelmasse.
**Durchwurzelung:** Mittels der reichlichen Nebenwurzeln in der Ackerkrume gut; die Pfahlwurzel ist eher kurz, aber mit gutem Aufschließvermögen. Schwedenklee fördert so die Bodenfruchtbarkeit auf Grenzstandorten. Die Pflege ist minimal.
In **natürlichen Pflanzengesellschaften** kommt er häufig vor; die Selbstaussamung ist nämlich sehr gut möglich (Tab. 2).

## Sortenangebot

Der Schwedenklee wird züchterisch leider wenig bearbeitet. In Deutschland waren im Jahre 1994 zwei ältere Sorten zugelassen; eine davon ist tetraploid, spätblühend, ertragreicher, aber kleekrebsanfälliger. Saatgutvermehrung erfolgt ausschließlich im Ausland. Fünf EG-Sorten im Jahre 1992.

# Steinklee

Zwei Steinkleearten sind heute interessant:
1. **Weißer Steinklee**; Bucharaklee, Bokharaklee, Riesenhonigklee,
white melilot, white sweet-clover, (einjährige Form: Hubamklee)
*Melilotus alba* Medik. (bzw. *M. albus*)
2. **Gelber Steinklee**; Echter Steinklee, Ackerhonigklee,
field-melilot, yellow sweet-clover
(manchmal auch als Bokharaklee bezeichnet)
*Melilotus officinalis* (L.) Pall.
(Bemerkung: Melilotus = griech. meli = Honig).

## Herkunft/Vorkommen

Steinklee ist in Europa und Mittelasien als Ruderalpflanze seit Jahrhunderten stark verbreitet; als entzündungshemmende, Verletzungen und Geschwüre heilende Heilpflanze war er bereits im Altertum bekannt.
Aus den Wildformen wurden erst vor etwa 90 Jahren die ersten landwirtschaftlich brauchbaren Landsorten gezüchtet. Der Steinklee zählt somit zu den historisch jüngsten Kulturnutzpflanzen (KAPPERT 1959).
Größere Anbaubedeutung hat er bis heute in den USA, Kanada und Australien erreicht, nachdem neugezüchtete kumarinärmere Sorten eine intensivere Grünfutternutzung ermöglichten (HOFFMANN et al. 1985).
Heute sind die Melilotus-Formen auch in China, Nordamerika und Australien eingebürgert (ZANDER 1993).

In Europa als Pionier-, Erosionsschutz, Gründüngungs- und Bienenweidepflanze seit langem bekannt.
Eine junge Nutzpflanze; kumarinarme Neuzüchtungen vom Weißen Steinklee haben zunehmende Bedeutung auch im Feldfutterbau.

## Botanik

Cytologie: 2n = 2x = 16 Chromosomen.
Familie *Leguminosae*, Gattung *Melilotus*.
Von den etwa sechzehn *Melilotus*-Arten sind nur der Gelbe und der Weiße Steinklee landwirtschaftlich interessant.

**Pflanze:** Meistens zweijährig; im ersten Winter absolut winterfest. Im ersten, vegetativen Jahr werden die Nährstoffe im Wurzelstock gespeichert, im zweiten Jahr blüht die Pflanze. Nach dem Grünschnitt kann sie nachtreiben. Sie verholzt aber sehr schnell, wird bis 2 m hoch (besonders der Weiße Steinklee), nach der Samenreife stirbt sie schnell ab. Die sehr tief wachsenden Wurzeln erschließen ausgezeichnet den Unterboden (LESAK 1986).
Der Grünschnitt muß bei etwa 12 cm Höhe erfolgen, da die Pflanze aus dem unteren Stengelteil wieder bestockt. Dann ist ein weiterer Schnitt möglich. Rhizobiumbakterien Gruppe 2 (wie Luzerne und Gelbklee).
**Jugendentwicklung:** Gut (Steinklee ist aber beschattungsempfindlich).
**Konkurrenzkraft:** Mittelhoch, unterdrückt gut.

**Stengel:** Ist dicker und gröber als bei Luzerne, aufrecht, hart, robust, hat mehrere Seitentriebe und relativ wenige Blätter. Enthält die Glykoside Melilotin und Kumarin.
**Blätter:** Dreizählig, das Mittelblatt ist deutlich gestielt. Das Einzelblättchen ist verkehrt eiförmig, am Rande ist die typische Zähnung deutlich zu erkennen.
**Blütenstand:** Eine Traube mit 40 bis 80 Einzelblütchen. Diese riechen angenehm, der Gelbe Steinklee mehr nach Honig, der Weiße Steinklee etwas mehr nach Kumarin. Die Artnamen der beiden Formen beziehen sich auf die Blütenfarbe. Fremdbefruchtung durch Insekten ist notwendig. Die reifen Samen fallen leicht aus, dadurch wirkt der Bestand ausdauernd.

## Samen

Die Frucht ist eine platzende, etwa 3 mm lange Hülse mit ein bis zwei Samen.
**TKG:** etwa 1,8 bis 2,3 g;
**Farbe:** grünlich, gelblich, bräunlich; glatt, nicht glänzend;
**Form:** eiförmig bis schief-herzförmig;
**Größe:** etwa 2,2 × 1,5 × 1,2 mm;
**Besonderheiten:** Keimwurzel sehr lang, Nabel rund, hell. Samenertrag liegt bei 5 dt pro Hektar. Auch der Samen riecht nach Kumarin.

## Ansprüche

Steinklee ist eine sehr anspruchslose Art und insgesamt anpassungsfähiger als Luzerne (OEHMICHEN 1986).

### Klima

Er ist winter- und wetterhart, auch trockentolerant. Für Frühjahrsfeuchtigkeit und trockenere Ausreife ist er jedoch dankbar.

### Boden

Bei mittelhohen Ansprüchen bevorzugt er kalkreiche, trockenere Standorte. Aber auch feuchtere, flachgründigere, sandigere Lagen sind geeignet. Nicht geeignet sind zu saure, überschwemmte Böden.
**Nährstoffbedarf:** Mittelhoch, doch das Aneignungsvermögen ist außerordentlich hoch, auch auf steinigeren Standorten. Für leichtlösliche Phosphor- und Kaliumgaben ist er jedoch dankbar.
Die Stickstoffselbstversorgung ist voll ausreichend.

### Auftreten von Krankheiten und Schädlingen

Recht selten; häufiger kann lediglich Mehltau beobachtet werden.

## Verwendung

### Grünfutter

Die alten kumarinhaltigen Formen sind im Feldfutterbau nur bedingt in Großmengen verfütterbar, wegen möglichen inneren Blutungen (sog. „Steinkleekrankheit“ [KAPPERT 1959]). Nach älteren Beobachtungen wurde der Steinklee vom Vieh auch erst nach einer Hungerpause angenommen. Den neuen kumarinfreien Sorten werden heute im Ausland gute bis sehr gute Futtereigenschaften bescheinigt (Tab. 1)

Der **Futterwert** der älteren Sorten liegt unter dem von Rotklee. Nur junge, noch saftige, nicht verholzte Pflanzen sind brauchbar. Der Blattanteil an der Pflanzenmasse ist sehr niedrig. Der Rohproteingehalt liegt bei 18 bis 22% (in der TM), der Rohfasergehalt ist hoch.

**Schmackhaftigkeit** und **Verdaulichkeit** ist am höchsten beim ersten Grünschnitt ab 50 cm im Stadium Vorknospenbildung, da der Lignin- und Bitterstoffgehalt in diesem Stadium noch relativ gering ist. KStE und NEL sind mittelhoch (siehe hierzu Futterwerttabelle 3).

**Empfohlene Gemenge:** Anteilig zu zweijährigen Kleegrasgemengen bedingt möglich.

### Weide, Heu, Silage

Als Weidepflanze wird in den USA häufig der Weiße Steinklee angebaut. Auch die Heueigenschaften werden als gut bezeichnet, da durch den Trocknungsprozeß die Schmackhaftigkeit verbessert wird. Ähnlich auch bei der Silierung. Zu empfehlen sind jedoch Gemengesaaten.

### Gründüngung

In Nordamerika ist der Steinklee eine längst bewährte Gründüngungspflanze. Untersaaten mit 16 kg/ha sind üblich, doch sollten die Pflanzenreste gut untergepflügt und eingearbeitet werden. So verrotten die holzigen Stengel besser, und der Durchwuchs wird vermieden. Man empfiehlt heute den Umbruch bei 20 bis 30 cm Pflanzenhöhe.

### Grünbrache

Gute Eignung, auch auf Rohböden.
Gemengebeispiel:

| | |
|---|---|
| – Steinklee | 6 kg |
| Luzerne | 5 kg |
| Wehrlose Trespe | 7 kg |
| Knaulgras | 4 kg |
| Kleiner Wiesenknopf | 2 kg |

### Wildäsung

Steinklee ist keine ideale Äsungspflanze, wegen seiner Anspruchslosigkeit und Sichtschutz anteilig zu verschiedenen Gemengen aber trotzdem zu empfehlen.

### Bienenweide

Steinklee ist eine sehr gute Trachtpflanze, nicht nur für Bienen sondern z. B. für Schwebfliegen. Er hat eine lange Blütezeit, die Blüte ist sehr ergiebig (Zuckergehalt des Nektars bis 40%; viele Vitamine und Mineralstoffe). Besonders die Unterarten Gelber Ackerhonigklee und Weißer Riesenhonigklee sind nektarreich und auch kurzrüsseligen Insekten zugänglich. Die Pollenmenge ist ähnlich wie bei den anderen Kleearten.

### Sonstige Nutzung

Steinklee wird auch im Obst- und Weinbau als Zwischenreihenbegrünung und Erosionsschutzpflanze neuerdings empfohlen; z. B. als folgende Gemenge:

| | |
|---|---|
| – Steinklee | 6 kg |
| Luzerne | 5 kg |
| Fadenklee | 4 kg |
| Wehrlose Trespe | 7 kg |
| Knaulgras | 3 kg |
| Kleiner Wiesenknopf | 2 kg |

(PREUSCHEN 1983)

oder für die Straßenrandbefestigung:

| | |
|---|---|
| – Steinklee | 4 kg |
| Wundklee | 2 kg |
| Dauerlupine | 10 kg |
| Knaulgras | 2 kg |
| Luzerne | 3 kg |
| Wiesenrispe | 4 kg |
| Gelbklee | 2 kg |

(oder siehe bei Hornklee und Schwedenklee und Tab. 1).

Früher wurde Steinklee sogar als Mottenmittel und Tabakersatz genutzt. Neuerdings wird er zur Kippenrekultivierung empfohlen. Die Nutzung der aromatischen Blattinhaltsstoffe des Gelben Steinklees erfolgt auch als Gewürz- und Arzneimittel.

## Saat

**Reinsaat:** 15 bis 25 (35) kg/ha (nicht üblich);
**Mindestqualität:** K > 80%, R > 95%;
**Saattiefe:** 1 bis 2 cm;

Steinklee als Pionierpflanze auf unfruchtbarem, steinigen Standort.

**Reihenweite:** 20 bis 25 cm, Breitsaat möglich; **Saatgutpreis:** 5,– bis 8,– DM/kg; die Futtersorten (Kumarinarm) sind teurer.

**Saatmethoden**
Als **Untersaat** ab März z.B. in dünn stehenden Roggen.
Als **Hauptfrucht** ab April anteilig in Gemengen.
Als **Zwischenfrucht** mit Herbstsaat bedingt möglich (Tab. 2).

## Ertrag

Der Grünertrag als Hauptfrucht liegt bei 200–300 dt/ha (etwa 80 dt Trockenmasse mit etwa 12 dt Rohprotein).

## Ökologische Bedeutung

**In der Fruchtfolge**
Der Steinklee gilt in der Fruchtfolge als **die** Pionierpflanze. Er hat deshalb einen unersetzlichen Wert nach Erstrodungen, Ödlandumbruch und auf Problemstandorten. Seine Selbstverträglichkeit ist sehr gut. Er gilt als Strukturverbesserer und ist bodenfruchtbarkeitsfördernd, da er den Boden bestens durchwurzelt, krümelt, lockert und mit Stickstoff anreichert.
Die **Bodenbedeckung** ist nur mäßig.
**Ernterückstände:** mittelhoch; die Pfahlwurzel wächst bis 3 m tief. Die Pflege ist minimal, der Erosionsschutz hervorragend (Tab. 2).
In **natürlichen Gesellschaften** ist er bei uns häufig zu finden, besonders an Acker- und Straßenrändern, auf Bahndämmen und in Wildkräuterbiotopen. Er saamt leicht aus und wird dadurch standorttreu. Auch Windverbreitung der Samen ist möglich.

## Sortenangebot

Steinklee unterliegt nicht dem deutschen Saatgutverkehrsgesetz; (im Jahre 1994 gab es bei uns lediglich eine geschützte Sorte). Deshalb wird er vor allem als „Gelbblühender“ und „Weißblühender“ aus amerikanischen, kanadischen und australischen Herkünften angeboten. Neuerdings sind auch kumarinarme Grünfuttersorten wie ‘Norgold’ auf dem europäischen Markt erhältlich (WLZ 1994).

## Wundklee

Echter Wundklee, Gewöhnlicher Wundklee, Watteblume, Bärenklee, Herrgottschuhlein, Tannenklee, Hasenklee, Russischer Klee (Handelsbezeichnung), (nicht aber Gebirgswundklee, var. *montana*)
Kidney vetch, Lady's fingers, wound clower; spring vetch or tare (amerik.)
*Anthyllis vulneraria* L.

### Herkunft/Vorkommen

Wundklee ist eine farblich auffallende, außerordentlich formenreiche und vielseitige Leguminosenart aus dem Mittelmeerraum. Sie wurde seit Menschengedenken als Blattheilpflanze vor allem bei schlecht heilenden, eitrigen Wunden eingesetzt (*vulnerarius* = heilend, keimtötend). Auch als Blutreinigungstee, bei Ohren-, Blasen- und Zahnfleischentzündung, als Aknewasser, Gesichtsmilch und bei Verstopfungen wird sie heute häufiger angewendet. Der Wundklee diente früher auch als gelber Farbstoff.
Im Jahre 1858 wurde er nachweislich von dem Bauern Voigt in der Altmark zum ersten Mal in Deutschland kultiviert angebaut (HAAG 1993).
Er ist sporadisch überall in Europa, im Mittelmeerraum, in Vorderasien, im Himalaja und in der Nordsahara verbreitet, vor allem aber an Straßenrändern und auf Wiesen, an Hängen und auf Rohböden; sogar in den Alpen und auf den Ostseedünen ist er zu finden.
Der Wundklee zählt zu den anpassungsfähigsten Kleearten. Früher wurde er oft in Reinsaaten und Grüngemengen für Schafe in Norddeutschland, Schlesien, Mähren und Österreich angebaut. Mit dem Rückgang der Schafweiden ist schließlich auch er stark zurückgegangen.

Wertvoll als Weidebegleitpflanze, als Pionierart für Extensivstandorte, als Heil- und Futterpflanze. Anzeiger für Trockenheit und Kalkböden.

### Botanik

Cytologie: 2n = 2x = 12 Chromosomen.
Familie *Leguminosae*, Gattung *Anthyllis*: Wundklee ist ein Schmetterlingsblütler und eine typische Kleeleguminosenart.

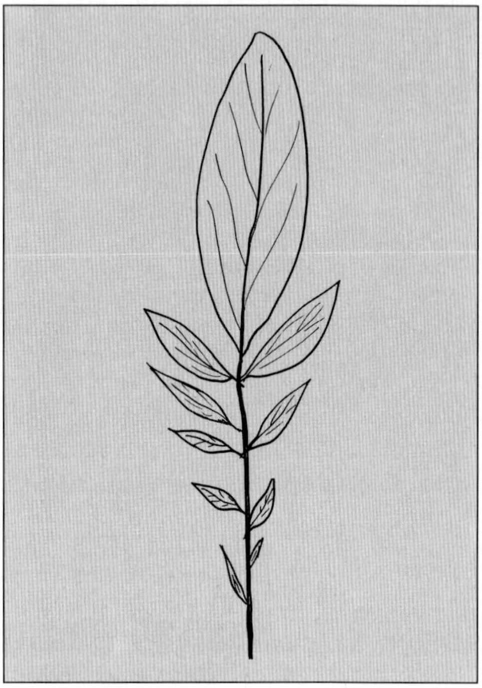

**Pflanze:** Überwiegend zweijährig, (selten einoder mehrjährig), im ersten Jahr niedrig, gut bestockend, sogar ein Grünschnitt ist möglich. Im zweiten Vegetationsjahr (nach der Vernalisation) stengel- und samenbildend. Die Pfahlwurzel ist kurz, die Seitenwurzeln sind zahlreich. Stickstoffbindung mit der Bakteriengruppe 3 (wie Hornklee). Neuerdings wurden spezielle Stämme entwickelt (Radicin 1993).
**Jugendentwicklung:** Mittelgut.
**Konkurrenzkraft:** Nur mittelhoch, doch insgesamt gutes Durchsetzungsvermögen in artenreichen Pflanzengesellschaften.
**Stengel:** Wird 1 bis 1,5 m lang; lageranfällig, leicht behaart, rund, fast gefüllt, nach der Blüte schnell hart.
**Grundblätter:** Groß, länglicher, unten fein behaart. Das Mittelblatt ist deutlich größer, oval bis lanzettlich, die Nebenblätter gefiedert. Eine wirkliche Besonderheit ist die Blattstellung: bei vollem Sonnenlicht können sich die Blätter mit der Spitze schützend nach oben drehen.
**Blüten:** Zahlreich, in kugelförmigen Köpfchen, dicht, wunderschön goldig- oder orangeleuchtend. Die Einzelblüte ist zwittrig, sie besitzt einen „Pollen-Pumpmechanismus", welcher die Insektenbefruchtung ermöglicht. Blühzeit von Mai bis August (die Blüten werden vor allem im Schwarzwald gesammelt). Strenger Fremdbefruchter. Nicht nur das Kraut, auch die Blüten enthalten den Gelbstoff (*Xanthophyll*).

## Samen

Die Hülse ist einsamig, schwarzgrau, spitz und behaart. Sie kann sogar schwimmen.
**TKG:** etwa 2,4 g;
**Farbe:** mischfarbig, etwa $^2/_3$ sind gelb (Rest durch die Chlorophylleinlagerungen grün), glatt, glänzend, alte Samen matt;
**Form:** dick, oval bis eiförmig;
**Größe:** etwa 2,1 × 1,5 × 1,3 mm;
**Besonderheiten:** Keimwurzel lang, Nabel rund. Hartschaligkeit etwa 15%, Samenertrag 1 bis 2 dt/ha. Der Gerbstoffgehalt in den Samen ist hoch.

## Ansprüche

Die Ansprüche des Wundklee sind insgesamt bescheiden. Er ist höchst anspruchslos und anpassungsfähig („... ist geeignet, dem ärmsten Boden noch einen Ertrag abzuringen" [PABST 1844]). Durch Stickstoffüberdüngung wurde er mancherorts heute stark zurückgedrängt.

### Klima

Wundklee bevorzugt trockene Witterung. Er gilt als Trockenheitsanzeiger. Seine Lichtansprüche sind mäßig, er wächst aber sogar bis auf über 3000 m NN. Er hat einen sehr niedrigen Verdunstungskoeffizient (LESAK 1986).

### Boden

Auch schlechtere Standorte, wie Hänge, Böschungen, Steinbrüche oder flache, magere Böden, sind noch gut geeignet, doch liebt der Wundklee Kalk. Bei pH-Werten unter 6 entwickeln sich die Wurzeln sehr schlecht. Zu nasse, saure Lagen sowie Ton- und Moorböden sind ungeeignet.
**Nährstoffbedarf:** Niedrig, besonders der P- und K-Bedarf; für bessere Wiesen- und Weidelagen jedoch dankbar. Der Wundklee hat ein hohes N-Aneignungsvermögen.

### Auftreten von Krankheiten und Schädlingen

Er ist eine relativ gesunde Art; kleebürtige Krankheiten wie Mehltau, Kleekrebs, Brennfleckenkrankheit, Rost- und Stengelpilze (*Pyrenophora ch.*) oder Schädlinge wie Bläulinge *(Lucaena minimal)* sind jedoch möglich.

## Verwendung

### Grünfutter

Wundklee wurde schon immer als ein etwas bitter schmeckender „Würzzusatz" anteilig zu vielen mehrjährigen Futtermischungen für Wiesen und Weiden empfohlen und von den Tieren gerne gefressen. Besonders Schafe und Ziegen mögen ihn, doch Rinder und Pferde nehmen ihn weniger gerne an.
Der **Futterwert** in der Vollblüte – bis dahin hat er gute Zuwächse – ist gut bis sehr gut, doch unter dem von Luzerne und Rotklee (Tab. 1).
Blatteiweiß- und Rohfasergehalt sind sehr hoch. Wichtig ist der 1. Grünschnitt!
**Schmackhaftigkeit** und **Verdaulichkeit** sind hoch, speziell für Schafe. Die Trockenmasse liegt bei 20%, der Eiweißgehalt bei 1,9%. (Die exakten Futterwerte befinden sich in Tab. 3.)
Beispiele einiger Gemenge:

| | |
|---|---|
| – Wundklee | 5 kg |
| Luzerne | 5 kg |
| Glatthafer | 4 kg |
| Aufrechte Trespe | 5 kg |
| Kleiner Wiesenknopf | 2 kg |
| (PREUSCHEN 1991) | |

oder

| | |
|---|---|
| – Wundklee | 7 kg |
| Hornschotenklee | 5 kg |
| Erdklee | 5 kg |
| Wiesenrispe | 3 kg |
| Knaulgras | 8 kg |
| Wehrlose Trespe | 4 kg |
| Kräuter | 1 kg |
| Esparsette | 10 kg |
| für Extensivlagen | |

(oder siehe bei Esparsette, Peluschke und Zaunwicke)

### Weide, Heu, Silage

Wundklee wird anteilig von Schafen und Jungrindvieh sehr geschätzt; nachher ist noch eine Beweidung möglich, da Wundklee auch aussamt. Heugewinnung ist möglich, doch im Reinanbau zu aufwendig und unüblich.
Gemengebeispiel:

| | |
|---|---|
| – Wundklee | 6 kg |
| Rotklee | 5 kg |
| Luzerne | 10 kg |
| Esparsette | 25 kg |

(oder siehe bei Erdklee, Hornklee und Schwedenklee)

**Gründüngung und Grünbrache**
Als Gemengepartner sehr wertvoll, weil zahlreiche feine Wurzeln den Boden gut durchwachsen (Reinsaaten wären zu teuer).
Gemengebeispiel:

| | |
|---|---|
| – Wundklee | 7 kg |
| Erdklee | 7 kg |
| Einjährige Rispe | 2 kg |
| Hornklee | 5 kg |
| Kleiner Wiesenknopf | 1 kg |
| Wehrlose Trespe | 4 kg |

(PREUSCHEN 1992)

**Wildäsung**
Wundklee ist als Wildäsung bei Hasen sehr beliebt (Bestandteil artenreicher mehrjähriger Gemenge wie „SEDAMIX-Kräuter"; NUNGESSER 1991); auch für Schalenwild und Fasan; zum Beispiel:

| | |
|---|---|
| – Wundklee | 0,5 kg |
| Knaulgras | 3 kg |
| Wiesenlieschgras | 5 kg |
| Wiesenschwingel | 4 kg |
| Rotschwingel | 2 kg |
| Wiesenrispe | 3 kg |
| Deutsches Weidelgras | 4 kg |
| Weißklee | 3 kg |
| Schwedenklee | 1 kg |
| Rotklee (tetraploid) | 3 kg |
| Hornklee | 1 kg |
| Gelbklee | 0,5 kg |

(ELLIGER, PEGEL, WEIS 1992)
oder

| | |
|---|---|
| – Wundklee | 1 kg |
| Gelbklee | 2 kg |
| Dauerlupine | 20 kg |
| Wiesenschwingel | 4 kg |
| Deutsches Weidelgras | 4 kg |
| Schwedenklee | 2 kg |
| Zaunwicke | 0,5 kg |
| Esparsette | 5 kg |
| Glatthafer | 3 kg |

(oder siehe bei Dauerlupine, Gelbklee, Esparsette, Markstammkohl und Zaunwicke).

**Bienenweide**
Wundklee ist eine sehr gute Bienen- und Hummelweide und auch für langrüsselige Falter geeignet. Nektar ist zuckerreich, wird aber tief in den Blütenröhren abgeschieden; die Pollenmenge ist mittelhoch. Saatbeispiele siehe bei Gelbklee und Schwedenklee.

**Sonstige Nutzung**
Auch als Arznei- und Färbepflanze hat Wundklee heute eine gewisse Bedeutung. Im Weinbau wird er als Erosionsschutz und Gründüngung z. B. in folgendem Gemenge empfohlen:

| | |
|---|---|
| – Wundklee | 5 kg |
| Esparsette | 20 kg |
| Fadenklee | 5 kg |
| Wiesenschwingel | 5 kg |
| Wehrlose Trespe | 5 kg |
| Gelbklee | 4 kg |

(oder siehe bei Esparsette und Steinklee; auch Tab. 1).

## Saat

**Reinsaat:** 15 bis 20 kg/ha (nicht üblich);
**Mindestqualität:** K > 85%; gelbkleefrei;
**Saatiefe:** 1 cm;
**Reihenweite:** 10 bis 20 cm, Breitsaat möglich;
**Saatgutpreis:** über 50,– DM/kg. Es wird aber auch billigeres, nicht enthülstes, qualitativ gutes Saatgut angeboten.
**Saatmethoden**
Als **Untersaat:** unter Sommergetreide sehr gut möglich.
Als **Hauptfrucht:** anteilig empfehlenswert (Tab. 2).
Als **Zwischenfrucht:** fraglich.

## Ertrag

Der Grünertrag liegt bei 80 bis 140 dt/ha und 20 bis 50 dt/ha Heu mit einem sehr hohen Rohproteinanteil.

## Ökologische Bedeutung

**In der Fruchtfolge**
Der Wundklee ist in der Fruchtfolge als gute **Vorfrucht** für Getreide, Mais und Raps einzustufen. Er gilt als selbstverträglich, besonders wenn er im Feldfutterbau als Begleitpflanze angebaut wird (Tab. 2).
Außerdem gilt er als Zeigerpflanze für alkalische Böden, ferner für Nährstoffmangel und Trockenheit. Der Pflegeaufwand ist minimal.
Die **Bodenbedeckung** und **Ernterückstände** sind mäßig, die Durchwurzelung auch auf Problemstandorten ausgezeichnet.
Da er leicht aussamt („Regenschwemmling"), ist er in unseren **natürlichen Gesellschaften** häufig zu finden, vor allem an Böschungen, Kalkmagerrasen, Steinbrüchen, Schotter, Geröll und im Dauergrünland. Wie alle Leguminosen ist er ein guter Stickstoffselbstversorger.

## Sortenangebot

Der Wundklee unterliegt nicht dem deutschen Saatgutverkehrsgesetz und ist im Jahre 1994 auch nicht im „Artenverzeichnis zum Sortenschutz“ aufgeführt; deshalb ist keine geschützte und zugelassene Sorte auf dem Saatgutmarkt. Den Saatgutbedarf deckt man zur Zeit aus französischen und österreichischen Importen. Leider ist deren Qualität nicht immer gut.
Bekannt waren früher die Vermehrungen im Schwarzwald. „Doch der Samenbau gestaltet sich schwierig. In der Frühreife können die Hülsen schlecht ausgedroschen werden und in der Vollreife ... folgt Samenausfall“ (HAAG 1993).

# Esparsette

Saatesparsette, Esper, Türkischer Klee, sainfoin
*Onobrychis viciifolia* Scop. (auch *viciaefolia*)

## Herkunft/Vorkommen

Das primäre Genzentrum der Kulturesparsette lag im östlichen Mittelmeerraum bzw. in Kleinasien. Als außerordentlich eiweißreiche Futterpflanze kam sie im 16. Jahrhundert erstmals nach Frankreich, dann verbreitete sie sich aber rasch in ganz Europa bis nach Südrußland. Im 18. Jahrhundert wurde sie in Deutschland gerne auf Kalkverwitterungsböden in der Fränkischen und Schwäbischen Alb und in Thüringen angebaut. Bekannt wurden bei uns vor allem die ostpreußischen Herkünfte, später auch die berühmte Sorte 'Württemberger Alb'. Nach den tiefen Wurzeln nannte man die Esparsette auch „Felsensprenger“.
Heute ist die Esparsette durch die Konkurrenz der ertragsstärkeren Futterarten Mais, Weidelgras, Luzerne und Rotklee in den Hintergrund getreten. Die engverwandten Futterarten Sandesparsette (var. *arenaria*) und Bergesparsette (var. *montanum*) sind bei uns kaum bekannt (KAPPERT 1959). In den Mittelmeerländern, in den USA und in Kanada wird heute die var. *viciifolia* stärker angebaut.

Eine ausgezeichnete, schmackhafte, eiweißreiche, mehrjährige Pionier-Futterpflanze für Reinanbau oder Gemenge. Besonders für flachgründige, kalkhaltige Standorte geeignet, auch als Wildäsungs- und Dauerbrachepflanze ausgezeichnet.

## Botanik

Cytologie: 2n = 2x = 28 Chromosomen (auch 4x bekannt)
Familie *Leguminosae*, Gattung *Onobrychis* (mit etwa 100 Arten). Landwirtschaftlich sind aber nur wenige interessant: die Saatesparsette mit den zwei Formen einschürig („communís“) und zweischürig („biferae“) und die Arten Sand- und Bergesparsette (SEIFFERT 1968).

**Pflanze:** Mehrjährig bis ausdauernd (auch 20jähriger Anbau ist bekannt!), bis 1 m hoch, gute Bestockung aus dem Wurzelkopf. Die einschürigen Typen sind mehr für Reinanbau geeignet, die zweischürigen für Futtergemenge. Sehr gute Luftstickstoffausnutzung mit der selteneren, artenspezifischen Bakteriengruppe 8.
**Jugendentwicklung:** Im Ansaatjahr schwächer.
**Konkurrenzkraft:** Mittel bis hoch.
**Stengel:** Rundlich, halbgefüllt, fester, nach der Blüte verholzend, lageranfällig.
**Blätter:** Gefiedert, länglich, oben kahl, unten etwas behaart. Die Einzelblättchen sind acht- bis zwölfpaarig wechselständig oder sogar gleichmäßig angeordnet.
**Blütenstand:** Traubenförmig, langgestielt. Die Einzelblüten sind typische „Leguminosen-Schiffchen“, schwach rötlich bis karminrot. Starke Fremdbefruchtung durch Insekten.
Die einschnittige Esparsette blüht erst im 2. Jahr und nur einmal, die mehrschnittige blüht bereits im 1. Jahr und dann in jedem Aufwuchs (OEHMICHEN 1986).

## Samen

Die Hülsen sind einsamig; es werden meistens nur diese gehandelt und ausgesät. (Enthülste Samen haben zwar einen besseren Feldaufgang, sind aber ziemlich empfindlich und verlieren schneller die Keimfähigkeit.)
**TKG:** etwa 20 g;
**Farbe:** hell- bis dunkelbraun; (grün = nicht reif);
**Form:** halbkreisförmig, sägeähnlich;

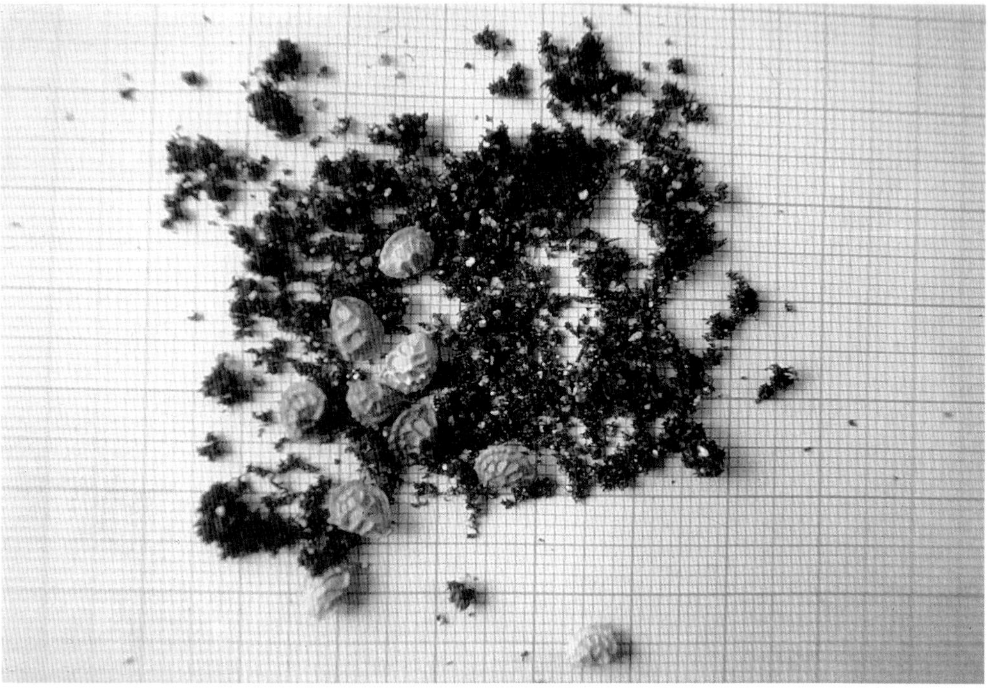

**Samen von Esparsette – wie bei anderen Leguminosen, können zur Saat mit artenspezifischen stickstoffbindenden Bakterien geimpft werden. Hierzu ist eine humusartige Substanz mit gezüchteten Rhizobiumkulturen von Spezialfirmen (z.B. Radicin, 1993) erhältlich.**

**Größe:** 7 × 5 × 4 mm; enthülste Samen 3,5 × 3 × 2 mm;
**Besonderheiten:** die Oberfläche ist netzartig und mit dornigen Zähnen besetzt; 1 hl wiegt etwa 32 kg.

## Ansprüche

Esparsette stellt insgesamt geringe Ansprüche und ist genügsam. Sie ist anspruchsloser als die Luzerne und eine typische „Pionierpflanze", für Kulturmaßnahmen jedoch dankbar.

### Klima

Die Esparsette ist ziemlich winterhart und trockentolerant, aber schatten- und feuchtigkeitsempfindlich. Zu nasse Witterung verdrängt sie. Die Wärmeansprüche sind insgesamt niedriger als z.B. bei der Luzerne.

### Boden

Tiefgründige, durchlässige, kalkhaltige Lagen sind ideal; flache, steinige, neutrale Standorte aber auch noch gut geeignet. Zu feuchte, saure, schwere, überflutete Böden sind ungünstig. Die Esparsette wächst noch gut bis 1000 m NN.
**Nährstoffbedarf:** Mittelhoch. Da die Esparsette ein sehr hohes Nährstoffaneignungsvermögen hat und den Unterboden gut erschließt, kann die Grunddüngung reduziert werden. Empfeh-

lenswert sind 60 kg $P_2O_5$ und 90 kg $K_2O$ pro ha. Die Luftstickstoffbindung mittels Rhizobiumbakterien ist höchst effizient.

**Auftreten von Krankheiten und Schädlingen**
Esparsette gilt als Feindpflanze des Rübennematoden (*Heterodera schachtii*); nur selten leidet sie unter Pilzkrankheiten wie Mehltau oder Virosen. Schädlinge treten nur sporadisch auf.

## Verwendung

**Grünfutter**
Im Ansaatjahr ist ein Grünschnitt nicht immer möglich. Ab dem 2. Jahr sind zwei Schnitte, bei Bewässerung und sonnigem Wetter auch drei Schnitte pro Jahr möglich. Die Grünmasse ist sehr nährstoffreich und bekömmlich. Der Stärkewert kann die Luzerne übertreffen; das Eiweiß-/Stärkeverhältnis liegt bei 1:3. Der Anbau erfolgt überwiegend in Gemengen (Tab. 1).
Der **Futterwert** ist bis in die Blüte hoch bis sehr hoch, entscheidend ist der erste Grünschnitt. Der Proteingehalt liegt bei 18% (in der Trockenmasse); seine Zusammensetzung ist ausgezeichnet. Die kStE und NEL sind insgesamt hoch.
**Schmackhaftigkeit** und **Verdaulichkeit** sind aufgrund der Saftigkeit und des hohen Blattanteils ausgezeichnet (die exakten Futterwerte sind der Tab. 3 zu entnehmen).
Beispiele einiger Gemenge:

| | |
|---|---|
| – Esparsette | 30 kg |
| Wundklee | 5 kg |
| Fadenklee | 5 kg |
| Wehrlose Trespe | 10 kg |
| Wiesenschwingel | 5 kg |
| Kleiner Wiesenknopf | 2 kg |
| (PREUSCHEN 1983) | |

oder

| | |
|---|---|
| – Esparsette | 75 kg |
| Knaulgras | 3 kg |
| Hornklee | 8 kg |
| Glatthafer | 6 kg |
| Wundklee | 1 kg |
| Zaunwicke | 1 kg |
| (SNEYD 1992) | |

(oder siehe bei Wundklee)

**Weide, Heu, Silage**
Im Reinanbau ist Esparsette recht selten, anteilig mit Klee und Gräsern jedoch empfehlenswert. Auch die einschürigen Typen lassen sich nach dem Grünschnitt oft doch noch gut beweiden.

Gemengebeispiele:

| | |
|---|---|
| – Esparsette | 40 kg |
| Gelbklee | 4 kg |
| Hornklee | 6 kg |
| Glatthafer | 6 kg |

oder

| | |
|---|---|
| – Esparsette | 40 kg |
| Hornklee | 5 kg |
| Gelbklee | 5 kg |
| Glatthafer | 8 kg |
| Deutsches Weidelgras | 5 kg |
| Wiesenschwingel | 6 kg |
| Knaulgras | 5 kg |
| Kräuter | 2 kg |

(oder siehe bei Wundklee)

**Gründüngung**
Nach dem mehrjährigen Esparsetteanbau sind aufgrund der guten Durchwurzelung, Stickstoffanreicherung und Verrottung sehr hohe Beiträge zur Humusbilanz zu erwarten (Saatbeispiel siehe bei Dauerlupine).

**Grünbrache**
Auch in der Dauerbrache hat die Esparsette einen hohen Stellenwert.
Gemengebeispiel:

| | |
|---|---|
| – Esparsette | 2 kg |
| Luzerne | 10 kg |
| Hornklee | 1 kg |
| Weißklee | 4 kg |
| Gelbklee | 2 kg |
| Futterkohl | 1 kg |
| Lieschgras | 6 kg |
| Deutsches Weidelgras | 6 kg |
| (EGGELING 1992) | |

(oder siehe bei Dauerlupine).

**Wildäsung**
Der Äsungswert ist für Rot-, Reh- und Muffelwild sehr hoch, für Hasen, Kaninchen, Fasanen und Rebhühner hoch (ELLIGER, PEGEL, WEIS 1991).
Gemengebeispiel:

| | |
|---|---|
| – Esparsette | 5 kg |
| Hafer | 10 kg |
| Peluschke | 10 kg |
| Rotklee | 2 kg |
| Gelbklee | 2 kg |
| Luzerne | 3 kg |
| Ausdauernde Lupine | 5 kg |
| Futterkohl | 1 kg |
| Wiesenlieschgras | 2 kg |
| Glatthafer | 4 kg |
| Deutsches Weidelgras | 3 kg |

**Universal-Wildäsungsmischung**

| | | |
|---|---|---|
| – Esparsette | 3 | kg |
| Winterroggen | 10 | kg |
| Winterrübsen | 1 | kg |
| Ölrettich | 2 | kg |
| Markstammkohl | 0,3 | kg |
| Winterwicke | 2 | kg |
| Buchweizen | 2 | kg |
| Futtermalve | 0,3 | kg |
| Gelbklee | 1 | kg |
| Hornklee | 1 | kg |
| Futtermöhre | 0,5 | kg |
| Perserklee | 0,3 | kg |
| Dt. Weidelgras | 1 | kg |
| Goldhafer | 1 | kg |
| Wundklee | 1 | kg |
| Knaulgras | 1 | kg |
| Ausdauernde Lupine | 2 | kg |
| Zaunwicke | 1 | kg |
| Hirsen | 2 | kg |
| Hafer | 10 | kg |

(SNEYD 1992)
(oder siehe bei Markstammkohl und Wundklee).

**Bienenweide**
Esparsette ist als Trachtpflanze geschätzt, da sie ergiebig und auch für kurzrüsselige Insektenarten geeignet ist. Anteilig ist sie empfehlenswert zu vielen mehrjährigen Mischungen (Saatbeispiel siehe bei Zaunwicke).

**Sonstige Nutzung**
Zunehmende Bedeutung findet sie an Böschungen, in Schneisen, als Erosionsschutz und Bienenweide (Tab. 1).
Gemengebeispiel:

| | | |
|---|---|---|
| – Esparsette | 30 | kg |
| Wundklee | 3 | kg |
| Gelbklee | 2 | kg |
| Wehrlose Trespe | 10 | kg |
| Wiesenschwingel | 4 | kg |
| Fadenklee | 2 | kg |
| Zaunwicke | 1 | kg |
| Wiesenrispe | 2 | kg |
| Einjähriges Weidelgras | 3 | kg |

(oder siehe bei Hornklee, Schwedenklee und Wundklee)

## Saat

**Reinsaat:** 120 bis 180 kg/ha (nicht enthülst);
**Mindestqualität** (HS): K > 75%, R > 95%, max. 20% Hartschaligkeit, pimpinellefrei;
**Saattiefe:** 2 bis 3 cm;
**Reihenweite:** 16 bis 25 cm;
**Breitsaat:** möglich;
**Saatgutpreis:** etwa 6,– DM / kg.

**Saatmethoden**
Als **Untersaat** im Frühjahr unter Getreide üblich.
Als **Hauptfrucht** in Futtergemengen.
Als **Zwischenfrucht** kaum lohnend.

## Ertrag

Der Grünertrag beim Hauptfruchtanbau liegt im ersten, wichtigsten Schnitt bei 200 bis 270 dt/ha (etwa 30–60 dt Trockenmasse mit einem sehr hohen Rohproteinanteil). Bei mehrschnittigen Sorten, Wärme und Bewässerung kann man bis 500 dt/ha Grünmasse im Jahr ernten.

## Ökologische Bedeutung

**In der Fruchtfolge**
Die Esparsette ist eine ausgezeichnete **Vorfrucht**, auch in mehrjährigen Fruchtfolgen. Sie erschließt den Boden sehr gut, ist nährstoffreich, sammelt Stickstoff, fördert die Humusbildung und gilt als Strukturverbesserer. Ein anschließender längerer Fruchtfolgeabstand ist wegen der Selbstunverträglichkeit notwendig.
Die **Bodenbedeckung** ist gut, die notwendigen Pflegemaßnahmen sind niedrig.
**Ernterückstände** sind mit etwa 20 dt/ha Trockenmasse (davon 10 dt Wurzeln) mittelhoch.
Das **Wurzelsystem** ist weit ausgedehnt, sogar auch noch auf kalkhaltigem Felsuntergrund. Pfahlwurzeln oft tief.
In **natürlichen Pflanzengesellschaften** gilt die Esparsette als Zeiger für alkalische Böden. Sie ist häufig in Steinbrüchen, Kiesgruben, auf Wegrändern und in Wildwiesen verbreitet. Wertvoll ist sie in Höhenlagen bis 1000 m NN nicht zuletzt als Erosionsschutzpflanze (Tab. 2).

## Sortenangebot

Gegenwärtig gibt es keine zugelassene Sorte in Deutschland (Jahr 1994), obwohl diese Art im „Artenverzeichnis zum Saatgutverkehrsgesetz" eingetragen ist.
Im EG-Sortenkatalog waren im Jahre 1992 fünf französische, englische und italienische Sorten aufgeführt.

Der Bedarf in Deutschland wird durch Importsaatgut gedeckt. Im Jahre 1994 war Handelssaatgut aus Frankreich und Italien bei uns erhältlich.

## Linse

Echte Linse,
lentil
*Lens culinaris* Medikus

### Herkunft/Vorkommen

Die Linse ist eine uralte primäre Kulturpflanze, die in der Entwicklung des Ackerbaues neben Getreide eine wichtige Rolle spielte. („Da gab ihm Jakob Brot und das Linsengericht ..." 1. Mose 25,34.)
Sie hat sich wohl vor mehreren tausend Jahren aus der Wildlinse *Lens orientalis* entwickelt. Bekannt sind Linsenfunde aus der Steinzeit in Syrien, Nordirak und Kreta, die mehr als 8000 Jahre alt sind. Bekannt sind auch Funde aus Heilbronn, die aus der Bronzezeit stammen. Das ursprüngliche Genzentrum lag wahrscheinlich in Südwestasien, das sekundäre aber im Mittelmeergebiet. Dort kommt noch heute die Linse wild und verwildert vor. Heute ist der Körnerbau in der Türkei, Nordafrika, Asien, Indien und Amerika verbreitet, in Europa teilweise in Frankreich und Spanien.
Die Weltkörnererzeugung liegt mit etwa 5 Mio. ha hinter anderen Grobleguminosen. Dabei wird die kleinkörnige Unterart „microsperm" vor allem in Indien angebaut, die „macrosperm" im Mittelmeerraum.
In Deutschland zeugen noch heute Ortsnamen (z. B. Linsenhofen) von ihrer mittelalterlichen Bedeutung, doch ist sie heute bei uns als Pflanze fast unbekannt. Unseren Speisebedarf (der Gesamtverbrauch aller Hülsenfrüchte liegt in der Bundesrepublik pro Kopf/Jahr bei nur etwa 1 kg) decken wir durch Importe, z. B. aus der Türkei oder den USA.

Eine uralte, bescheidene Kulturpflanze mit eßbaren, nährstoffreichen Samen. Grün- und Strohfutternutzung, rein oder in Gemengen, sehr gut möglich.

### Botanik

Cytologie: 2n = 2x = 14 Chromosomen
Familie *Leguminosae*, Gattung *Lens*, zahlreiche Unterarten (Schwarze, Gemeine, Zuckerlinse ...) bekannt.

**Pflanze:** Sommerjährig, etwa 20 bis 70 cm hoch, wickenähnlich, zierlich, weichbehaart, fein gegliedert, aufrecht stehend. Die Vegetationszeit von drei bis vier Monaten ist sehr kurz. Keimung ab 5 °C Bodentemperatur, einige kühlere Tage für die Vernalisation und guten Hülsenansatz sind notwendig. Stickstoffbindung mit Bakteriengruppe 4 (wie Ackerbohne, Erbsen, Wicken).
**Jugendentwicklung:** Langsam, zögernd.
**Konkurrenzkraft:** Niedrig.
**Stengel:** Weich behaart, kurz, dünn, scharfkantig, verzweigt, meistens leicht lagernd.
**Laubblätter:** Unpaarig gefiedert, in Ranken endend, lanzettlich.
**Blüten:** Sitzen einzeln, zu zweit oder zu dritt an kurzen bis längeren Stielen, die aus den Blattachseln entspringen. Meistens bläulichweiß, unscheinbar, selbstbefruchtend, sehr klein. Blütezeit und -größe sortenunterschiedlich.

## Samen

Die kahlen, flachen, ein- bis dreisamigen Hülsen sind sehr kurz.
**TKG:** 20 bis 35 g (Hellerlinsen bis 80 g);
**Farbe:** grün, rot, gelb, braun, schwärzlich, weißlich, grau, punktiert, gesprenkelt. Oberfläche glatt, glänzend;
**Form:** „linsenförmige" Diskusform, Rand scharf;
**Größe:** 2 bis 9 mm im Durchmesser, 2 bis 3 mm dick;
**Besonderheiten:** Nabel am Rand; gespaltene Samen keimen nicht, behalten aber ihren Nährwert.

## Ansprüche

Ihre Gesamtansprüche sind niedrig; die Linse muß lediglich unkrautfrei wachsen können.

### Klima

Die Linse liebt kühle bis warme Lagen. Sie ist zwar nässe-, kälte- und frostempfindlich, kann aber in frostfreien Gebieten am Mittelmeer, in Pakistan und Nordindien auch im Spätherbst gesät werden.

### Boden

Trockene, flachgründige, kalkreiche, gut durchlüftete, saubere und leicht erwärmbare Böden werden bevorzugt. Optimaler pH-Wert ist 7. Staunässe wird schlecht vertragen. Die Bodenbearbeitung erfolgt wie vor Sommergetreide.
**Nährstoffbedarf:** Insgesamt gutes Nährstoffaneignungsvermögen, doch wegen der sehr kurzen Vegetationszeit für leichtlösliche Nährstoffe (20 kg N/50 kg $P_2O_5$/70 kg $K_2O$ pro ha) dankbar. Die Stickstoffbindung aus der Luft ist bei dieser Leguminose nur mäßig hoch.

### Auftreten von Krankheiten und Schädlingen

Selten, doch sind Fusariosen, Rost, Falscher Mehltau und Blattbrand möglich; auch Samenkäfer, Blattläuse und die parasitäre *Orobanche* sp. (Sommerwurz) kommen vor.

## Verwendung

### Grünfutter

Die Linse ist zwar eiweißreich, durch ihre insgesamt geringen Erträge ist ihr Anbau bei uns heute aber nicht üblich (Tab. 1).

Der **Futterwert** ist hoch; sie sollte aber nicht in hohen Mengen verfüttert werden (Verdauungsproblematik wie bei anderen Hülsenfrüchten).
**Schmackhaftigkeit** und **Verdaulichkeit** der Blätter und Stengel sind hoch; die der Körner mittelhoch.
**Empfohlene Gemenge:**
Die Linse ist zwar beschattungsempfindlich, kombiniert aber gut mit Sommergetreide, z. B.:

| | |
|---|---|
| – Linse | 50 kg |
| Sommergerste | 90 kg |
| oder | |
| – Linse | 40 kg |
| Sommergerste | 130 kg |

(PETERS / ELERS 1993)

### Weide, Heu, Silage

Selten und unüblich; das Linsenstroh ist aber eiweißreicher und wertvoller als Getreidestroh.

### Gründüngung und Grünbrache

Auf trockenen Standorten kann die bescheidene Linse anstatt Erbse, Wicke, Lupine oder Platterbse empfohlen werden.

### Wildäsung und Bienenweide

Ohne Bedeutung; höchstens in Wildackergemengen anteilig möglich.

### Sonstige Nutzung

Die Verwendung der Körner zur Ernährung von Mensch und Tier ist bekanntlich sehr gut möglich. Doch Vorsicht: die Linsen enthalten den Blutgerinnungsstoff Phasin, einen giftigen Eiweißbestandteil, der erst durch Kochen zerstört wird. Deshalb erst nach dem Abkochen als Speise verwenden.

**Nährstoffangaben:**
1 kg Futtermittel enthält (nach GEISSL 1981):

| | TM (g) | Rohprotein (g) | verdaul. Protein | Stärkeeinheiten |
|---|---|---|---|---|
| Samen | 872 | 259 | 223 | 715 |
| Stroh | 843 | 140 | 69 | 708 |

## Saat

**Reinsaat:** 60 bis 90 (110) kg/ha; bei den großsamigen Sorten und Breitsaat mehr säen (bis 300 Körner pro m² werden empfohlen);
**Saatgutqualität:** K > 85%, R > 97%;
**Reihenweite:** 15 bis 25 cm;
**Breitsaat:** möglich;
**Saatgutpreis:** 3,– bis 6,50 DM.

**Saatmethoden**
Als **Untersaat** im dünnstehenden Getreide zur Grünfutternutzung gut geeignet.
Als **Hauptfrucht** ab April möglich, rein oder in Gemengen.
Als **Zwischenfrucht** in Warmlagen bis Herbst möglich. Gewöhnliche Saattechnik.

## Ertrag

Der Grünertrag liegt bei 90 bis 140 dt/ha; Samenertrag bei 12 dt (weltweit: 8,4 dt/ha), Strohmenge etwa 13 dt/ha.

## Ökologische Bedeutung

**In der Fruchtfolge**
Die Linse fördert als Sommerleguminose zwar mäßig die Bodenfruchtbarkeit, ist mit sich selber aber unverträglich. Sie ist eggenempfindlich, mäßig **bodenbedeckend** und verlangt ein unkrautfreies Feld.
Als **Vorfrucht** und Nachfrucht ist sie eher neutral, anpassungsfähig und ein wenig strukturverbessernd. Da sie eine sehr kurze Vegetationszeit hat, sind auch die **Ernterückstände** sehr niedrig. Der Pflegeaufwand ist minimal.
Das **Wurzelsystem** ist schwach, vor allem fein und flach angelegt (Tab. 2).
Die Selbstausbreitung ist bei uns unüblich; deshalb kommt sie in unseren **natürlichen Gesellschaften** kaum vor.

## Sortenangebot

Die Linse unterliegt nicht dem deutschen Saatgutverkehrsgesetz, sie ist lediglich im „Artenverzeichnis zum Sortenschutzgesetz" aufgeführt. Trotzdem gibt es seit 1966 bei uns keine geschützte Sorte (Stand 1994).
Das Saatgut- und Nahrungsmittelangebot wird aus Importen (z. B. sehr guten türkischen, ägyptischen und amerikanischen Sorten, dabei sogar Landsorten und Herkünften) gedeckt.

# Ausdauernde Lupine

Dauerlupine, Vielblättrige Lupine, Wolfsbohne, Staudenlupine, Lupinie
*Lupinus polyphyllus*
(nicht aber *perennis*, obwohl sich die beiden ausdauernden Formen botanisch sehr ähneln und oft verwechselt werden; ZANDER 1993).

## Herkunft/Vorkommen

Diese für uns Europäer ungewöhnliche Lupinenart hat ihre Heimat nicht – wie die Gelbe, Blaue und Weiße Lupine – im Mittelmeerraum, sondern in den amerikanischen Kordilleren, wo sie bis in 4800 m Höhe seit Jahrhunderten autochthon beheimatet ist. Deshalb ist sie mit ihrer Assimilation und dem Entwicklungsrhythmus an die Kälte und den Schnee gut angepaßt und konnte so auch Ökonischen sehr gut ausnutzen. Eine landwirtschaftliche Bedeutung erlangte sie aber nicht, im Unterschied zu der großkörnigen kultivierten amerikanischen Art *mutabilis* (KAPPERT 1959).
Nach Europa wurde sie ab dem 18. Jahrhundert als Gründüngungs- und Zierpflanze eingeführt. Als Gartenstaude wird sie immer noch gerne kultiviert. Interessant ist sie heute als Dauergrünbrache und als Erosionsschutz- und Befestigungspflanze. Auch in der Forstwirtschaft wurden mit ihr gute Erfahrungen gemacht (HOFFMANN et al. 1985).
(Bemerkung: Die Problematik der alkaloidarmen Mutanten ist bei den Blauen, Gelben und Weißen Lupinen beschrieben)

> Interessante kleinkörnige Pionier-Leguminose aus der Neuen Welt.
> Für die Gründüngung, Dammbefestigungen, Begrünungen, Böschungen, Abraumhalden, sogar als Wildäsungspflanze oder Zierstaude interessant.

## Botanik

Cytologie: 2n = 2x = 42 (bzw. 48) Chromosomen (KAPPERT 1959).
Familie *Leguminosae*, Unterfamilie *Papilionatae*, Gattung *Lupinus* mit zahlreichen Arten. (Anmerkung: Die deutschen Genbanken in Gatersleben und Braunschweig bewahren u. a. etwa dreißig Lupinenarten als Genreserve auf).

**Oben links: Alexandrinerklee, eine eiweißreiche Feinleguminose; hier ine einem Schauversuch.**

**Oben rechts: Nicht nur als Nutzpflanzen sind die formenreichen Lupinen bekannt; hier als schöne Zierpflanze in einem Vorgarten.**

**Mitte links: Zottelwicke, eine ausgezeichnete winterjährige Gründungs- und Futterpflanze, blüht meist violett.**

**Mitte rechs: Gelbe und Weiße Süßlupinen („bitterstoffarm") in einem Reinbestand.**

**Unten links: Gelbe Lupine, „Gold der Sandböden", hat auch bei uns eine steigende Bedeutung.**

**Unten rechts: Seradella, eine „milchtreibende" Futterleguminose für kalkarme Lagen, wächst gut noch in kühlen Herbsttagen.**

**Pflanze:** Mehrjährig, staudig, gut bestockt, oben mehr verzweigt, nach dem Winter neuaustreibend. Stickstoffbindung mit Bakteriengruppe 6. Selten im Ansaatjahr blühend.
**Jugendentwicklung:** Langsam, dann zügig.
**Konkurrenzkraft:** Später hoch.
**Stengel:** Kräftig, rund, aufrecht, bis 1 m hoch. Die Seitentriebe werden erst spät angelegt.
**Blätter:** Zahlreich, typisch fingerförmig, die Einzelblättchen länglich.
**Blüten:** Dicht und zahlreich in endständigen, nektarlosen Trauben. Die Farben variieren von gelb über rosa bis blau. Selbst- bis Fremdbefruchter, oft Hummelbestäubung.

## Samen

Die mehrsamigen, schmalen Hülsen platzen leicht bei der Reife.
**TKG:** etwa 15 bis 30 g;
**Farbe:** braun, violett, gefleckt, glänzend, glatt;
**Form:** dick-oval bzw. nierenförmig;
**Größe:** Durchmesser etwa 3 mm;
**Besonderheiten:** Keimwurzel spitzig, Nabel oval, weiß; schwierige Samenvermehrung.

## Ansprüche

Die Ausdauernde Lupine ist anspruchslos und genügsam; insgesamt eine zähe Art (Tab. 2).

**Klima**
Sie ist anpassungsfähiger als die übrigen Lupinen. Die Winterfestigkeit der Staude ist sehr gut; der Wasserbedarf im Frühjahr, wenn sich die Pflanze neu bestockt, hoch. Für mäßige Niederschläge und einen trockenen Herbst ist die Dauerlupine dankbar.

**Boden**
Die Ausdauernde Lupine stellt keine besonderen Ansprüche, sie ist anpassungsfähig und kalkunempfindlich. Zu trockene oder überflutete Lagen sind ungeeignet.
**Nährstoffbedarf:** Niedriger als bei den übrigen Lupinen. Sehr gutes Nährstoffaneignungsvermögen. Die Luftstickstoffbindung für die Selbstversorgung ist optimal.

**Auftreten von Krankheiten und Schädlingen**
Wie bei allen Lupinen sind Mehltau, Grauschimmel, Fuß- und Welkekrankheiten, Blattrandkäfer und Wildfraßschäden möglich.

## Verwendung

**Grünfutter**
Gerade bei dieser Dauerlupine begrenzt der bittere Beigeschmack (Alkaloidgehalt in den Blättern bis 4% möglich) die Verfütterung. Obwohl „Süßmutanten" bekannt sind, sind heute keine Zuchtsorten auf dem Markt.
**Futterwert, Schmackhaftigkeit** und **Verdaulichkeit** sind deshalb sehr fraglich. Dennoch ist Verbiß durch Wildtiere bekannt und häufig zu beobachten.

**Gründüngung**
Die Dauerlupine ist anteilig als Gründüngung gut einsetzbar. Besonders zur Gründüngung im Forst ist sie wohl bekannt.
Gemengebeispiele:

| | |
|---|---|
| – Ausdauernde Lupine | 5 kg |
| Winterackerbohne | 25 kg |
| Esparsette | 8 kg |
| Peluschke | 20 kg |
| Winterroggen | 20 kg |

**Grünbrache**
Bei den mehrjährigen Gemengen (Tab. 1) ist folgendes Beispiel empfehlenswert:

| | |
|---|---|
| – Ausdauernde Lupine | 8 kg |
| Esparsette | 20 kg |
| Hornschotenklee | 7 kg |
| Deutsches Weidelgras | 10 kg |
| Schwedenklee | 4 kg |

**Wildäsung**
Obwohl sie als geringwertige Äsungspflanze eingestuft ist, wird die Saat empfohlen, da sie

TABOR
Alexandrinerklee
Züchtung für Zukunft
SAATEN UNION
BILLIKEN
Einjähriges Weidelgras
TABOR
Alexandriner Klee
SAATEN UNION

Tresco
Fortschritt säen – Erfolg ernten!
Gelbe Süßlupine
Bornal
Weiße Süßlupine
Minori
Jasmin
Sonnenblume
Boss

Sichtschutz und Deckung bietet. Zum Beispiel im Gemenge:

| | |
|---|---|
| – Ausdauernde Lupine | 10 kg |
| Buchweizen | 15 kg |
| Peluschke | 20 kg |
| Wiesenschwingel | 8 kg |
| Deutsches Weidelgras | 8 kg |
| Schwedenklee | 3 kg |
| Wundklee | 1 kg |

zwei- bis mehrjährig nutzbar

(oder siehe bei Esparsette, Markstammkohl, Wundklee und Zaunwicke).

**Bienenweide**
Als Bienenweide ist die Ausdauernde Lupine ohne besondere Bedeutung, lediglich die Pollen werden gelegentlich gesammelt.

**Sonstige Nutzung**
Interessanterweise wurden gelegentlich in der Forstwirtschaft zuwachsfördernde Einflüsse bei Fichten, Lärchen und Kiefern festgestellt. Als Pionierpflanze ist die Dauerlupine auch für Ödland, Waldlichtungen und Befestigungen der Hänge sehr gut geeignet. Zunehmend wird sie auch als schöne Zierpflanze geschätzt (Saatbeispiel siehe bei Steinklee).

## Saat

**Reinsaat:** 20 bis 40 kg/kg;
**Mindestqualität:** K > 80%, R > 97%;
**Saattiefe:** 2 bis 4 cm;
**Reihenweite:** 20 cm;
**Breitsaat:** möglich;
**Saatgutpreis:** etwa 20,– bis 30,– DM/kg.

**Saatmethoden**
Als **Hauptfrucht** ab Frühjahr säen (Tab. 2).

## Ertrag

Der Grünertrag liegt mit etwa 150 bis 200 dt/ha unter dem der übrigen Lupinen. Der Rohproteinertrag ist ebenfalls nur mäßig.

## Ökologische Bedeutung

**In der Fruchtfolge**
Hier hat die ausdauernde Lupine als Pionierpflanze einen hohen Stellenwert, vor allem auf nichtlandwirtschaftlichen Flächen wie Müllhalden, Autobahnböschungen und Schneisen (Tab. 1 und 2). Sie ist Strukturverbesserer und durchaus in der Lage, durch Aussamung standorttreu zu werden. Die Samen werden oft mehrere Meter weit geschleudert.
Die **Bodenbedeckung** ist sehr gut.
Die **Durchwurzelung** in der Ackerkrume und in die Tiefe ist optimal.
**Ernterückstände** liegen bei 15 bis 20 dt/ha, davon etwa 10 dt Wurzelmasse. Der Pflegeaufwand ist minimal. In **natürlichen Pflanzengesellschaften** ist die Dauerlupine heute in Europa vereinzelt eingebürgert, in Amerika bis zu den Rocky Mountains verbreitet.

## Sortenangebot

Zugelassene Sorten gab es bei uns und in der EG im Jahre 1994 noch nicht. Diese Lupine unterliegt nicht dem deutschen Saatgutverkehrsgesetz und dem Sortenschutz. Das Saatgut mit verschiedenen Bezeichnungen wird aus dem Ausland importiert, z. B. als 'Blaublühende aus Osteuropa' oder 'Perennislupine'.

# Blaue Lupine

Schmalblättrige Lupine, Einjährige Lupine
blue lupin
*Lupinus angustifolius* L.

## Herkunft/Vorkommen

Abstammungsgebiet der Blauen Lupine – die zu unseren jüngsten Kulturpflanzen gehört – ist wie bei der Weißen und Gelben Lupine das Mittelmeergebiet. Das ursprüngliche Verbreitungsareal reichte von Portugal bis in die Türkei. Die landwirtschaftlich wichtigeren Formen wurden aus diesen buntblühenden Wild- und Zierpflanzen ziemlich spät ausgelesen.
Erst im 19. Jahrhundert kam die Blaue Lupine nach der Weißen Lupine als Gründüngungs- und Grünfutterpflanze nach Nordeuropa. Die Lupinenanbauflächen waren dann bald (alleine in Deutschland 415000 ha) sehr groß.
Aber erst nach der Entdeckung und Züchtung der alkaloidarmen, süßen (auf 165000 bittere Pflanzen kam 1 Süße!), eiweißreichen Sorten in den Jahren 1927 bis 1936 (weltbekannt wurde die Sorte 'Blaue von Sengbusch's Müncheberger Grünfutter-Süßlupine') war die Nutzung als

**Oben links:** Linse, eine anspruchslose, trockentolerante Leguminosenart für Körner- und Futternutzung.

**Oben rechts:** Formenmannigfaltigkeit der Leguminosensamen; von links oben nach rechts unten: Peluschke, Platterbse, Linse Zaunwicke, Zottelwicke, Esparsette, Seradella
Weiße Lupine, Blaue Lupine, Gelbe Lupine Ausdauernde Lupine.

**Unten links:** Artenreiches Gemenge aus Leguminosen, Sonnenblumen und Stützfrüchen wie Hafer, liefert auch hohe Futterqualität.

**Unten rechts:** Typisch endständige Lupintraube; die Art *Lupinus angustfolius* kann blau oder auch rosa blühen.

**Die Blauen Lupinen werden verständlicherweise auch „Schmalblättrige" genannt.**

echte Futterpflanze möglich (HONDELMANN 1983).
In Ostdeutschland wurde aber auch die Sorte 'Gülzower Bittere' als frohwüchsige und robuste Gründüngungspflanze für leichte Böden verstärkt angebaut.
Weltweit ist aber der Anbau heute leider gering.
Diese Lupinenart unterliegt heute dem deutschen Saatgutverkehrsgesetz (Bundessortenamt 1994).

> Eine ausgezeichnete Gründüngungspflanze, auch als Zweitfrucht bewährt, abfrierend, sehr guter Vorfruchtwert. Typisch sind die schmalen Einzelblätter.

## Botanik

Cytologie: 2n = 40 Chromosomen
Familie *Leguminosae*, Gattung *Lupinus*

**Pflanze:** Sommerjährig, bis –4 °C frostverträglich, bis 1 m hoch, anspruchsvoller als die Gelbe Lupine. Luftstickstoffbindung mit Bakteriengruppe 6. Hierfür wird auch der spezielle Impfstoff „NPPL" angeboten (Bayerische Futtersaatbau 1994). Siehe auch RÖMER 1994.

**Jugendentwicklung:** Etwas zögernd, dann rasch.
**Konkurrenzkraft:** Ab Sommer hoch, doch die Gefahr der Verunkrautung ist größer als bei der Weißen Lupine (schlechtere Beschattung).
**Stengel:** Kräftig, rund, aufrecht. Die Hauptachse blüht zuerst, die Seitentriebbildung erfolgt später.
**Blätter:** Fingerförmig gegliedert, die fünf bis neun Einzelblättchen sind schmal-länglich bis lanzettlich.
**Blütenstand:** Endständige Traube mit zahlreichen Einzelblüten. Die Farbe ist blau oder rosa, auch weißlich. Überwiegend Selbstbefruchter; die Blüte riecht kaum und lockt nur wenige Insektenarten an.

## Samen

Die mehrsamige Hülse ist kahl und nur etwa 5 cm lang.
**TKG:** etwa 140 bis 200 g;
**Farbe:** graubraun, aschgrau oder gefleckt. Die Grundfarbe ist bläulichweiß bis graublau mit weißen Flecken betupft; glatt, matt;
**Form:** kugelig bis nierenförmig;
**Größe:** etwa 8 × 7 × 6 mm;
**Besonderheiten:** Nabel vertieft, oben ist ein schwarzes Dreieck sichtbar.

## Ansprüche

Sie sind der Gelben Lupine sehr ähnlich, doch ist die Blaue Lupine insgesamt anspruchsvoller.

**Klima**
Der Wärme- und Wasserbedarf ist relativ hoch, vor allem zur Blüte. Gegen Nässe und Kälte ist die Blaue Lupine weniger empfindlich, doch sie friert im Winter ab. Vorteilhaft für den Anbau sind Küstengebiete mit mildem Klima.

**Boden**
An den Boden stellt sie hohe Ansprüche. Geeignet sind lehmige Sande und sandige Lehme, die neutral bis schwach sauer sind sowie mittelschwere feuchte Böden. Die pH-Anpassungsfähigkeit ist relativ hoch.
**Nährstoffbedarf:** Die Kalk-, Phosphor- und Kalientzüge sind höher als beim Getreide (dementsprechend mit Grunddüngung andüngen). Die Selbstversorgung mit Luftstickstoff und die Symbiose mit Rhizobiumbakterien sind normalerweise optimal. Gülledüngung zur Gründüngung wird trotzdem gut verwertet. Entzug berücksichtigen!

**Auftreten von Krankheiten und Schädlingen**
Wie bei anderen Lupinen können Fußkrankheiten, Stengel-, Hülsen- und Blattpilze wie Mehltau vorkommen oder sogar Virosen wie die „Lupinenbräune“. Die häufigeren Schädlinge sind Blattläuse, Lupinenfliegen und Blattrandkäfer. In der „Beschreibenden Sortenliste 1994“ wird lediglich die Sortenanfälligkeit gegenüber der Lupinenschütte (*Macrosporium* s.) angegeben.

## Verwendung

**Grünfutter**
Die „süßen“ Sorten (Alkaloidgehalt etwa 0,05% in der Gesamttrockenmasse) sind sicherlich besser geeignet als die „Bitterformen“. Doch sind diese in kleineren Anteilen in Gemengen eigentlich problemlos.
Der **Futterwert** ist hoch, der Eiweißgehalt sehr hoch (Tab. 3); die fünf deutschen Sorten (Stand 1994) sind jedoch bitterstoffhaltig.
Die kStE und NEL der „süßen“ Sorten sind erstaunlicherweise hoch.
**Schmackhaftigkeit** und **Verdaulichkeit** der „Süßen“ sind bis zur Blüte hoch, vergleichbar mit Wicken und Inkarnatklee, doch höher als bei Phacelia, Malve oder Ackerbohne.

Beispiele einiger Gemenge:

| | |
|---|---|
| – Blaue Lupine | 80 kg |
| – Futtererbse | 60 kg |
| Sommergetreide | 40 kg |
| oder | |
| – Blaue Lupine | 120 kg |
| Ackerbohne | 100 kg |
| oder | |
| – Blaue Lupine | 120 kg |
| Inkarnatklee | 20 kg |

**Weide, Heu, Silage**
Für diese Nutzung ist die Blaue Lupine wenig empfehlenswert.

**Gründüngung und Grünbrache**
Beste Eignung für die Rotationsbrache und Gründüngung (Tab. 1).
Gemengebeispiele

| | |
|---|---|
| – Blaue Lupine | 130 kg |
| Sommerwicken | 45 kg |
| Sommerraps | 4 kg |
| Sareptasenf | 3 kg |
| oder | |
| – Blaue Lupine | 80 kg |
| Welsches Weidelgras | 10 kg |
| Serradella | 20 kg |
| Sonnenblumen | 10 kg |
| oder | |
| – div. Einjährige Lupinen | 7,50 kg |
| Sommerwicken | 16,25 kg |
| Sommerraps | 0,75 kg |
| Gelbsenf | 0,50 kg |

(sog. „Hohenheimer Gründüngungsmisch“; SCHOELL 1994)
(oder siehe bei Buchweizen, Gelbe Lupine, Ölrettich, Peluschke, Inkarnatklee, Sareptasenf, Serradella und Sonnenblume).
**Vorsicht** in Wasserschutzgebieten wegen der möglichen Nitratauswaschung im Spätherbst!

**Wildäsung**
Bekannt ist, daß die früheren ostdeutschen „Süßzüchtungen“ durch Wildverbiß stark geschädigt wurden. Doch ist auch die Beimischung der „Bitteren“ zu Gemengen möglich.
Gemengebeispiele:

| | |
|---|---|
| – Blaue Lupine | 20 kg |
| Malve | 2 kg |
| Mais | 20 kg |
| Sonnenblumen | 5 kg |
| Buchweizen | 15 kg |
| Raps | 2 kg |
| Futterkohl | 1 kg |
| oder | |
| – Blaue Lupine | 100 kg |

Abgefrorenes Sommergemenge von Blauen Lupinen, Sonnenblumen, Sareptasenf, erfüllt auch im Winter wichtige Aufgaben wie Erosionsschutz und schafft zusätzlichen Lebensraum z.B. für Kleintiere.

| | |
|---|---|
| Futtererbsen | 20 kg |
| Serradella | 10 kg |
| Hafer | 40 kg |
| Zottelwicke | 15 kg |
| Gelbklee | 2 kg |

(SNEYD 1993)

**Bienenweide**
Hier kaum zu empfehlen, da die Blüte kaum riecht und unergiebig ist.

**Sonstige Nutzung**
Die Blaue Lupine wird wieder vermehrt als Zierpflanze verwendet.

## Saat

**Reinsaat:** 100 bis 180 kg. Für die Körnernutzung empfiehlt man 70 bis 90 Körner/m$^2$, für die Grünnutzung 100 Körner/m$^2$;
**Mindestqualität** (ZS, HS): K > 75%, R > 98%; max. 20% Hartschaligkeit;
**Saattiefe:** 2 bis 5 cm, flach, da epigäische Keimung;
**Reihenweite:** 15 bis 25 cm;
**Breitsaat:** mit 80 Pflanzen/m$^2$ gut möglich;
**Saatgutpreis:** etwa 3,– bis 4,– DM.

**Saatmethoden**
Als **Untersaat** nicht üblich, doch war früher angeblich die Einsaat in Kartoffeldämme und in Roggen häufig (Anmerkung: In unseren Versuchen erfolglos überprüft; SNEYD 1993).
Als **Hauptfrucht** bestens geeignet (Tab. 2).
Als **Zwischenfrucht** mit Saat bis August möglich.

## Ertrag

Als Hauptfrucht bildet die Blaue Lupine etwa 300 bis 400 dt/ha Grünmasse (mit etwa 35 bis 50 dt/ha Trockenmasse), als Zwischenfrucht 200 bis 280 dt.

## Ökologische Bedeutung

**In der Fruchtfolge**
Ausgezeichnete Förderung der Bodenfruchtbarkeit, mechanisch, chemisch, physikalisch und biologisch. Der Folgekultur stehen 100 bis 150 kg N/ha zur Verfügung (KRUSE 1994).
Die **Bodenbedeckung**, der Bodenaufschluß und die flache **Durchwurzelung** ist gut und in der Tiefe sogar ausgezeichnet. Die Blaue Lupine ist besonders für den Roggen und die Kartoffel eine ausgezeichnete **Vorfrucht**, mit sich selber aber unverträglich. Sie friert ab, bildet eine schützende Schicht und kann erst im Frühjahr eingearbeitet werden.
Die Stickstoffbindung ist hoch bis sehr hoch.

Die **Ernterückstände** liegen bei 20 dt/ha Trockenwurzelmasse (Tab. 2). Der Pflegeaufwand insgesamt ist sehr niedrig.
In **natürlichen Gesellschaften** kommt diese Lupine bei uns in Gebüschen vor.

## Sortenangebot

Im Jahre 1994 hatten wir fünf zugelassene Sorten. Alle sind als bitterstoffhaltig eingestuft, blühen rosa, haben eine graue Korngrundfarbe und im Sommerzwischenanbau hohe Trockenmasseerträge. Besonders geeignet sind sie für die Gründüngung. Außerdem gibt es Handelssaatgut aus Portugal und Übersee. Im EG-Sortenkatalog waren 1992 zwei Sorten eingetragen. Die Vermehrungsflächen in Deutschland (Z-Saatgut) aller Lupinen betrugen im Jahr 1994 3193 ha.

# Gelbe Lupine

Gold der Sandböden,
yellow lupin
*Lupinus luteus* L.

## Herkunft/Vorkommen

Die Gelbe Lupine ist eine junge Kulturpflanze, die aus den ursprünglichen wilden Mittelmeerformen ausgelesen wurde. Diese waren kleinkörnig und hartschalig, Grünfutter und Körner durch ihren Alkaloidgehalt bitter.
Erst vor 150 Jahren wurde die Gelbe Lupine – also noch nach der Weißen Lupine – in Nordeuropa bekannt, doch bis heute gehört sie zu unseren wichtigsten Lupinenarten.
Die Nutzung beschränkte sich früher auf die Gründüngung und Grünnutzung durch Schafe; nach der Einführung der stickstoffhaltigen Mineraldünger ging der Anbau stark zurück. Lediglich in Ostdeutschland behielten die alkaloidarmen Grünfuttersorten eine gewisse Bedeutung.
Bemerkenswert sind die Züchtungsarbeiten meines späteren Lehrers Prof. von Sengbusch vor 60 Jahren, die zuerst bei dieser Art zu den ersten „süßen“, alkaloidarmen Kornsorten führten. Die Mutationsrate lag bei 340000:1 (süßes Korn)!
Die gemahlenen ‘Süßkörner’ können als Mischfutterkomponente verwendet werden, sogar eine Speisenutzung als Snacks, Brot- und Saucenzugabe ist möglich. Die Gesamtalkaloide liegen bei 0,04%. Die Grünmasse der alkaloidarmen Sorten ist schmackhafter und bekömmlicher.
Steigende Bedeutung haben heute die ostdeutschen „süßen“ Neuzüchtungen (Saatzucht Bornhof 1991) auch bei der Körnerverfütterung (Römer 1994).

> Buchstäblich „Gold der Sandböden“, eine Pionierpflanze für Grünfutternutzung und Körnergewinnung. Landwirtschaftlich die zweitwichtigste Lupine. Auch für die Gründüngung und alternative Fruchtfolgen kann sie bestens empfohlen werden.

## Botanik

Cytologie: 2n = 52 Chromosomen
Familie *Leguminosae*, Gattung *Lupinus*. Insgesamt eine leistungsfähige Leguminosenart.

**Pflanze:** Sommerjährig, krautig, vielblättrig, bis etwa 1 m hoch, gut standfest. Vegetationszeit vier bis sechs Monate. Vernalisationsbedarf sortenunterschiedlich, die Luftstickstoffbindung erfolgt mit Bakteriengruppe 6. Pfahlwurzel.
**Jugendentwicklung:** Gut.
**Konkurrenzkraft:** Mittelhoch, gegenüber der Quecke aber niedrig.
**Stengel:** Aufrecht, kräftig, rund, behaart, verzweigungsfreudig. Die Seitenäste überragen oft den Hauptsproß.
**Blätter:** Fingerförmig gegliedert, breiter, aus fünf bis neun Einzelblättchen bestehend. Diese sind spitzig-lanzettlich.
**Blüten:** In endständigen Trauben, angenehm riechend. Die typische Farbe ist chromgelb. Überwiegend Selbstbefruchter, die Blüten sind fast nektarlos, Blühphase drei bis fünf Wochen.

## Samen

Die längliche Hülse ist mehrsamig, behaart, braun. Samenreife nach 5–6 Monaten.
**TKG:** etwa 100 bis 180 g;
**Farbe:** die meisten unserer Sorten haben einen weißgelben Untergrund mit schwarzen Zeichnungen. Auch weiße, schwarze, gelbe, marmorierte Samensorten. Oberfläche glatt, matt;
**Form:** etwas platt, nierenähnlich bis kugelig;

**Größe:** etwa 7 × 6 × 4 mm;
**Besonderheiten:** Nabel gelb, umrandet. Trocknung bis max. 35 °C; wegen der Keimfähigkeit.

## Ansprüche

Die Gelbe Lupine hat insgesamt niedrigere Ansprüche als die Weiße und die Blaue Lupine, aber höhere als die Dauerlupine.

### Klima

Wegen der Winterfeuchtigkeit, Kurztage und kalten Nächte ist eine Frühsaat für reichlichen Blütenansatz vorteilhaft. Gleichmäßige Niederschläge sind vorteilhaft, obwohl die tiefgehende Pfahlwurzel die Wasserversorgung in den Trockenperioden gut absichert. Ihr Wärmebedarf ist mittelhoch, niedrigere Temperaturen werden aber gut vertragen. Die Gelbe Lupine friert erst nach längerer Frosteinwirkung ab. Für die Körnerausreife ist trockene Witterung notwendig.

### Boden

Optimal sind leichte, humose Sandböden, gut geeignet sind auch gut vorbereitete saure bis neutrale Böden. Der optimale pH-Wert liegt bei 5 bis 6, sonst können Kalkchlorosen auftreten. Zu schwere, nasse und kalte Standorte sind ungeeignet. Auf armen Standorten mit Ackerzahlen unter 35 übertrifft die Gelbe Lupine alle anderen Grobleguminosen.
**Nährstoffbedarf:** Mittelhoch, vor allem Magnesium- und Kaliversorgung sind wichtig, auch wenn das Aneignungsvermögen (auch für Wasser) sehr hoch ist. Empfohlene Grunddüngung: 50 kg $P_2O_5$/120 kg $K_2O$ pro ha. Die Stickstoffselbstversorgung ist sehr gut.

### Auftreten von Krankheiten und Schädlingen

Wirtschaftlich bedeutende Krankheiten und Schädlinge sind relativ selten. Gefährlich werden können Lupinenwelke *(Fusarium oxysporum)*, Lupinenfliege, Blattrandkäfer, Schwarze Bohnenblattlaus und Mosaikvirosen, die durch die Läuse übertragen werden. Auffällig oft werden gerade die „süßen“ Sorten durch Insekten aufgesucht. Empfehlenswert ist eine Saatgutbeize gegenüber den Auflauf- und Fußkrankheiten. Es wurden auch fusariumresistente Sorten gezüchtet (Saatzucht Bornhof 1993). (Über Fungizidmittel siehe Übersicht bei RÖMER 1994).

## Verwendung

### Grünfutter

Die Gelbe Lupine kann über einen längeren Zeitraum gut als Grünfutter eingesetzt werden, besonders wenn der Alkaloidgehalt in der Trockenmasse der Gesamtpflanze nicht 0,05% übersteigt (Hoffman et al. 1985). Als Mischungspartner ausgezeichnet. In der ehemaligen DDR war die Gelbe Lupine als spezielle Grünfutterpflanze zugelassen. Zu den eiweißreichsten Grünfutterlupinen gehört heute noch die Sorte ‘Refusa-Nova’ (Saatzucht Trebatsch 1994).
Der **Futterwert** ist insgesamt gut, aber unterschiedlich bei den verschiedenen Sorten. Verdaulicher Rohproteingehalt ist mit 15 bis 20% ähnlich wie bei Esparsette, Luzerne, Rotklee und Ölrettich, aber unter dem von Futterraps und Felderbse. Sehr gute Qualitäten hat die ostdeutsche Sorte ‘Bornova’ nicht nur im Hauptanbau, sondern auch als Zwischenfrucht. Die kStE und NEL der „süßen“ Sorten sind insgesamt hoch. (Siehe auch RÖMER 1994).
**Schmackhaftigkeit** und **Verdaulichkeit** sind mittelhoch, vergleichbar mit Esparsette und Wicke, aber unter der von Felderbse und Futterraps. Günstiger Einfluß auf den Milchfettgehalt (exakte Futterwerte siehe Tab. 3).
Beispiele einige Gemenge:

| | |
|---|---|
| – Gelbe Lupine | 80 kg |
| Felderbsen | 25 kg |
| Sommerwicken | 20 kg |
| oder | |
| – Gelbe Lupine | 60 kg |
| Serradella | 15 kg |
| Einjähriges Weidelgras | 12 kg |
| anschließend Beweidung möglich | |
| oder | |
| – Gelbe Lupine | 130 kg |
| Sonnenblumen | 10 kg |
| für trockene Böden | |
| oder | |
| – Gelbe Lupine | 80 kg |
| Felderbsen | 50 kg |
| Grünmais | 35 kg |
| Sonnenblumen | 10 kg |

(oder s. bei Phacelia, Sareptasenf, Serradella).

### Weide, Heu, Silage

Die Gelbe Lupine ist als Weide und Heu weniger geeignet, eine Silierung dagegen am besten mit Silomais im Verhältnis 1:4 bis zum Hülsenansatz sehr gut möglich.

**Gründüngung**
Gemengebeispiele:

| | |
|---|---|
| – Gelbe Lupine | 130 kg |
| Buchweizen | 20 kg |
| oder | |
| – Gelbe Lupine | 110 kg |
| Gelbsenf | 5 kg |
| Sommerrübsen | 2 kg |
| oder | |
| – Gelbe Lupine | 50 kg |
| Blaue Lupine | 40 kg |
| Weiße Lupine | 80 kg |
| Serradella | 25 kg |
| Sonnenblumen | 10 kg |
| oder | |
| – Gelbe Lupine | 130 kg |
| Gelbklee | 20 kg |
| Weißklee | 2 kg |
| Schwedenklee | 10 kg |
| Sommerraps | 3 kg |

(oder siehe bei Phacelia und Serradella).

**Grünbrache**
Für Rotationsbrache (nicht in Wasserschutzgebieten) als Stützpflanze mit hoher Leistung gut geeignet (Tab. 1) z. B. in den Gemengen:

| | |
|---|---|
| – Gelbe Lupine | 50 kg |
| Rotklee | 2 kg |
| Roggen (Sommerform) | 20 kg |
| Erbsen | 10 kg |
| Sommerraps | 4 kg |
| oder | |
| – Gelbe Lupine | 60 kg |
| Sonnenblume | 8 kg |
| Futtererbse | 55 kg |

**Wildäsung**
Die Gelbe Lupine ist in der Wildäsung anteilig sehr gut möglich und wird durch Rot- und Rehwild, Hasen, Kaninchen und sogar Muffelwild gut aufgenommen.
Sogar die Bittersorten werden von Hochwild im Knospenstadium oft verbissen.
Saatbeispiele:

| | |
|---|---|
| – Gelbe Lupine | 25 kg |
| Ölrettich | 10 kg |
| Felderbse | 40 kg |
| Mais | 10 kg |
| Markstammkohl | 2 kg |
| oder | |
| – Gelbe Lupine | 40 kg |
| Ackerbohne | 40 kg |
| Buchweizen | 20 kg |
| Felderbse | 30 kg |
| oder | |
| – Gelbe Lupine | 65 kg |
| Felderbse | 65 kg |
| Sommerwicke | 15 kg |
| Hafer | 20 kg |
| Sonnenblume | 2 kg |

(EGGELING 1991)
Auch für Fasane, Rebhühner und Hasen geeignet.

**Bienenweide**
Die Gelbe Lupine ist als Trachtpflanze wegen der praktisch nektarlosen Blüten fraglich. Durch den starken Duft werden aber pollensuchende Insekten gelegentlich angelockt.

**Sonstige Nutzung**
Ihre Nutzung ist im Wein- und Obstbau und als Zierpflanze in Hausgärten gut möglich. Als Bodenbefestigungspflanze ist sie auch für Böschungen gut geeignet (Tab. 1). Als Strohfutter (etwa 9% Roheiweiß, 40% Rohfaser) kann sie vor allem an Schafe effektiv verfüttert werden.
Zum Körnerfutterwert einige Angaben (nach DLG 1985):
- Der Energiegehalt für Rind und Schwein ist mit Ackerbohnen und Erbsen vergleichbar.
- Kennzeichnend ist der insgesamt hohe Eiweißgehalt (35–44%), Fett (5–10%), Rohfaser (14–15%), Ballaststoffe 17% (bezogen auf 88% Trockensubstanz).

**Ein hochertragreiches, gesundes Futer- und Gründüngungsgemenge besteht beispielsweise aus Gelben Lupinen, Sonnenblumen, Erbsen, Ackerbohnen, Hafer, Einjährigem Weidelgras und Grünmais. Bereits nach 3 Monaten kann man mit 4–6 kg Grünmasse pro $m^2$ rechnen.**

- Wegen des geringen Anteils an Lysin, Methionin und Tryptophan ist aber eine Futterrationsergänzung empfehlenswert.
- Wegen des hohen Eiweißgehaltes soll man die Tagesration auf 1,5 kg bei Kühen, 1 kg bei Bullen, bei Schweinen auf 10% und beim Geflügel auf 20% anteilig in Futtermischungen beschränken (Siehe auch RÖMER 1994).

## Saat

**Reinsaat:** etwa 100 bis 190 kg/ha, je nach TKG und Keimfähigkeit; 50 bis 80 Körner pro $m^2$, bis 100 Körner bei Körnernutzung anstreben;
**Mindestqualität:** (ZS, HS): K > 80%, R > 97%, max. 20% hartschalige Körner;
**Saattiefe:** 3 bis 5 cm (epigäische Keimung);
**Reihenweite:** 12 bis 25 cm; bei 30 cm Hackpflege möglich;
**Breitsaat:** problemlos, Einzelkornsaat möglich;
**Saatgutpreis:** etwa 3,30 DM/kg. Impfung mit Bakterien vor der Saat (RÖMER 1994).

**Saatmethoden**
Als **Untersaat** unter Roggen und Silomais ist die Gelbe Lupine bedingt möglich, als Hauptfrucht mit Frühsaat ab 4 °C Bodentemperatur ab März auch möglich (Tab. 2).
Als **Zwischenfrucht**/Stoppelsaat z. B. nach Wintergerste und Winterraps noch gut geeignet, Sortenunterschiede bei der Blütezeit.

## Ertrag

Der Grünertrag liegt zwischen 200 und 400 dt/ha (28 bis 45 dt Trockenmasse; im Zwischenfruchtanbau etwa 25 dt mit 4,6 dt verdaulichem Rohprotein).

## Ökologische Bedeutung

**In der Fruchtfolge**
Diese Lupine ist in der Fruchtfolge eine ausgezeichnete **Vorfrucht**, z. B. für Roggen und Kartoffeln. Strukturverbesserer, hinterläßt eine gute Gare. Ein Fruchtfolgeabstand von drei bis vier Jahren ist aber empfehlenswert (Tab. 2).
Auf trockenen, sauren, leichten Böden hat sie eine enorme Saugkraft für Bodenwasser, auch aus der Tiefe.
Die **Bodenbedeckung** ist nach dem Reihenschluß sehr gut.
Die **Ernterückstände** liegen bei 20 bis 40 dt/ha Trockenmasse, davon etwa die Hälfte Wurzeln. Die Seitenwurzeln sind mäßig ausgebildet, verdichtete Bodenschichten können z.B. durchstoßen werden. Der Gesamtpflegeaufwand ist niedrig.
In **natürlichen Gesellschaften** kommt die Gelbe Lupine bei uns äußerst selten von der starken Pfahlwurzel in Gebüschen vor.

## Sortenangebot

Im Jahre 1994 acht zugelassene bitterstoffarme deutsche Sorten und eine bittere Spezialgründüngungssorte aus Ostdeutschland. Das ZS und HS wird auch aus Portugal importiert (‘Gelbe aus Portugal’). Im EG-Sortenkatalog sind 1992 sechs Sorten aufgeführt.

# Weiße Lupine

white lupin
*Lupinus albus* L.

## Herkunft/Vorkommen

Die Weiße Lupine ist eine uralte Eiweißpflanze aus dem Mittelmeerraum. Bereits von den alten Griechen und Römern wurde sie als Gründüngungspflanze gezielt angebaut. Der Arzt Hippokrates hat sie 400 vor Christus bereits als Heil- und Nahrungspflanze beschrieben. Eine Abhandlung dieser Lupine ist in der „Naturgeschichte der Pflanzen“ von Theophrast aus dem Jahre 372 v.Chr. zu finden.
Nach Deutschland kam diese Lupinenart im 18. Jahrhundert über Italien und erlebte hier als Düngungspflanze einen regelrechten Anbauboom (RÖMER 1994).
Daß man die Körner durch Auskochen oder Auswaschen entbittern kann, war schon im Mittelalter bekannt; bis heute werden in Südamerika die Körner in fließenden Gewässern von der Landbevölkerung genießbar gemacht. Viele römische Gutshöfe waren nachweislich mit einem Wasch-Wasserbecken ausgestattet (Labrum lupinarum) (WIELAND 1990). Ein modernes Verfahren wurde erst kürzlich von der Fa. Mittex, Ravensburg, entwickelt. Auch einige Projekte der GTZ (Gesellschaft für die Technische Zusammenarbeit, Eschborn) sind bereits mit Er-

folg durchgeführt worden. Einen entscheidenden Einfluß auf die Lupinenverarbeitung hatten aber die bitterstoffarmen Zuchtsorten von VON SENGBUSCH (Hondelmann 1983).
So gehört die Lupine im Mittelmeerraum und Südamerika heute zu den wichtigeren Nahrungspflanzen. Gequollene Körner werden als Gemüsebeilage, in Suppen, als Mehl für Mischbrote und sogar als Lupinenmilch oder „Snacks“ serviert. Auch als Tierfutter ist sie besonders für Kaninchen, Hühner und Wiederkäuer anteilig gut einsetzbar. Ihr heutiger Körneranbau ist vor allem in Rußland sowie den benachbarten Staaten, sowie Polen, Australien, Südafrika, in den Mittelmeerländern und in Südamerika mit insgesamt etwa 1 Mio. ha verbreitet. Die Grünfutternutzung und Heugewinnung ist seltener. Häufig kann man die Weiße Lupine als schöne Zierpflanze auch in den Hausgärten bewundern.
Die Europäische Gemeinschaft subventioniert heute neben Erbsen und Ackerbohnen auch bei dieser Art die Körnergewinnung (Stand 1994). Trotzdem werden jährlich etwa 190000 t Lupinen als Körnermischfutter importiert (RÖMER 1994). Lupineneiweiß hat zwar keine sehr günstige Zusammensetzung, aber auch keine Trypsin-Hemmstoffe und ist gut verdaulich (DLG 1985, siehe auch RÖMER 1994).
Interessant ist, daß bis heute keine echte Wildformen dieser Art gefunden worden sind (WIELAND 1990). Diese Lupine bekommt heute (1995) eine volle Leguminosenbeihilfe. Trotzdem Importe z. B. aus Australien.

> Landwirtschaftlich **die** wichtigste Lupinenart, vor allem für die Körner-, Gründüngungs- und Grünfutternutzung; besonders geeignet sind die bitterstoffarmen Sorten. Die Lupine ist ein Bodenverbesserer und eine „starke“ Leguminose.

## Botanik

Cytologie: 2n = 50 Chromosomen (KAPPERT 1959)
Familie *Leguminosae*; die Gattung *Lupinus* umfaßt mehr als 200 Arten, die Weiße Lupine ist aber die landwirtschaftlich wichtigste und bedeutendste.
Tribus *Genisteae.* Bei *L. albus* werden zwei Varietäten unterschieden: var. *vulgaris* und var. *termis* (SCHUSTER 1992).

**Pflanze:** Anspruchsvoll, sommerjährig, standfest, bis 1 m hoch, abfrierend. Hoher Eiweißgehalt in den Körnern und auch in der Grünmasse. Epigäische Keimung, deshalb flach säen (Tab. 2).
Tiefgehende Pfahlwurzel, sehr gute Stickstoffbindung mit der Bakteriengruppe 6 *(Rhizobium lupinii).* Eine Impfung ist beim erstmaligen Anbau ratsam. Auf etwa 75000 bittere Pflanzen kommt eine „süße“; durch deren Auslese wurden die ersten bitterstoffarmen Nutzsorten gezüchtet (SENGBUSCH 1952).
**Jugendentwicklung:** Mittelgut, schnell.
**Konkurrenzkraft:** Mittelhoch.
**Stengel:** Rund, aufrecht, behaart, kräftig, vor allem oben verzweigend. Die Hauptachse und die Nebenachsen enden in langen Blütenständen (Neue Sorten sind ohne Nebentriebe).
**Blätter:** Fingerförmig, langgestielt, fünf bis neun-fiedrig, Einzelblättchen verkehrt-eiförmig, manchmal behaart.
**Blüte:** Endständige Traube mit zahlreichen, angenehm duftenden Einzelblüten doch ohne Nektar. Zuerst blüht die Hauptachse, erst dann folgen die Seitentriebtrauben. Klimabedingt bilden sich bis zu vier „Blütenetagen“.
Die Blüten sind weiß oder weiß-bläulich und schraubenförmig angeordnet. Selbstbefruchtung; nur selten Fremdbefruchtung durch pollensammelnde Insekten.

## Samen

Die Fruchtstände sind große Hülsen, die bis 11 cm lang sind; sie sind mehrsamig, flach, behaart und platzfest. Bei Totreife „klappern“ die Körner in diesen Hülsen.
**TKG:** 200–350 (500) g;
**Farbe:** weiß oder weiß-gelblich, glatt und matt;
**Form:** groß, plattgedrückt, kreisförmig bis eckig;
**Größe:** etwa 15 × 12 × 6 mm;
**Besonderheiten:** Nabel groß, mit Rand. Den Großteil der Samen bilden die Keimblätter. Bittere Samen enthalten bis 6%, „Süßsorten“ nur 0,01 bis 0,05% Gesamtalkaloide. Eiweißgehalt 30 bis 45%, Fettgehalt 10 bis 18% (mit hohem Öl- und Linolsäureanteil) 10% Rohfaser, 4% Rohasche.

## Ansprüche

Die Weiße Lupine ist anspruchsvoller als die Gelbe und die Blaue Lupine. Sie hat eine lange

Vegetationsperiode. Stärkere Unkrautkonkurrenz verträgt sie nicht.

**Klima**

Ihr Wärmebedürfnis für die Körnerausreife ist sehr hoch. Für die Grünmasseentwicklung ist eine gute Wasserversorgung Voraussetzung, auch wenn kurze Trockenperioden gut vertragen werden. Da das Keimungsminimum bei 4 °C liegt, ist eine Frühsaat möglich. Kältere Perioden werden gut überstanden, erst nach längerer Frosteinwirkung friert die Pflanze ab.

**Boden**

Lehmige, mittelschwere Weizen- und Rübenböden sind vorteilhaft. Optimaler pH-Wert liegt bei 5,5 bis 6,5. Zu saure, schwere, staunasse und stark humose Standorte sind ungeeignet.

**Nährstoffbedarf:** Insgesamt relativ hoch, doch ist das Aneignungsvermögen aus tieferen Bodenschichten sehr effizient. Organische Dünger verlängern die vegetative Phase und verzögern somit die Samenabreife.

Empfohlene Grunddüngung pro ha: 80 kg $P_2O_5$/200 kg $K_2O$/40 kg MgO. Die Stickstoffselbstversorgung mit Hilfe der Rhizobiumbakterien ist ausreichend.

**Auftreten von Krankheiten, Schädlingen und Unkräutern**

Besonders in feuchten, warmen Gebieten muß mit Fuß- und Welkekrankheiten, Mehltau, Grauschimmel, Atraknose, Virosen, Lupinenfliegen, Lupinenläusen, Blattrandkäfern, Drahtwürmern und **Wildfraß** gerechnet werden. Eine Saatgutbeize gegen Auflaufkrankheiten ist zu empfehlen.

## Verwendung

**Grünfutter**

Das Grünfutter hat bei Blühbeginn die höchste Qualität, insbesondere bei den alkaloid- und tanninarmen Sorten (z.B. die Sorte 'Lublanc'; NUNGESSER 1994).

Der **Futterwert** ist sortenunterschiedlich, der Proteingehalt mit etwa 16 bis 20% (in der TM) ist hoch, etwa vergleichbar mit Esparsette, Felderbse und Buchweizen (Tab. 1), der Rohfasergehalt liegt aber höher.

Die kStE und NEL sind mittelhoch.

**Schmackhaftigkeit** und **Verdaulichkeit** der „Süßsorten" ist mit Grünrübsen vergleichbar. Die Proteinverdaulichkeit ist hoch: in der Grünmasse etwa 75%, im Korn 90%. Der Grenzwert der Alkaloide in der Gesamtpflanze soll 0,05% nicht überschreiten. Die Verfütterung an Wiederkäuer ist somit gut möglich (exakte Futterwerte siehe in der Tab. 3).

Beispiele einiger Gemenge:

| | |
|---|---|
| – Weiße Lupine, süß | 80 kg |
| Futtererbsen | 50 kg |
| Grünmais | 20 kg |
| Sonnenblumen | 10 kg |
| oder | |
| – Reinsaat | 200 kg |
| oder | |
| – Weiße Lupine, süß | 60 kg |
| Serradella | 15 kg |
| Sonnenblumen | 10 kg |
| Sommerwicken | 20 kg |
| oder | |
| – Weiße Lupine, süß | 60 kg |
| Serradella | 15 kg |
| Einjähriges Weidelgras | 10 kg |

**Weide, Heu, Silage**

Eine Beweidung ist gut möglich, am besten in Gemengen, z. B.:

| | |
|---|---|
| – Weiße Lupine | 60 kg |
| Sommerwicken | 25 kg |
| Futtererbse | 25 kg |
| Einjähriges Weidelgras | 8 kg |

(oder siehe bei Sonnenblumen).

Anmerkung: Heugewinnung ist wegen der schwierigen Trocknung nicht üblich, Silagebereitung ist prinzipiell möglich.

**Gründüngung**

Die Eignung, auch der alten, bitteren Sorten, ist sehr gut. „ ... schon die Römer bedienten sich der Lupine allgemein zur Gründüngung ..." (PABST 1844).

Gemengebeispiel:

| | |
|---|---|
| – Weiße Lupine | 150 kg |
| Sonnenblumen | 8 kg |
| Futterraps | 6 kg |

(oder siehe bei Buchweizen, Gelbe Lupine und Inkarnatklee).

**Grünbrache**

Selbst in ungaren Böden kann diese Lupine als Pionierpflanze überraschend gut gedeihen. Anteilig in verschiedenen Gemengen zu empfehlen.

**Wildäsung**

Auch die Bitterformen werden häufig verbissen. Doch werden die „blattsüßen" von Kaninchen, Hasen und Rehwild bevorzugt aufgenommen. Die abgeästen Stengel wachsen nach (ein gewisser „Geizeffekt"!), die Hülsen sind noch im Winter eine Kraftnahrung. Die Deckung für Niederwild ist ausreichend. Insgesamt ist diese Pflanzenart zu empfehlen.

Gemengebeispiele:

| | |
|---|---|
| – Weiße Lupine | 20 kg |
| Futtererbsen | 40 kg |
| Ölrettich | 10 kg |
| Buchweizen | 20 kg |
| oder | |
| – Weiße Lupine | 10 kg |
| Mais | 20 kg |
| Kolbenhirse | 3 kg |
| Rispenhirse | 3 kg |
| Sonnenblumen | 10 kg |
| Sommerwicken | 20 kg |
| auch für Federwild | |

(oder siehe bei Buchweizen, Kolbenhirse, Ölrettich und Rispenhirse).

**Bienenweide**

Da die Blüten fast nektarlos sind und der Pollen nur mäßig ergiebig ist, eignet sich die Weiße Lupine kaum als Insektenweide.

**Sonstige Nutzung**

Als Erosionsschutzpflanze ist sie im Weinanbau möglich (Tab. 1), als eiweißreiches Körnerfutter dann empfehlenswert, wenn der Alkaloidgehalt in der Gesamtfutterration unter 0,02% liegt. Bei Mastschweinen können bis 40% der Eiweißtagesration so verabreicht werden, bei Wiederkäuern noch etwas mehr (DLG 1985).

## Saat

**Reinsaat:** 120 bis 230 kg/ha, je nach TKG und Keimfähigkeit (für die Grünnutzung bis 100 Körner pro m$^2$, für Körnernutzung 70 anstreben; Einzelkornsaat ist empfehlenswert;
**Mindestqualität:** (ZS, HS): K > 80%, R > 98%; max. 15% Wasser und 20% Hartschaligkeit;
**Saattiefe:** 2 bis 4 cm (epigäische Keimung);
**Reihenweite:** 20 bis 40 cm (Reihenhacke möglich!);
**Keimtemperatur:** ab 4 °C (Bodentemperatur)
**Breitsaat:** gut möglich;
**Saatgutpreis:** 3,– bis 5,– DM/kg.

**Saatmethoden**

Als **Untersaat** ist Weiße Lupine nicht üblich; Einsaat in Kartoffeldämme war früher angeblich häufig.

Als **Hauptfrucht:** früh drillen (die neuen, frühabreifenden Sorten ermöglichen heute den Körneranbau auch in Grenzlagen).
Als **Zwischenfrucht:** bis Ende August säen; Nutzung Ende Oktober möglich (Tab. 2).

## Ertrag

Der Grünertrag liegt zwischen 280 und 450 dt/ha (35–50 dt Trockenmasse), als Zwischenfrucht bei 230 dt. Rohproteinertrag ist hoch (Tab. 3). Die Körnerreife wird nach 5 bis 6 Monaten erreicht.

## Ökologische Bedeutung

**In der Fruchtfolge**

Als sommerjährige, abfrierende Pflanze mit hoher Grünleistung und gutem Wurzelwerk ist die Weiße Lupine in der Fruchtfolge sehr wertvoll. Da sie ein guter Stickstoffsammler und Bodenverbesserer ist, gilt sie als gute **Vorfrucht**. Mit sich selber ist sie unverträglich, deshalb drei bis vier Jahre Abstand empfehlenswert.
Die **Bodenbedeckung** ist bei den dichten Grünnutzungen sehr gut; bei breiten Saatreihen kann sie auch mechanisch unkrautfrei gehalten werden.
Die **Ernterückstände** liegen bei 20 dt TM/ha, davon stammen 12 dt aus den Wurzeln. Bei Grünnutzung sind es bis 75 dt/ha Trockenmasse insgesamt. Die **Durchwurzelung** durch die tiefe Pfahlwurzel sehr gut. In **natürlichen Gesellschaften** bei uns äußerst selten; wahrscheinlich handelt es sich um Durchwuchs ausgefallener Samen.

## Sortenangebot

Zwei zugelassene Sorten sind im „Sortenregister 1994" aufgeführt. Die Vermehrungsflächen sind nach der Vereinigung Deutschlands gestiegen. Es gibt auch eine Genehmigung zur Vermehrung von französischen Sorten bei uns nach dem § 55 des Saatgutverkehrsgesetzes. Im EG-Sortenkatalog 1992 sind 14 Sorten aufgeführt, die meisten davon stammen aus französischen Züchtungen. Es wird (1994) auch Handelssaatgut „Weiße aus Ungarn und Polen" angeboten.

## Grünfuttererbse/Peluschke

Echte Felderbse, Sanderbse, Futtererbse, Graue Weiber, Winterfuttererbse
grey pea, field pea
(Bemerkung: Die Bezeichnung Futtererbse, Grünerbse, Felderbse wird leider auch für „Normalerbsen *(Pisum sativum* ssp. *sativum)* verwendet, da diese ebenfalls ohne weiteres auch „grün" genutzt werden können. Echte Grünfuttererbsen sind diese aber nicht).
*Pisum sativum L.*, var. *arvense*, bzw. *Pisum arvense* L.

### Herkunft/Vorkommen

Eine der ältesten Kulturpflanzen der Welt mit vielen Unterarten. Das primäre Entstehungszentrum der Erbsen erstreckte sich vom Mittelmeerraum bis nach Afghanistan; das spätere sekundäre Genzentrum lag wahrscheinlich in Nordafrika. Bekannt sind 9000 Jahre alte Samenfunde aus dem Irak und der Türkei, in Skandinavien wurden Erbsenreste aus der Bronzezeit gefunden. Den Namen *Pisum* bekamen die Erbsen bereits von den alten Römern.
Als Grünfuttererbsen werden im allgemeinen die buntblühenden kleinsamigeren Formen mit Erbfaktor A bezeichnet.

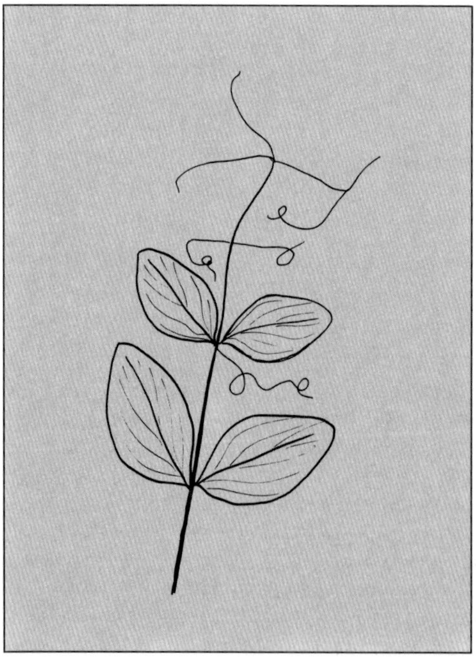

Verschiedene Erbsenarten sind heute vor allem in China und Indien verbreitet. In Rußland und seinen Nachbarländern ist auch die Futterform (ssp. *transcaucasicum*) wichtig; verwilderte und wilde Erbsenformen sind heute in ganz Europa und dem Mittelmeerraum in Gärten und natürlichen Pflanzengesellschaften verbreitet.

Den Namen Peluschke bekamen die echten Sommer- und Wintergrünfuttererbsen nach dem Dorf Peluschke in Ostpreußen. Diese Grünfutterformen haben einen charakteristischen roten Achselfleck und bittere Körner. Die schmackhaften Grünpflanzen werden heute noch als Tierfutter rein oder in Gemengen angebaut.

Sehr bekannt wurde die deutsche, noch heute aktuelle Sorte 'N. F. G. Krupp-Peluschke' (Sortenschutz bis 1994).

Peluschke, die echte Grünfuttererbse, ist eine massenwüchsige, schmackhafte, eiweißreiche, sommerjährige oder auch überwinternde Futterpflanze. Sie hat sehr gute Gründüngungseigenschaften.

### Botanik

Cytologie: 2n = 2x = 14 (bzw. 10) Chromosomen
Familie *Leguminosae*, Unterfamilie *Papilionatae*, Tribus *Vicieae*, Gattung *Pisum*. Sehr formenreich, die Systematik ist deshalb oft verwirrend.
Das Bundessortenamt führt die Peluschken unter *„Pisum sativum"*. In der „Beschreibenden Sortenliste 1994" sind sie in der Gruppe „Sorten vorwiegend für Grünnutzung" geführt.

**Pflanze:** Einjährig, (Winter-, Wechsel- oder Sommerform), rankend, oft nicht standfest, meistens länger als die Körnersorten. Die Luftstickstoffbindung mit der Bakteriengruppe 4 ist gut, die Knöllchen findet man hauptsächlich in der sauerstoffreichen Ackerbodenschicht bis 20 cm (bei Wintersorten bereits im Spätherbst).
**Jugendentwicklung:** Sehr gut, rasch (wärmeabhängig).
**Konkurrenzkraft:** Ab Vollentwicklung sehr gut, unterdrückend.
**Stengel:** Hohl, knotig, vierkantig, bis 2 m lang (Sortenunterschiede), lagernd. Stützpflanzen wie Mais sind deshalb im Anbau vorteilhaft.

Die Peluschken (echte Grünfuttererbsen) sind raschwüchsig und vielseitig einsetzbar. Die nährstoffreichen Pflanzenreste verrotten schnell und haben eine positive Vorfruchtwirkung.
Hier: Neuzüchtung vom Autor im Versuchsbetrieb Tachenhausen.

**Blätter:** Zwei- bis fünf-blattpaarig. Die Einzelblättchen sind eiförmig, die Nebenblätter haben einen typischen roten Achselfleck und fast immer Marmorierung. Auffällig sind die degenerierten Endblätter (sogenannte Ranken).
**Blüte:** Meistens rötlich-purpur, einzeln oder zu zweit auf kürzeren Blattachselstielchen sitzend. Der Blühbeginn ist sortenspezifisch. Selbstbefruchtung, sehr frühe Eigenbestäubung; nur selten kann man Insektenflug beobachten. Abblüte und Hülsenabreife beginnen meistens von unten und sind deshalb uneinheitlich. Es gibt auch Sorten mit Verbänderungen (Beschreibende Sortenliste 1994).

## Samen

Die gelben bis schwarzen Hülsen sind gebogen oder gerade, bis 7 cm lang, 12 bis 18 mm breit, mit drei bis zehn Körnern besetzt.
**TKG:** 80 bis 200 g;
**Farbe:** unsere Sorten haben eine olivgrüne, braune, dunkelgraue oder rotbraune Grundfarbe, meistens mit Zeichnung;
**Form:** fast kugelig, rund bis unregelmäßig, auch eckig;
**Größe:** etwa 5 bis 9 mm Durchmesser;
**Besonderheiten:** Nabel rund, schwärzlich. Die Samen enthalten etwa 23 bis 30% Protein, da sie aber bei den meisten Sorten bitter und kleiner sind, werden sie selten als Körnerfrucht genutzt. Die Körnererträge liegen unter den „normalen" Saaterbsen.

## Ansprüche

### Klima

Insgesamt geringere Ansprüche als Saaterbsen und Wicken. Für eine optimale Blüten- und Grünmassenentwicklung ist die Winter- bzw. Wechselform rechtzeitig im Herbst zu säen, die Sommerform zeitig im Frühjahr oder im Zwischenfruchtanbau von Juli bis Mitte August. Optimal sind etwas feuchtere, wärmere Lagen mit ausgeglichener Wasserversorgung. Keimung ab 3 °C, kurze Fröste werden gut vertragen, bei Winterformen sogar bis –15 °C (Sneyd 1994). Trockenheit während des Hülsenansatzes ist ungünstig.

### Boden

Lehmiger, humoser, mittelschwerer, aber auch leichterer Boden ist sehr gut geeignet. Sandige, schwere, frische Umbruchböden sind dagegen ungünstig, zu nasse und kalte Standorte ausgesprochen schlecht.
**Nährstoffbedarf:** Ist mittelhoch, doch das Nährstoffaneignungsvermögen aus der Ackerkrume ist sehr hoch. Empfehlenswert sind 80 kg $P_2O_5$, 100 kg $K_2O$ und 20 kg Startstickstoff, obwohl der Selbstversorgungsgrad hoch ist. Optimal ist

ein pH-Wert von 6 bis 7. Notwendig ist ein gutes Phosphor- und Kalkangebot vor allem nach der Blüte.

**Auftreten von Krankheiten und Schädlingen**
Häufiger sind: Blattmehltau, (*Erysiphe polygoni* und *Peronospera pisi*), Brennflecken (*Ascochyta fabae*), Welkekrankheit, Grauschimmel, Blattrandkäfer (dessen Larven fressen auch die Rhizobium-Knöllchen an den Wurzeln!), Erbsenwickler, Erbsenkäfer, Blattläuse. Wegen der Grünnutzung ist die Peluschke aber relativ problemlos.

## Verwendung

**Grünfutter**
Rein und in Gemengen (besonders mit Wicken und Ackerbohnen) ist die Peluschke hervorragend! Für Milchkühe sind in der Tagesration bis 20 kg möglich.
Der **Futterwert** ist sehr hoch, auch in Gemengen. Anfang der Blüte wird die beste Qualität erreicht, für Silage ist die Samengrünreife optimal. Als Stützpflanzen nimmt man am besten Mais, Raps, Ackerbohnen, Senf, Lupinen, Hafer, Sonnenblumen. Solche Gemenge haben dann etwa 13% Trockensubstanz und 16 bis 19% verdauliches Protein in der Trockenmasse. Der Gesamtrohproteingehalt des Peluschkenfutters kann 21% erreichen.
Die Umsetzbare Energie (MJ) ist ungewöhnlich hoch, kStE und NEL sehr hoch (Tab. 3).
**Schmackhaftigkeit** und **Verdaulichkeit** sind gut bis sehr gut; vor allem bei Blühbeginn. Die Bewertung mit Note 7 (von 9 möglichen) ist deshalb gleich hoch wie bei Futterkohl oder Serradella.
Gemengebeispiele:
- Peluschke 20 kg
  Inkarnatklee 10 kg
  Rotklee 5 kg
  Luzerne 6 kg
  Welsches Weidelgras 5 kg
  Knaulgras 4 kg
  Wundklee 1 kg
  Kräuter 1 kg
  (mehrere Grünschnitte möglich)

oder
- Peluschke 130 kg

oder
- Peluschke 60 kg
  Winterroggen 90 kg

oder
- Peluschke 80 kg
  Einj.-Weidelgras 20 kg
  (DSV 1991)
  (Saat bis Anfang August, sog. „Mündener Gemenge“)

oder
- Peluschke 60 kg
  Sommerrübsen 6 kg
  Sommerwicke 40 kg
  (Frühjahrssaat)

oder
- Peluschke 70 kg
  Saatwicken 40 kg
  Ackerbohnen 20 kg
  Grünmais 12 kg
  Hafer 15 kg
  (Frühjahrssaat, bekannt als ertragsreiches Qualitätsgemenge)

oder
- Peluschke 20 kg
  Ackerbohnen 100 kg
  Sommerwicke 20 kg
  (für Augustsaat geeignet)
  (DSV 1992)
- EFB 33
  (Wintererbse) 120 kg
  Winterrogen 90 kg
  (Herbstsaat, winterfest; NUNGESSER 1994)

(oder siehe bei Buchweizen, Blaue Lupine, Kolbenhirse, Malve, Ölrettich, Phacelia, Rispenhirse, Sareptasenf, Serradella, Sommerrübsen, Gelbe Lupine, Sonnenblume und Weiße Lupine).

**Weide, Heu, Silage**
Beweidung als Portionsweide ist gut möglich, Heutrocknung aber schwierig. Silage in Gemengen ist sehr empfehlenswert, z. B.:
- Peluschke 80 kg
  Sommerwicken 20 kg
  Ackerbohnen 40 kg
  Hafer 20 kg
  Einj. Weidelgras 10 kg
  (auch für Zweitfruchtnutzung)

**Grünbrache und Gründüngung**
Empfohlene Gemenge:
- Peluschke 45 kg
  Sommerwicken 45 kg
  Ackerbohnen 15,6 kg
  Welsches Weidelgras 14,4 kg
  (Frühjahrssaat)
  (DSV 1992)

oder
- Peluschke 20 kg
  Sonnenblumen 20 kg

Winterpeluschken (hier Neuzüchtung vom Autor) besitzen eine gute Kältetoleranz; der Wachstumsvorsprung im Frühjahr ist von den Sommerleguminosen nicht aufzuholen.

| | |
|---|---|
| Sareptasenf | 6 kg |
| Blaue Lupine | 60 kg |

(oder siehe bei Ackerspörgel, Buchweizen, Dauerlupine, Gelbe Lupine, Kolbenhirse, Markstammkohl, Phacelia, Sareptasenf und Sonnenblumen).

**Wildäsung**

Da die Peluschke auch im Spätherbst, vor Winter und nach dem Winter (Wintersorten) schmackhaft und eiweißreich ist, kann sie anteilig bestens empfohlen werden, z. B.:

| | |
|---|---|
| – Peluschke | 40 kg |
| Winterroggen | 70 kg |
| Inkarnatklee | 5 kg |
| Wintertriticale | 30 kg |
| Ölrettich | 3 kg |

oder

| | |
|---|---|
| – Peluschke | 30 kg |
| Winterackerbohne | 40 kg |
| Inkarnatklee | 5 kg |
| Winterweizen | 50 kg |

(oder siehe bei Blaue Lupine, Buchweizen, Dauerlupine, Esparsette, Gelbe Lupine, Kolbenhirse, Markstammkohl, Ölrettich, Phacelia, Schwedenklee, Sonnenblumen, Sommerrübsen und Weiße Lupine).

**Bienenweide**

Als sehr schwache Sommertrachtpflanze ist diese Erbse kaum geeignet (Tab. 1).

**Sonstige Nutzung**

Als nematodenresistente (*Heterodera schachtii*) Art in den Rüben- und Rapsfruchtfolgen ist die Peluschke empfehlenswert.

## Saat

**Reinsaat:** 120 bis 180 kg/ha, je nach TKG und Keimfähigkeit; 60 bis 80 Pflanzen pro $m^2$ anstreben. Saattermine: Frühjahrsaat ab Ende März; Juli bis Mitte August für Spätherbstnutzung; bis September bei Wintersorten für Frühjahrsnutzung;
**Mindestqualität** (ZS, HS): K > 90%, R > 98%;
**Saattiefe:** 2 bis 6 cm; hypogäische Keimung;
**Reihenweite:** 15 bis 25 (30) cm;
**Breitsaat:** sehr gut möglich; auch Einfräsen wird gut vertragen;
**Saatgutpreis:** 1,50 bis 3,– DM/kg.

## Saatmethoden

Als **Untersaat** unter Winterroggen möglich.
Als **Hauptfrucht** mit Frühjahrs- oder Herbstsaat (bei Wintersorten) (Tab. 2).
Als **Zwischenfrucht** mit Augustsaat ebenfalls empfehlenswert; (z. B. die 'NFG Krupp-Peluschke').

## Ertrag

Der Grünfutterertrag liegt bei 200 bis 400 dt/ha, mit etwa 35 bis 45 dt Trockenmasse (davon 5,5 bis 9 dt verdauliches Protein). Im Stoppelfruchtanbau sind es etwa 200 dt/ha Grünmasse; doch meistens wird die Peluschke in Grünfuttergemengen angebaut.

Oben links: Auch der mehrschnittige Glatthafer (von vorne: 2 x Schnitt, 1 x Schnitt, ohne Schnitt) gehört heute zu den sogenannten „alternativen" Arten.

Oben rechts: Heuernte von artenreichen Wiesen.

Unten links: Die ersten Versuchsflächen mit Grünbrache und Flächenstillegungen waren bei uns im Jahre 1985 noch eine echte Rarität. Heute werden innerhalb der EG bis zu 20% der Ackerfläche nach und nach stillgelegt.

Unten rechts: Artenreiche, „bunte" Wildäsungsgemenge sollen für vorhandenes Haar- und Federwild gleichermaßen geeignet sein. Die Sonnenblumen, Kohl, Buchweizen, Peluschke, Perserklee, Futtermöhren, Zaunwicken können auch durch Kräuter wie Schafgarbe, Fenchel, Salbei, Petersielie, Kamille, Kümmel und Wundklee ergänzt werden.

## Ökologische Bedeutung

**In der Fruchtfolge**
Förderung der Bodenfruchtbarkeit durch die längere **Bodenbedeckung**, gute Beschattung und relativ gute flachere Durchwurzelung. Der mechanische Bodenaufschluß sichert eine gute **Vorfruchtwirkung**, vor allem für Kartoffeln und Rüben. Die Stickstoffanreicherung im Boden liegt bei 80 kg pro Hektar (Tab. 2).
Wegen der Selbstunverträglichkeit empfiehlt sich ein Fruchtfolgeabstand von vier Jahren.
Die **Ernterückstände** liegen bei 18 dt/ha Trockenmasse, etwa die Hälfte davon sind Wurzelreste. Die flachen Seitenwurzeln krümeln den Boden gut und verrotten ausgezeichnet. Die Pfahlwurzel ist schwächer und wächst mitteltief. In **natürlichen Pflanzengesellschaften** ist die Peluschke bei uns äußerst selten zu finden.

## Sortenangebot

Einige zugelassene Peluschkesorten sind in der „Beschreibenden Sortenliste 1994", zusammen mit den zahlreichen „Normalerbsensorten, vorwiegend für Grünnutzung", aufgeführt. Künftig sind auch echte Wintersorten mit hoher Qualität und süßem Korn zu erwarten (SNEYD 1994). In der EG-Liste 1992 sind insgesamt 130 *Pisum*-Sorten aufgeführt; nur einige davon sind aber die echten Grünfutter-Peluschken mit dem charakteristischen roten Blattachselfleck. Zur Zeit wird die ausländische Wintererbse „EFB 33" angeboten (NUNGESSER 1994).

# Platterbse

Saat-Platterbse, Gewöhnliche Platterbse, Deutsche Kichererbse, Kicherling, Edelwicke, grass pea, chickling vetch
Unter dem Begriff Platterbse sind heute beim Bundessortenamt Hannover (Erteilung des Sortenschutzes) drei Unterarten zu verstehen:
- *Lathyrus sativus* L., Gewöhnliche Platterbse
- *Lathyrus cicera* L., Rotblühende Platterbse
- *Lathyrus tingitanus* L., Purpurblühende Platterbse

## Herkunft/Vorkommen

Eine sehr alte Leguminosenart; die Abstammungs- und Verbreitungsgebiete lagen im Mittelmeergebiet, Vorderasien bis Asien. In Indien, den Mittelmeerländern und in Nordafrika wurde die Saat-Platterbse auf Millionen Hektar als Nahrungs- und Futterpflanze seit dem Altertum anstelle von Speiseerbsen intensiv angebaut.
Heute wird die Platterbse vor allem in Südeuropa, Nordafrika und Asien als formenreiche Kulturpflanze kultiviert. Ihre einjährigen und ausdauernden Unkrautformen z.B. die Knollenplatterbse (*Lathyrus tuberosus*) sind weltweit verbreitet (Wurzelknollen sind eßbar).
Einige dieser Wildformen wirken aber in größeren Futtermengen toxisch, da sie den ungenießbaren Stoff Oxalyl-Amino-Alanin enthalten (SCHUSTER 1992).

Eine typische Erbsenart des mediterranen Raumes. Sommerjährig, wärmeliebend, proteinreich, schmackhaft. Auch in Nordeuropa als Zwischenfrucht für Gründüngungs- und Futtergemenge heute interessant.

## Botanik

Cytologie: 2n = 2x = 14 Chromosomen.
Familie *Leguminosae*, Unterfamilie *Papilionatae*, Tribus *Vicieae*, Gattung *Lathyrus*. Die Art Platterbse ist somit eng mit den Linsen, Wicken und Erbsen verwandt (WAGNER 1979).
Die Art Platterbse ist sehr formenreich; zu ihren Unterarten zählen z. B.: Rauhhaarige-, Strand-, Berg-, Schwarz-, Gras-, Wiesen-, Wald-, Knollen-, Ranken- und Frühlingsplatterbse. Landwirtschaftlich wichtig sind jedoch vor allem die drei oben aufgeführten Formen.

**Pflanze:** Sommerjährig, kurz oder lang (sortenbedingt), blattreich, eiweißreich, lagernd, abfrierend. Luftstickstoffbindung mit Bakteriengruppe 4.
**Jugendentwicklung:** Zögernd, wärmeabhängig.
**Konkurrenzkraft:** Niedrig; die Platterbse soll deshalb unkrautfrei wachsen.
**Stengel:** Vierkantig, gefüllt, mit zwei schmalen typischen Flügeln, auch über 1 m hoch, verzweigt, rankend.

3.
Glatthafer
Arel 41

VERSUCH
GRÜNBRACHE
FLÄCHENSTILLEGUNG

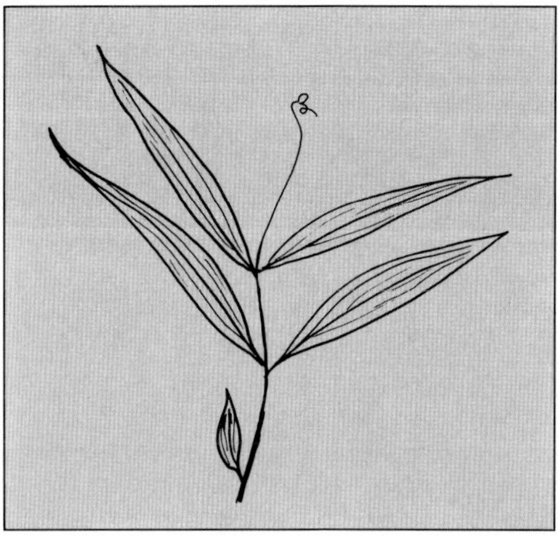

**Blätter:** Paarig gefiedert, sattgrün. Die Blattform ist länglich-lanzettlich, zugespitzt, oben zu Ranken umgebildet; die Nebenblätter sind pfeilförmig.
**Blüten:** Auffallend schön, weiß, rötlich, gelb, bläulich bei Vollblüte (Sortenunterschiede). Sie befinden sich einzeln auf langen Stielchen. Der Blühbeginn ist sortenspezifisch und saatzeitbedingt.
Überwiegend Selbstbefruchter, häufig auch Hummelbestäubung.

## Samen

Mehrsamige Hülse, kurz, doppelt geflügelt, gelbgrau, fein geadert.
**TKG:** 60 bis 120 g;
**Farbe:** Grundfarbe meistens weiß, braun oder graugrün; Hauptornamente fehlend oder vorhanden; auch grün marmoriert;
**Form:** eckig, ungleichmäßig und kantig; „beilförmig";
**Größe:** etwa 8 × 7 × 5 mm; Sortenunterschiede;
**Besonderheiten:** Nabel oval; Proteingehalt in Samen etwa 25%, Fett 2%, Kohlenhydrate 50%.

## Ansprüche

Relativ anspruchslos, wärmeliebend, für Kulturmaßnahmen aber dankbar.

### Klima
Optimal ist feuchte, wärmere Witterung, zur Körnerausreife trockener und heißer. Die Trockentoleranz und Frühfrostverträglichkeit sind insgesamt gut (RÖMER 1994).

### Boden
Mittlere, kalkreiche Böden sind sehr gut geeignet, sogar noch schwere, trockene, lockere Standorte. Zu sandige oder zu nasse Böden sind ungeeignet.
**Nährstoffbedarf:** Mittelhoch, doch hat die Platterbse ein sehr gutes Aneignungsvermögen für schwerlösliche Elemente. Die Luftstickstoffbindung für die Selbstversorgung mit Hilfe der Rhizobiumbakterien ist optimal.

### Auftreten von Krankheiten und Schädlingen
Selten, vergleichbar mit Erbsen; Fußkrankheiten, Virosen, Läuse sind möglich.

## Verwendung

### Grünfutter
Insgesamt sehr gute Eignung, da eiweißreich wie Erbse, Linse und Ackerbohne.
Der **Futterwert** ist hoch. Die Platterbse wird sehr gerne von vielen Tierarten gefressen, besonders aber in Gemengen. Die kStE und NEL sind sehr hoch (siehe Tab. 3).
**Schmackhaftigkeit** und **Verdaulichkeit** sind hoch, besonders in der Vollblüte.
**Vorsicht:** bei Reinverfütterung in hohen Mengen kann es bei den Tieren zu lähmungsähnlichen Erscheinungen (Lathyrismus) kommen!
Gemengebeispiele:

| | |
|---|---|
| – Platterbse | 15 kg |
| Zottelwicken | 10 kg |
| Buchweizen | 10 kg |
| Alexandrinerklee | 4 kg |
| Perserklee | 4 kg |
| Sonnenblumen | 1 kg |

(als Zwischenfrucht zur Grünverfütterung oder Silage)
oder

| | |
|---|---|
| – Platterbse | 10 kg |
| Inkarnatklee | 10 kg |
| Zottelwicke | 10 kg |
| Rotklee | 5 kg |
| Luzerne | 8 kg |
| Welsches Weidelgras | 5 kg |
| Deutsches Weidelgras | 5 kg |
| Johannisroggen | 10 kg |
| Wehrlose Trespe | 5 kg |
| Knaulgras | 4 kg |
| Gewürzkräuter | 1 kg |
| Phacelia | 1 kg |

(auch mehrjährig nutzbar)
(PREUSCHEN 1983)
(oder siehe bei Erdklee und Malve).

**Oben links:** Die Vielfalt unserer natürlichen Pflanzengesellschaften aus Gräsern, Kräutern und Leguminosen wie Esparsette ist auch ein Teil der Lebensqualität.

**Oben rechts:** Die sommerjährigen eiweißreichen wärmeliebenden Platterbsen sind heute auch bei uns als Zwischenfrucht interessant. (Vorne: Steinkleeblatt).

**Unten links:** Malven eignen sich gut auch als Insektenweide.

**Unten rechts:** Für Weinberge eignen sich als schützende Untersaaten neben anspruchslosen Klee- und Grasarten auch abfrierende Kreuzblütler wie Senf und Sommerrübsen.

**Weide, Heu, Silage**
Portionsweide ist möglich, doch ist die Platterbse trittempfindlich. Für Heu und Silage als Gemengenanteil aber gut einsetzbar, z. B.:

| | |
|---|---|
| – Platterbse | 15 kg |
| Sommerwicke | 14 kg |
| Buchweizen | 10 kg |
| Alexandrinerklee | 11 kg |
| Phacelia | 1 kg |

(Bayerische Futtersaatbau 1991),
(oder siehe bei Buchweizen).

**Gründüngung**
Zunehmende Bedeutung in Hausgärten oder in Weinbergen (Tab. 1), z. B.:
– Reinsaat 140 kg/ha
(z. B. kurze Sorte 'Seda-Sec')
oder Gemenge:

| | |
|---|---|
| – Platterbse | 20 kg |
| Inkarnatklee | 8 kg |
| Zottelwicke | 18 kg |
| Alexandrinerklee | 3 kg |
| Buchweizen | 15 kg |
| Sommerroggen | 15 kg |
| Phacelia | 2 kg |

(oder siehe bei Alexandrinerklee, Buchweizen, Erdklee und Inkarnatklee).

**Grünbrache**
Für Rotations-Sommerbrache sind geeignet:

| | |
|---|---|
| – Platterbse | 25 kg |
| Ölrettich | 6 kg |

oder

| | |
|---|---|
| – Platterbse | 20 kg |
| Sommerwicke | 12 kg |
| Erdklee | 5 kg |
| Alexandrinerklee | 4 kg |
| Phacelia | 2 kg |

(oder siehe bei Phacelia und Zottelwicke).

**Wildäsung**
In Gemengen empfehlenswert; die Blüten und eiweißreichen Blätter werden bis Spätherbst sehr gerne gefressen, später sogar die Stengel.

**Bienenweide**
Die Platterbse ist keine gute Trachtpflanze, da die Nektar- und Pollenmengen niedrig sind.
(Saatbeispiel siehe bei „Sonstige Nutzung").

**Sonstige Nutzung**
Als Begrünung im Wein- und Obstbau als Untersaat möglich, oder in Böschungsgemengen z. B.:

| | |
|---|---|
| – Platterbse (kurze Sorte) | 20 kg |
| Sommerwicke | 10 kg |
| Erdklee | 4 kg |
| Phacelia | 1 kg |
| Perserklee | 2 kg |
| Buchweizen | 10 kg |
| Sommerrübsen | 2 kg |

Bei einer Aussaat Mitte/Ende August (140 kg/ha) bildet 'Seda-Sec' bis zur Weinlese eine ausreichend strapazierfähige Wurzeldecke, die dann im Winter abstirbt.
(oder siehe bei Inkarnatklee und Zaunwicke).

## Saat

**Reinsaat:** 90 bis 140 kg/ha;
**Mindestqualität** (HS): K > 80%, R > 97%;
**Saattiefe:** ca. 5 cm; hypogäische Keimung;
**Reihenweite:** 20 cm; Breitsaat möglich;
**Saatgutpreis:** etwa 4,– DM/kg.

**Saatmethoden**
Als **Untersaat** sind späte Einsaaten in Mais und Sonnenblumen möglich, doch nicht ideal. Im Obstbau sind Untersaaten gut möglich.
Als **Hauptfrucht** bei uns nicht üblich, höchstens zur Grünnutzung (jedoch zu teuer).
Als **Zwischenfrucht** gute Eignung, zunehmende Bedeutung in Körnermaisanbaugebieten (Tab. 2). Limitierend wirkt jedoch der Preis.

## Ertrag

Grünertrag etwa 250 dt/ha, der Rohproteinertrag ist deshalb nur mittelhoch.

## Ökologische Bedeutung

**In der Fruchtfolge**
Die Platterbse fördert als **Vorfrucht** nur mäßig die Bodenfruchtbarkeit. In Versuchen konnten aber bei Nachbau von Weizen höhere Erträge und Qualitäten nachgewiesen werden (PREUSCHEN 1982). Nach dem Abfrieren sind die nährstoffreichen Pflanzenreste schnell verrottbar und humusfördernd.
Die **Bodenbedeckung** und **Ernterückstände** liegen unter den „Normalerbsen", die Durchwurzelung ist flacher und schwächer, doch die Krümelung (Tab. 2) trägt zur Strukturverbesserung bei. Der Stickstoffaustrag bei dieser Leguminose ist unbedeutend.
In **natürlichen Gesellschaften** sind bei uns die Wildformen der Platterbse gelegentlich zu fin-

den. Verbreitet in Laubwäldern und Feuchtbiotopen ist vor allem die ausdauernde Art *L. vernus*.

## Sortenangebot

Die Platterbse unterliegt nicht dem deutschen Saatgutverkehrsgesetz; Sortenschutz ist jedoch möglich. Im Jahre 1994 waren deshalb im Sortenregister drei Sorten eingetragen. Das Handelssaatgut wird auch importiert, darunter auch die kleinwüchsige Sorte 'Seda-Sec' für die Weinbergbegrünung.

# Serradella

Klee des Landes, Vogelfuß, Klauenschote, Klee des Sandbodens, Sandpflanze, Sandklee
serradella
*Ornithopus sativus* Brot.

## Herkunft/Vorkommen

Die Serradella ist eine unserer jüngsten Kulturpflanzen. Sie stammt von der iberischen Halbinsel, dem heutigen Portugal. Dort ist sie vermutlich aus den Wildformen *Ornithopus isthmocarpus* und *O. perpusillus* entstanden.
Die älteste deutschsprachige Notiz über Serradella stammt aus dem Jahre 1801; dort wird sie als „... ein bisher noch nicht beschriebenes Futterkraut ...“ erwähnt. Nach Deutschland kam sie über Frankreich und fand sehr schnell eine Verbreitung anstelle von Klee und Luzerne vor allem in der norddeutschen Futtererzeugung. Bekannt wurden besonders die Sorten: 'Dr. Baumann Ostsaat', 'Ostpreußisches Handelssaatgut', 'Dr. Schicks Serradella' – 'Lembkes' und 'Mecklenburger'. Als Bodenverbesserer spielte Serradella in Pommern eine große Rolle (WAGNER 1979).
Durch die Konkurrenz ertragsstärkerer Futterarten ging der Anbau ab 1950 schnell zurück. Auch der Mineraldüngereinsatz und Getreideherbizide haben sich auf die übliche Serradella-Untersaaten-Anbaumethode negativ ausgewirkt.
Heute hat sie eine gewisse Bedeutung nur noch in einigen nördlichen küstennahen Gebieten. Die verwandten wilden Serradella-Arten sind zwar als Unkraut in ganz Europa und Nordafrika verbreitet, haben aber keine landwirtschaftliche Bedeutung.

> Früher eine der wichtigsten europäischen einjährigen und einschnittigen Zwischenfrucht – Grünfutterpflanzen, vor allem auf leichteren, ärmeren, sauren Böden. Heute kaum noch bekannt, doch für den Zwischenfruchtbau und Gründüngung neuerlich sehr empfehlenswert.

## Botanik

Cytologie: 2n = 2x = 14 Chromosomen (heute existieren im Ausland auch tetraploide Sorten)
Familie *Leguminosae*, Unterfamilie *Papilionatae*, Tribus *Hedisareae*, Gattung *Ornithopus* (WAGNER 1979)

**Pflanze:** Sommerjährig, krautig aussehend, ein- bis mehrschnittig, gutes Wurzelsystem, nur bei nicht zu tiefem Schnitt nachwachsend, trockentolerant, lichtbedürftig, bis 100 cm hoch, abfrierend. Sortenunterschiede bestehen vor allem im Wuchstyp. Die Luftstickstoffbindung erfolgt wie bei den Lupinen mit der Bakteriengruppe 6; Impfung ist empfehlenswert.

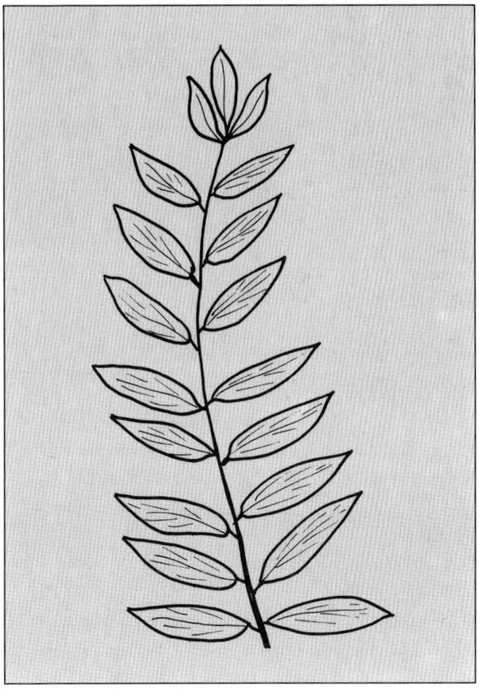

**Jugendentwicklung:** Anfangs zögernd, da zuerst das Wurzelwerk angelegt wird.
**Konkurrenzkraft:** Da lichtbedürftig, in dichten Beständen geringer.
**Stengel:** Ist eine Sproßachse, halbgefüllt, saftig, 40 bis 100 cm lang (Sortenunterschiede), weich behaart, verzweigt, nicht verholzend, lageranfällig.
**Blätter:** Gefiedert, 13- bis 27zählig. Die Einzelblättchen sind elliptisch bis länglich, Nebenblätter sehr klein.
**Blütenstand:** Ist eine endständige Dolde; die schönen, zierlichen, hellvioletten bis rosafarbigen Einzelblütchen blühen nach und nach ab. Sehr früher Selbstbefruchter; Fremdbefruchtung aber möglich.

## Samen

Die leicht quer zerbrechliche Gliederhülse ist einige cm lang und hart. Sie besteht aus mehreren Bruchteilen, die als „Samen" gehandelt werden.
**TKG:** etwa 4 bis 7 g (Bruchfrüchte), Nacktsamen 3 bis 4 g;
**Farbe:** grau-gelbbraun oder grünlich (Nacktsamen gelblich, glatt, matt), alte Samen schwarz;
**Form:** tönnchenähnlich, nur oberstes Hülsenglied besitzt eine schnabelförmige Spitze;
**Größe:** etwa 3 × 2 × 1 mm (ein Hülsenglied);
**Besonderheiten:** Oberfläche netzartig geadert, Hartschaligkeit selten. Samenerträge 4 bis 11 dt /ha.

## Ansprüche

Insgesamt niedrig; wichtig ist aber die Unkrautfreiheit.

### Klima

Feuchtes, maritimes Klima ist optimal, Staunässe ungünstig. Tau- und Nebelfeuchtigkeit werden optimal ausgenutzt, die tiefgehende Pfahlwurzel ermöglicht auch trockenere Perioden zu überbrücken. Gegen Kälte weniger empfindlich, erst nach einigen Frosttagen friert sie ab.

### Boden

Leichtere, sandigere Böden sind optimal; deshalb heißt die Serradella auch „Sandpflanze". Für einen guten Feldaufgang ist aber ausreichende Feuchte notwendig. Schwach saure, kalkarme, humosere, auch frische, tiefgründigere Standorte sind noch geeignet. Schlecht sind zu alkalische Böden.
**Nährstoffbedarf:** Trotz des guten Nährstoffaneignungsvermögens ist der Kali- und Kalkbedarf hoch. Für eine Grunddüngung ist Serradella deshalb dankbar.
Gegen Überkalkung reagiert sie aber mit Chloroseerscheinungen, gegen Bor- und Molybdänmangel mit Farbveränderungen. Die Stickstoffselbstversorgung durch die Symbiose mit Rhizobiumbakterien ist ausreichend.

### Auftreten von Krankheiten und Schädlingen

Relativ gesunde Pflanzenart; gefährlich kann heute vor allem der Stengelbrenner *(Colletotrichum trifolii)* sein, welcher sogar zum Absterben der Pflanzen führen kann. Deshalb eine Saatgutbeize durchführen und Fruchtfolgeabstand beachten (KÄMPF 1987).

## Verwendung

### Grünfutter

Ernte bis in die Vollblüte bringt die besten Qualitäten, vor allem für die Rinder. Trockensubstanzgehalt liegt zwischen 12 und 15%.
Der **Futterwert** ist sehr hoch; die Serradella verholzt nicht und ist bis in den Spätherbst „milchtreibend". Der Nettoenergielaktationswert ist vergleichbar mit Ackerbohnen und Wicken (Tab. 1 und 3).
**Schmackhaftigkeit** und **Verdaulichkeit** sind mittelhoch, vergleichbar mit Felderbsen und Buchweizen. Verdaulicher Rohproteingehalt liegt mit 16 bis 19% in der Trockenmasse hoch, die Proteinzusammensetzung ist ausgezeichnet.
Empfohlene Gemenge:

| | |
|---|---|
| – Serradella | 25 kg |
| Rotklee | 6 kg |
| Gelbklee | 10 kg |
| Schwedenklee | 4 kg |
| Phacelia | 2 kg |
| oder | |
| – Serradella | 30 kg |
| Rotklee | 4 kg |
| Weißklee | 3 kg |
| Gelbklee | 8 kg |
| Schwedenklee | 4 kg |
| Einj. Weidelgras | 12 kg |
| oder | |
| – Serradella | 20 kg |
| Gelbe Lupinen | 80 kg |
| oder | |
| – Serradella | 30 kg |
| Gelbe Lupinen | 10 kg |

| | |
|---|---|
| Phacelia | 2 kg |
| Sonnenblumen | 9 kg |
| Futtererbsen | 20 kg |
| oder | |
| – Serradella | 16 kg |
| Weißklee | 8 kg |
| als Untersaat | |
| oder | |
| – Serradella | 25 kg |
| Welsches Weidelgras | 13 kg |

(KÄMPF et al. 1985)
(oder siehe bei Gelbe Lupine, Phacelia und Weiße Lupine).

**Weide, Heu, Silage**
Eine Abweidung bereits vor der Blüte ist möglich und bis in den Spätherbst üblich. Heugewinnung ist zwar möglich, doch nicht einfach. Das Heu kann aber mit 81% Trockensubstanz und 16% Protein eine hohe Qualität haben. Silieren mit kohlenhydratreicheren Arten, wie Sonnenblume, Silomais, Rübenblatt ist empfehlenswert.

**Gründüngung**
Bei Reinsaaten und Gemengen hat die Serradella eine sehr gute Eignung. Neuerdings deshalb auch für Hausgärten empfohlen.
Gemengebeispiele:

| | |
|---|---|
| – Serradella | 15 kg |
| Gelbe Lupinen | 80 kg |
| oder | |
| – Serradella | 20 kg |
| Gelbsenf | 3 kg |
| oder | |
| – Serradella | 20 kg |
| Phacelia | 5 kg |

(oder siehe bei Ackerspörgel, Buchweizen, Gelbe Lupine, Hornklee, Ölrettich, Phacelia, Kolbenhirse, Schwedenklee und Sonnenblumen).

**Grünbrache**
Für kurze Rotationsbrache sind folgende sehr gute Gemenge empfehlenswert:

| | |
|---|---|
| – Serradella | 15 kg |
| Sommerweizen | 10 kg |
| Hafer | 20 kg |
| oder | |
| – Serradella | 40 kg |
| Somerroggen | 15 kg |
| Inkarnatklee | 5 kg |
| oder | |
| – Serradella | 20 kg |
| Blaue Lupine | 40 kg |

(KRUSE 1993)
oder

| | |
|---|---|
| – Serradella | 20 kg |
| Phacelia | 3 kg |

(KRUSE 1994)
(oder siehe bei Blaue Lupine).

**Wildäsung**
Für Hasen, Kaninchen, Rot- und Rehwild, Fasane und Rebhühner ist der Äsungswert hoch, besonders dann aber im Spätherbst (Tab. 1).
Gemengebeispiele:

| | |
|---|---|
| – Serradella | 10 kg |
| Buchweizen | 15 kg |
| Gelbe Lupine | 30 kg |
| Perserklee | 5 kg |
| oder | |
| – Serradella | 8 kg |
| Gelbklee | 3 kg |
| Weißklee | 2 kg |
| Hornklee | 3 kg |

(Bayerische Futtersaatbau 1991)
oder als Spätuntersaat unter Getreide, Mais, Ackerbohnen
oder
– anteilig in „Wildäckermischung"
(APPEL 1991)
(oder siehe bei Blaue Lupine).

**Bienenweide**
Wegen des Pollen- und Nektarmangels ist Serradella keine besonders gute Trachtpflanze. Deshalb wird sie nur selten empfohlen.
Gemengebeispiel:

| | |
|---|---|
| – Serradella | 10 kg |
| Buchweizen | 15 kg |
| Perserklee | 4 kg |
| Phacelia | 3 kg |

**Sonstige Nutzung**
Im Weinbau als Gründüngungspflanze gut möglich.
Gemengebeispiel:

| | |
|---|---|
| – Serradella | 15 kg |
| Hornklee | 5 kg |
| Erdklee | 5 kg |
| Aufrechte Trespe | 5 kg |
| Knaulgras | 3 kg |

Für besonders trockene Lagen und vielfältige Nutzung wird angeboten:

| | |
|---|---|
| – Serradella | 8 kg |
| Hornklee | 3 kg |
| Gelbklee | 3 kg |
| Weißklee | 2 kg |

(Bayerische Futtersaatbau 1994)

## Saat

**Reinsaat:** 25 bis 50 kg/ha;
**Mindestqualität** (HS): K > 82%, R > 94%;
**Saattiefe:** 2 bis 3 cm;
**Reihenweite:** 15 bis 25 cm;
**Breitsaat:** möglich;
**Saatgutpreis:** etwa 5,– DM/kg.

**Saatmethoden**
**Untersaat** war früher üblich. Die Deckfrucht darf jedoch nicht zu dicht stehen und muß früh geerntet werden (z.B. Winterroggen).
Als **Hauptfrucht** anteilig in Gemengen möglich; Reinsaaten selten.
Als **Zwischenfrucht** ab Juli/August gut machbar; die Herbstniederschläge werden dann sehr gut ausgenutzt und verwertet (Tab. 2). Die Ernte ist auch noch im November möglich.
Einsaat Ende Juni in Winterrogen wird ebenfalls empfohlen (Saatzucht Trebatsch 1991).

## Ertrag

Grünertrag beim Zwischenfruchtanbau liegt bei etwa 150 bis 280 dt/ha, mit etwa 10% Trockenmasse, darunter 4,4 dt verdauliches Rohprotein.

## Ökologische Bedeutung

**In der Fruchtfolge**
Serradella ist gut verträglich und kann deshalb auch für kleereiche Fruchtfolgen empfohlen werden. Als stickstoffsammelnde garefördernde **Vorfrucht** ist sie besonders für Kartoffeln geeignet; als Nachfrucht hat sie keine besonderen Ansprüche (Tab. 2).
Die **Bodenbedeckung** ist nur mäßig, ebenso die **Ernterückstände** (etwa 8 dt/ha Trockenmasse). Doch ist die Bodendurchwurzelung und Krümelwirkung durch die feinen, zahlreichen, auch tiefergehenden Würzelchen ausgezeichnet. Die Pfahlwurzel ist spindelförmig und bohrt sich auch tiefer unter die Pflugsohle. Der Pflegeaufwand der Feldbestände ist minimal.
Die Nitratbindung ist relativ gut.
Die Selbstausbreitung der Kultursorten ist unüblich, jedoch sind die Serradella-Wildverwandten heute überall in Europa in **natürlichen Gesellschaften** verbreitet.

## Sortenangebot

Serradella unterliegt nicht dem deutschen Saatgutverkehrsgesetz, wohl aber dem Sortenschutz. Das Import-„Handelssaatgut“ stammt meistens aus Polen, Ungarn, Frankreich und Portugal.
Keine EG-Sorten im Jahre 1992 eingetragen.

# Zaunwicke

Zaun-Wicke, Unkrautwicke
bush vetch, hedge vetch
*Vicia sepium* L.
(nicht *Vicia cracca*, Vogelwicke)

## Herkunft/Vorkommen

Eine uralte Leguminosenart der „Alten Welt“, überall in Europa vorkommend. Ihr Verbreitungsgebiet reicht heute bis Westsibirien und Asien, sogar in Höhenlagen bis 2000 m NN kommt sie in natürlichen Gesellschaften vor. In Deutschland wurde die Zaunwicke öfters als Futterbegleitpflanze in Gemengen gezielt genutzt. Durch die niedrigeren Erträge und sehr schwierige Samenvermehrung war und ist sie den übrigen Futterleguminosen unterlegen.
Sie ist aber im deutschen „Artenverzeichnis zum Sortenschutz“ eingetragen (Bundessortenamt 1993).

Auf natürlichem, feuchtem Grünland, besonders auf Wiesen, gerne gesehene, saftige, winterharte, mineralstoffreiche Wickenart. Im Intensivfutterbau anteilig interessant.

## Botanik

Cytologie: 2n = 2x = 12(14) Chromosomen
Familie *Leguminosae*, Gattung *Vicia*, sehr ähnlich der Vogel-, Zwerg-, Wander- und Schmalblättrigen Wicke. Verwandt auch mit den *Vicia*-Arten *ervilia, faba, narbonensis, pannonica, sativa, villosa*.

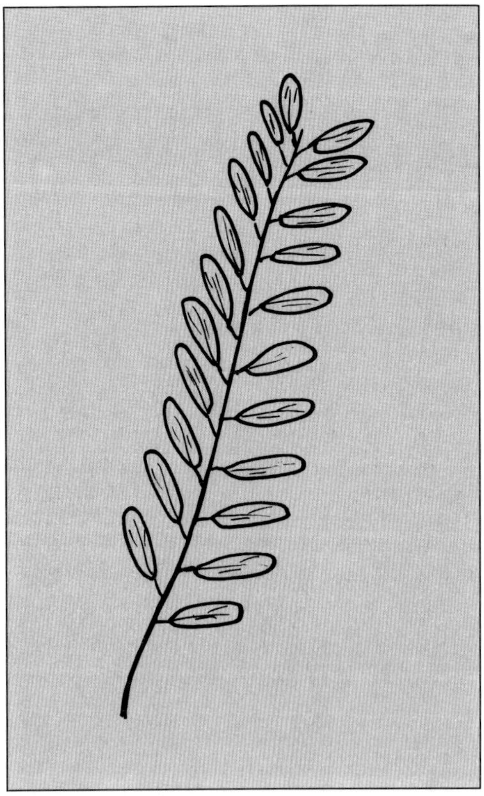

**Pflanze:** Niedrig, rankend, ausdauernd, nachtreibend. Gute Selbstversorgung mit Luftstickstoff, Wickenbakteriengruppe 4.
**Jugendentwicklung:** Langsam.
**Konkurrenzkraft:** Gut; sehr gute Kombinationseignung mit Gräsern und Kräutern.
**Stengel:** 30 bis 60 cm hoch, rankend, kahl, oder auch behaart.
**Blätter:** 5 bis 18paarige Fiederblättchen, oben oft mit geteilter Ranke. Einzelblättchen eiförmig, gewimpert, stachelspitzig, weichbehaart.
**Blüten:** Rotviolett oder gelblich; sie befinden sich in meist vierblütigen kurzen Trauben. Blütezeit Mai bis August. Insektenbefruchtung vorherrschend.

## Samen

Die Hülse ist kurz, meistens behaart, schwärzlich, leichtplatzend, mehrsamig.
**TKG:** 5 g;
**Farbe:** gelblich-braun, oder rot-braun, schwarz, manchmal gefleckt; glatt;
**Form:** kugelig bis unregelmäßig;
**Größe:** Durchmesser etwa 3 mm;
**Besonderheiten:** Nabel sehr lang, heller.

## Ansprüche

Insgesamt niedrig, doch für Leguminosen-Kulturmaßnahmen dankbar.

**Klima**
Wärmere, mäßig feuchte Witterung ist optimal.

**Boden**
Niedrige Ansprüche, anpassungsfähig, doch gute nährstoffreiche, auch frische Lagen werden bevorzugt.

**Nährstoffbedarf:** niedrig; Luftstickstoffbindung mäßig.

**Auftreten von Krankheiten und Schädlingen**
Seltener; den Saatwicken ähnlich.

## Verwendung

**Grünfutter**
Die Zaunwicke trägt bemerkenswert zur Futterqualitätsverbesserung bei. Sie besitzt besonders saftige Blätter und einen hohen Kalzium- und Magnesiumgehalt. Sie ist wertvoller als die Vogelwicke und enthält fast keine Bitterstoffe.
**Futterwert:** ist mit Note 6 (von 9 möglichen) mittelhoch, vergleichbar mit Schwedenklee (exakte Werte in der Tab. 3).
**Schmackhaftigkeit** und **Verdaulichkeit:** sind hoch; Proteingehalt liegt bei 25%, Verdaulichkeit bei 80%.
**Empfohlene Gemenge:** In kleinen Anteilen zu allen Wickengemengen und mehrjährigen Leguminosenmischungen seit langem empfohlen:
Gemengebeispiel:

| | |
|---|---|
| – Zaunwicke | 2 kg |
| Wundklee | 1 kg |
| Luzerne | 5 kg |
| Gelbklee | 3 kg |
| Hornklee | 5 kg |
| Deutsches Weidelgras | 5 kg |
| Rotschwingel | 3 kg |
| Rotklee | 3 kg |

(mehrjähriges Gemenge, auch als Bienenweide empfehlenswert)
(oder siehe bei Esparsette).

**Wiesen, Heu, Silage**
Einsaaten mit 2 kg/ha in diese Nutzungssysteme lohnend (Tab. 1). Saatbeispiele siehe bei Schwedenklee.

**Gründüngung und Grünbrache**

Anteilig für viele mehrjährige Ansaatgemengen empfehlenswert; z. B.:

| | |
|---|---|
| – Zaunwicke | 2 kg |
| Gelbklee | 4 kg |
| Schwedenklee | 5 kg |
| Welsches Weidelgras | 10 kg |
| Wiesenschwingel | 4 kg |
| Welsches Weidelgras | 5 kg |
| Kräuter | 2 kg |

(oder siehe bei Esparsette).

**Wildäsung**

Da schmackhaft, eiweißreich, standorttreu, vom Reh- und Rotwild, Hasen, Kaninchen, Rebhühner, Fasanen und Muffelwild sehr gerne aufgesucht. In krautreichen Wäldern kommt sie in natürlichen Gesellschaften oft vor und wird gerne gefressen.

Gemengebeispiel:

| | |
|---|---|
| – Zaunwicke | 2 kg |
| Dauerlupine | 20 kg |
| Hornklee | 5 kg |
| Schwedenklee | 4 kg |
| Deutsches Weidelgras | 4 kg |
| Wundklee | 2 kg |
| Wiesenschwingel | 4 kg |

(oder siehe bei Esparsette und Wundklee)

**Auch Abraumhalden, Aushuberde, Straßenränder und Rohböden sind ein lebenswichtiger Raum für natürliche Pfanzengesellschaften mit anspruchsloseren Arten, wie Zaunwicken, Gelbklee, Quecke, Kräuter, Wundklee, Malven, Hornklee.**

**Bienen- und Ameisenweide**

Als Insektenbestäuber sehr gut geeignet; doch sind die Kronblätter fest verschlossen, so daß sie nur von den Hummeln geöffnet werden können. Wegen der zahlreichen zuckerähnlichen Blattausscheidungen (Nektarien, die als Assimilationsüberschüsse entstehen) ist sie eine sehr gute „Ameisenweide".

Gemengebeispiel:

| | |
|---|---|
| – Zaunwicke | 2 kg |
| Gelbklee | 2 kg |
| Esparsette | 15 kg |
| Buchweizen | 3 kg |
| Futtermöhre | 1 kg |
| Malve | 0,5 kg |
| Hornklee | 2 kg |
| Luzerne | 2 kg |
| Winterraps (00*) | 2 kg |

(auch als Wildäsung empfehlenswert)

(Anmerkung: 00 bedeutet erucasäure- und glukosinolatarmut, also hohe Speise- und Futterqualität).

**Sonstige Nutzung**

Ergänzt artenreiche Blumenwiesen hervorragend, sogar für Wein- und Obstbau ist sie bestens geeignet:

| | |
|---|---|
| – Zaunwicke | 2 kg |
| Hornklee | 5 kg |
| Platterbse | 18 kg |

## Saat

**Reinsaat:** 15 kg/ha; nicht üblich;
**Saattiefe:** 1 bis 2 cm;
**Reihenweite:** 20 cm;
**Breitsaat:** möglich;
**Saatgutpreis:** auf Anfrage; teuer.

**Saatmethoden**

Als Mischungspartner für **Untersaat** und **Zwischenfrucht** gut möglich.

Als **Hauptsaat** in Gemengen anteilig üblich (Tab. 2).

## Ertrag

Insgesamt unter dem der Saatwicken, doch der Rohproteinertrag ist relativ hoch; die Qualität ausgezeichnet.

## Ökologische Bedeutung

**In der Fruchtfolge**
Die Zaunwicke ist eine gut kombinierende, wüchsige, bodendeckende und strukturverbessernde ergänzende **Begleitart**. Der **Selbstversorgungsgrad** mit Luftstickstoff ist bei dieser Leguminose sehr hoch. Wichtig ist auch, daß die Rhizobiumbakterien durch sie überall, wo sie wächst, aufgefrischt und erhalten werden.
Wegen der leicht platzenden Hülsen ist die **Selbstverbreitung** sehr gut möglich; in **natürlichen Gesellschaften** bei uns ist die Zaunwicke sehr häufig zu finden; auch an Feld- und Waldrändern, auf frischen Wiesen und Mähweiden (Tab. 2).
Die **Ernterückstände** liegen umgerechnet bei nur 8 dt Trockenmasse pro ha.

## Sortenangebot

Keine deutsche oder EG-Sorte im Jahre 1994 zugelassen bzw. geschützt. Da die Vermehrung sehr schwierig ist, ist das Handelssaatgut nicht immer erhältlich.

# Zottelwicke

Winterwicke, Sand-Wicke,
winter vetch, fodder vetch, hairy vetch
(nicht Pannonische oder Ungarische Wicke)
*Vicia villosa* Roth

## Herkunft/Vorkommen

Abstammungsgebiet dieser wertvollen Futterleguminose ist Vorder- und Westasien; dort kommt sie noch heute als Getreideunkraut wild vor. Sie zählt zu den sekundären Kulturarten, da sie als Unkraut nach Nordeuropa eingeschleppt, erst dort ausgelesen (sogenannte „Trieurwicken") und anschließend kultiviert und gezüchtet wurde.
In Deutschland fand sie erst ab dem 19. Jahrhundert als Winterzwischenfrucht vor allem in der Grünfuttermischung „Landsberger Gemenge" eine Verbreitung. Bekannt wurden vor allem die Sorten 'Ostsaat', 'Erbstorfer' und 'Poppelsdorfer'. Heute wird die Zottelwicke vor allem in Europa und im Mittelmeergebiet, aber auch in Asien angebaut.

Besonders wertvolle Zwischenfruchtpflanze mit hervorragenden Grünfuttereigenschaften; auch für Gründüngung und Bodenfruchtbarkeit ausgezeichnet. Weltbekannt wurde sie als Bestandteil des winterjährigen 'Landsberger Gemenges'.

## Botanik

Cytologie: 2n = 2x = 14 Chromosomen.
Familie *Leguminosae*, Gattung *Vicia*. Überwiegend im Winteranbau rein (selten) oder in Gemengen nutzbar. Anspruchsloser als die Saatwicke.

**Pflanze:** Zottig behaart, wüchsig, einschnittig, dürretolerant. Sie ist winterjährig, braucht also einen Vernalisationsreiz. Doch auch bei Frühjahrssaat kommt sie zu einer späten, aber spärlichen Blüte. Nach der ersten Samenbildung stirbt die Pflanze ab. Sie ist 1 bis 1,5 m lang, lagernd, rankend, anpassungsfähig und anspruchslos. Stickstoffbindung mit Bakteriengruppe 4. Es gibt auch nichtbehaarte, sogenannte „Kahlwicken"-Sorten.
**Jugendentwicklung:** Bei Saat im frühen Herbst sehr gut, sonst eher langsam wachsend.
**Konkurrenzkraft:** Mittelhoch, später kann sie unterdrücken.

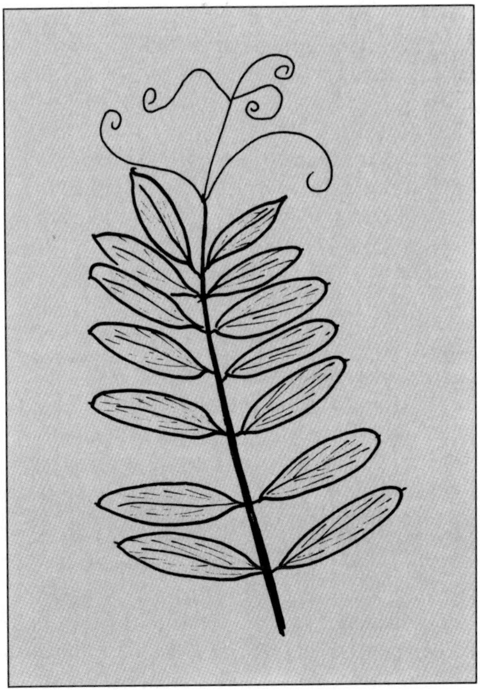

**Stengel:** Meistens behaart, verästelt, zart, dünnrankend, lagernd (weniger im Bestand).
**Blätter:** 8 bis 10paarig gefiederte Blättchen, die obersten sind zu Ranken umgebildet. Die Einzelblättchen sind länglich bis lanzettlich und kurz zugespitzt.
**Blüten:** Auf längeren Stielchen aus vielen Einzelblütchen bestehend. Farbe violett, weißlich, auch rotviolett. Die deutschen Sorten blühen meistens violett, seltener weiß. Insektenbefruchtung ist vorherrschend.

## Samen

Die bräunliche, mehrsamige Hülse ist kurz, kahl und zugespitzt.
**TKG:** 20 bis 40 g;
**Farbe:** mattschwarz, dunkelbraun, manchmal braun oder schwarz ornamentiert;
**Form:** kugelig, manchmal unregelmäßig;
**Größe:** Durchmesser etwa 3 bis 4 mm;
**Besonderheiten:** Nabel hell, strichförmig; Hartschaligkeit kommt vor.

## Ansprüche

Insgesamt gering, auch Pflegemaßnahmen sind minimal.

**Klima**
Die Zottelwicke verträgt gut die Winterkälte, besonders aber in Saatgutmischungen. Unsere Sorten haben eine mittlere Auswinterungsneigung, deshalb möglichst Frühherbstsaat wählen.
Warmer, feuchterer Herbst und trockener Frühling sind optimal. Zuviel Feuchtigkeit im Sommer bedeutet viel Grünmasse und weniger Hülsen. Wasser-Transpirationskoeffizient ist mit 4701 $H_2O$ pro kg Trockenmasse dem Getreide ähnlich.

**Boden**
Optimal sind neutrale, lehmige, mittlere, kalkhaltige Standorte. Aber auch auf trockeneren, sogar sandigen Böden mit Ackerzahlen um 30 gedeiht sie, vorausgesetzt, das Wasserangebot stimmt.

**Nährstoffbedarf:** Für schwerlösliche Nährstoffe wie Phosphor und Kalium besteht ein sehr gutes Aufnahmevermögen. Doch die Grunddüngung soll deshalb nicht vernachlässigt werden, ebenso die Kalkung saurer Böden. Optimal ist ein pH-Wert von 6,5. Zu hohes Stickstoffangebot führt zu starkem vegetativem Wachstum. Luftstickstoff wird durch die Rhizobium-Bakterien sehr gut gebunden und ausgenutzt.

**Auftreten von Krankheiten und Schädlingen**
Recht selten, Erbsen und Wicken ähnlich; schwerwiegender können pilzliche Fußkrankheiten sein.

## Verwendung

**Grünfutter**
Gute Futter- und sehr gute Eiweißleistung; Stützpflanzen in den Gemengen sind vorteilhaft. Eine Reinverfütterung ist aus ernährungsphysiologischen Gründen nicht zu empfehlen.
Der **Futterwert** ist hoch; es bestehen gewisse Sortenunterschiede in der Anfangsmassenbildung, der Gesamttrockenmasse und im Rohproteinertrag (Beschreibende Sortenliste 1994).
KStE sind gut, NEL ist niedriger (Tab. 3).
**Schmackhaftigkeit** im Stadium Knospenbildung ist hoch, die **Verdaulichkeit** der organischen Substanz und des Rohproteins sind nur mäßig.

**Empfohlenes Gemenge:**
Weltbekannt wurde die Zottelwicke als Bestandteil des „Landsberger Gemenges" (mit Herbstsaat und einer Grünfutterernte etwa im Mai). Doch wird das Gemenge heute in recht verschiedenen Mengenverhältnissen angeboten. Z. B.:

| | |
|---|---|
| – Zottelwicke | 21 kg |
| Welsches Weidelgras | 28 kg |
| Inkarnatklee | 21 kg |
| (Schoell 1993) | |
| oder | |
| – Zottelwicke | 20 kg |
| Welsches Weidelgras | 30 kg |
| Inkarnatklee | 10 kg |
| (Oehmichen 1986) | |
| oder | |
| – Zottelwicke | 20 kg |
| Welsches Weidelgras | 30 kg |
| Inkarnatklee | 10 kg |
| (DSV 1993) | |
| Bewährt haben sich auch: | |
| – Zottelwicke | 20 kg |
| Winterroggen | 100 kg |
| („Wickroggen") | |
| oder | |
| – Zottelwicke | 40 kg |
| Welsches Weidelgras | 20 kg |

(„Wickgras“, ZERNIKOW 1991)
(besonders für Feuchtlagen geeignet)
oder

| | |
|---|---|
| – Zottelwicke | 40 kg |
| Welsches Weidelgras | 25 kg |
| Winterraps(-rübsen) | 10 kg |

oder

| | |
|---|---|
| – Zottelwicke | 40 kg |
| Winterraps | 12 kg |
| Bastardweidelgras | 25 kg |

(„Golzower Gemisch“)
oder

| | |
|---|---|
| – Zottelwicke | 70 kg |
| Winterweizen | 130 kg |

(ZERNIKOW 1992)
oder

| | |
|---|---|
| – Zottelwicke | 40 kg |
| Winterrübsen | 12 kg |
| Knaulgras | 12 kg |

(„Thyrower Gemisch“)
Die beiden letzten sind als Gründüngung ebenfalls sehr gut geeignet.
(oder siehe bei Inkarnatklee und Platterbse).

**Weide, Heu, Silage**
Weide- und Heunutzung selten (zu sperrig); als Silagebestandteil dagegen geeignet, z. B.:

| | |
|---|---|
| – Zottelwicke | 10 kg |
| Winterroggen | 120 kg |

oder

| | |
|---|---|
| – Zottelwicke | 60 kg |
| Welsches Weidelgras | 25 kg |

(Bemerkung: Für die Silierung ist ein Trockensubstanzgehalt von mindestens 35% und ein Siliermittelzusatz vorteilhaft.)

**Gründüngung**

| | |
|---|---|
| – Zottelwicken | 40 kg |
| Winterrübsen | 10 kg |
| Welsches Weidelgras | 10 kg |

oder

| | |
|---|---|
| – Zottelwicke | 30 kg |
| Inkarnatklee | 15 kg |

(Anmerkung: Bereits vor 50 Jahren in Norddeutschland als Düngungsvorfrucht vor Kartoffeln speziell empfohlen)
(oder siehe bei Inkarnatklee, Markstammkohl, Platterbse und Abschnitt Grünfutter).

**Grünbrache**
Seltener empfohlen, doch anteilig empfehlenswert, z. B.:

| | |
|---|---|
| – Zottelwicke | 15 kg |
| Platterbse | 10 kg |
| Inkarnatklee | 5 kg |
| Welsches Weidelgras | 7 kg |
| Winterroggen | 15 kg |
| Phacelia | 2 kg |

(oder siehe bei Gelbklee, Hornklee und Inkarnatklee).

**Wildäsung**
Äsungswert ist gut (Tab. 1).
Gemengebeispiele:

| | |
|---|---|
| – Zottelwicke | 5 kg |
| Sonnenblumen | 10 kg |
| Wintergerste | 17 kg |
| Ölrettich | 2 kg |
| Winterraps | 4 kg |
| Sommerraps | 1 kg |
| Winterrübsen | 4 kg |
| Herbstrüben | 0,5 kg |
| Senf | 2 kg |
| Perserklee | 3 kg |
| Möhre | 1,5 kg |

(SCHOELL 1992)
sogenannte „Notzeitbrücke“ für die Wintermonate.
oder

| | |
|---|---|
| – Zottelwicke | 40 kg |
| Winterroggen | 100 kg |

(EGGELING 1991)
für Schalenwild und Hasen; leichte bis mittelschwere Böden
oder

| | |
|---|---|
| – Zottelwicke | 20 kg |
| Saubohne (Pferdebohne) | 40 kg |
| Gelbe Lupine | 40 kg |

(EGGELING 1991)
für Schalenwild und Fasan; Aussaat: Mai/Juni
(oder siehe bei Blaue Lupine, Buchweizen, Esparsette, Markstammkohl, Inkarnatklee und Sonnenblume).

**Bienenweide**
Erstaunlicherweise ist die überwiegend fremdbefruchtende Wicke wenig als Insektenweide bei den Imkern bekannt. Wahrscheinlich hängt dies mit dem üblichen Frühschnitt zur Grünfutternutzung zusammen. Doch ist sie als Gemengeanteil sehr empfehlenswert. Pollen und Nektar haben eine gute Qualität, vor allem als Sommertracht im Juni und Juli (MÜLLER 1992).

**Sonstige Nutzung**
Als Erosionsschutzpflanze gut geeignet, z. B.:
– Reinsaat 90 kg/ha
im Obst- und Weinbau als Untersaat möglich
(siehe auch bei Inkarnatklee).

## Saat

**Reinsaat:** 80 bis 140 kg (etwa 80 Körner pro $m^2$);
**Mindestqualität:** K > 85%, R > 98%;
**Saattiefe:** 2 bis 5 cm; hypogäische Keimung;
**Reihenweite:** 15 bis 25 cm;
**Saatgutpreis:** 5,– bis 8,– DM/kg.

**Saatmethoden**
Als **Untersaat** unter Winterroggen oder -weizen; die Hauptnutzung erfolgt nach dem Winter (Tab. 2).
Als **Hauptfrucht** mit Frühjahrssaat z. B. mit Sommerroggen bedingt möglich.
Als **Winterzwischenfrucht** (Begrünung) mit Saat im September empfehlenswert (es sind auch 25 kg/ha ausreichend). Natürlich in den meisten genannten Gemengen.

## Ertrag

Der Grünertrag im Winterzwischenfruchtanbau liegt umgerechnet bei etwa 200 bis 300 dt/ha (etwa 30 dt Trockenmasse mit einem sehr hohen Rohproteinanteil). „Landsberger Gemenge" liefert bis 75 dt/ha Trockenmasse, „Wickgras" etwa 46 dt/ha.

## Ökologische Bedeutung

**In der Fruchtfolge**
Die Zottelwicke fördert wesentlich die Bodenfruchtbarkeit, besonders durch die lange Winterbedeckung, guten mechanischen Bodenaufschluß und die Stickstoffsammlung. Sie soll aber möglichst im Frühherbst gesät werden. Deshalb sind frühräumende Vorfrüchte wie Raps, Wintergerste, Roggen, Frühkartoffeln und Futtergemenge vorteilhaft. Obwohl sie einen höheren Wasserverbrauch hat, ist sie als **Vorfrucht** für Futterrüben, Mais, Sonnenblumen und Gemüse sehr gut geeignet (Tab. 2).
Sie gilt in Getreidefruchtfolgen als Gesundungsfrucht und Strukturverbesserer. Die **Bodenbedeckung** und Bildung einer schützenden Erosionsdecke ist sehr hoch.
Die **Ernterückstände** liegen bei 14 dt/ha Trockenmasse, davon 10 dt Wurzeln. Das **Wurzelsystem** ist besser als bei der Sommerwicke entwickelt, nämlich tiefergehend und leistungsfähiger. Die Zottelwicke ist ein guter Wurzelbildner auch in trockeneren Lagen. Der Pflegeaufwand der Feldbestände ist niedrig. **Selbstausbreitung** ist gut möglich; sie kommt überall in Deutschland in Getreidefeldern und auf Wiesen in **natürlichen Gesellschaften** vor. So ist sie auch als Insektenweide und Rhizobiumbakterienerhalter zusätzlich nützlich.

## Sortenangebot

Fünf zugelassene (alle ohne Sortenschutz) und eine geschützte Sorte sind in der Beschreibenden Liste 1994 aufgeführt. Sie unterscheiden sich im Winterzwischenfruchtanbau durch die Wuchshöhe, Grünmassebildung und den Rohproteinertrag. Im EG-Sortenkatalog waren 1992 neun Sorten aufgeführt.
Die Vermehrungsflächen in Deutschland sind mit 145 ha (1994) relativ hoch; das Saatgut wird aber auch importiert.

# Futterkohl/Markstammkohl

Viehfutterkohl, Winterkohl
common cale, marrowstem cale, fodder cale
*Brassica oleracea* L. conv. *acephala* (D.C.) Alef. var. *medullosa* Thell.
(var. *viridis* = Blattkohl)

## Herkunft/Vorkommen

Eine alte Kulturpflanze aus der artenreichen „Brassica-formen-Gruppe". Aufgrund der hohen Kreuzungsfreudigkeit dieser Arten ist die genaue Abstammung unseres Futterkohls nicht eindeutig geklärt, wahrscheinlich handelte es sich bei den Kreuzungseltern um einen Winterblattkohl und einer Kohlrabenart, da der Futterkohl auch morphologisch zwischen diesen beiden Formen steht. Nach Europa kamen die Kohlsamen aber auch von der Insel Kreta.
Erfolgreich angebaut wird der Kohl in Deutschland seit mehreren hundert Jahren; es waren aber zuerst die Formen 'Kuhkohl' und 'Dickstrunk', die später durch den englischen Futterkohl teilweise verdrängt wurden.
Unter dem Sammelbegriff „Futterkohl" versteht man heute deshalb neben dem „echten" Markstammkohl auch die blattreicheren Blattkohl- und die stengelreicheren Stammkohlsorten (LESAK 1986). Alle diese Formen werden

ausschließlich in der vegetativen Phase als Grünfutter genutzt.
Die große ökologische Streubreite ermöglicht heute den Futterkohlanbau überall in Europa und sogar auch in den kühleren tropischen Höhenlagen (ROEMER et al. 1988).

Eine der wertvollsten und leistungsfähigsten Kruziferen als eiweiß- und vitaminreiches Grünfutter vor allem zur Milchviehfütterung. Auch als Zwischenfrucht, Silage und Wildäsung hervorragend.

## Botanik

Cytologie: 2n = 2x = 18 Chromosomen (auch 2n = 4x bekannt)
(Bemerkung: *Brassica* = röm. Kohl, *oleraceus* = als Gemüse verwendbar, *acephalus* = griech. kopflos, *medullosus* = mit Mark versehen; GEISLER 1991).
Alle fünf deutsche Sorten (1994) sind z.Z. diploid, obwohl die Polyploidisierung leicht ist.
Familie *Brassicaceae*, Kreuzblütler; hierher gehören auch Raps, Rübsen, Herbstrüben, Kohlrüben und andere Gemüsekohlarten. Zu der engeren Convarietät *acephala* gehören neben Markstammkohl auch Grünkohl, Blätterkohl und Kohlrabi. Über neue Kreuzungen „Raphanobrassica" siehe beim Ölrettich.

**Pflanze:** Zweijährig (nur selten einjährig). Im ersten Jahr wird das vegetative System entwickelt, wobei die Sproßachsen eine wichtige Rolle spielen, im zweiten dann die Samen. Die Pflanze ist 1 bis 2 m hoch (Sorten- und Anbaueinfluß).
**Stengel-Blatt-Verhältnis:** Ist sortenunterschiedlich, bei den Kombinationstypen etwa 50% : 50% (RENIUS, LÜTKE-ENTRUP 1992). Da die Blätter eiweißreich sind, haben die blattreicheren Formen insgesamt einen höheren Futterwert. Die Stengeltypen haben dickere Stengel (4–15 cm) und einen Blattanteil von 30% bis 35%, die Blattypen sind dünner mit einem Blattanteil bis 70%.
Der Markstammkohl ist frostfest. Interessant ist, daß bereits die Jungpflanzen kältetolerant sind. Die Stecklinge vertragen eine Umpflanzung gut; gerade deshalb ist der Zweitfruchtanbau mit vorgezogenen Pflanzen gut möglich. Die Farbe unserer Sorten ist graugrün, die Neigung zum Blattabwurf etwa gleich.

Dank der riesigen assimilierenden Blattfläche ist der Markstammkohl in der Lage, in kürzester Zeit Höchstleistungen an Grün- und Eiweißmengen zu bilden

**Jugendentwicklung:** Schwächer bis mittelgut, Massenbildung sehr gut.
**Konkurrenzkraft:** Hoch, in Gemengen niedriger.
**Stengel:** Markgefüllt (= medullosus), da er als Reservoir für die generative Phase vorprogrammiert ist; die Strunkdicke ist sortenunterschiedlich von 2 bis 15 cm. Er ist aufrecht, stand- und frostfest. Auch die Verdaulichkeit der Stengel bei der Verfütterung ist hoch.
**Blätter:** Zahlreich, sortenunterschiedlich groß, wechselständig, graugrün, später von unten abfallend.
**Blüte:** Typische Kreuzblütlerblüte; zitronengelb, zahlreich, langblühend, überwiegend fremdbefruchtend.

## Samen

Die Schoten (in der Mitte ist eine Scheidewand) sind mehrere cm lang und mehrsamig.
**TKG:** 2,0 bis 4,5 g;
**Farbe:** bläulich, schwarz, braun, rotbraun, gelbbraun; glatt und matt;
**Form:** rund bis eiförmig, kugelig bis oval;
**Größe:** 1 bis 2,5 mm Durchmesser (Pillensaatgut ist natürlich größer und schwerer).

## Ansprüche

Insgesamt anspruchsvoll, aber relativ pflegeleicht. Für „Hacke" dankbar.

**Klima**
Luftfeuchtes, mildes Herbstklima der Küstengebiete und des Mittelgebirges ist zuwachsfördernd. Rauhe, trockene Lagen sind ungünstig.

**Boden**
Hohe Ansprüche; kalkhaltige, nährstoffreiche, milde und humusreiche Böden in hohem Kulturzustand sind gut geeignet. Zu saure, arme, naßkalte Standorte dagegen ungünstig.
Das Saatbett soll sauber und fein sein, schon wegen der Samenkleinkörnigkeit (Feldaufgang).

**Nährstoffbedarf:** Markstammkohl ist ein starker „Nährstoffzehrer“, deshalb bekommt ihm verrotteter Stallmist oder Jauche und Gülle sehr gut. Die Nährstoffverwertung ist sehr hoch, 1 kg Stickstoff „erzeugt“ fast 10 kg Trockenmasse und 0,9 kg Rohprotein.
Nährstoffentzug pro 100 dt Grünmasse:
70 kg N/20 kg $P_2O_5$/80 kg $K_2O$/40 kg CaO/12 kg MgO (Faustzahlen 1988)

**Auftreten von Krankheiten und Schädlingen**
Häufiger sind: Kohlerdflöhe, Schmetterlingsraupen, Kohlrübenblattwespe, Mehlige Kohlblattlaus und Kohlfliegen.
Von den Krankheiten sind Pilze wie Kohlhernie (Verursacher: *Plasmodiophora brassicae*), *Phoma* und Naßfäule häufiger.

## Verwendung

**Grünfutter**
Der Futterkohl ist als Herbst- und Winterfrischfutter sehr hoch zu bewerten; besonders aber für die Milchkühe. Doch **Vorsicht:** zu hohe und dauerhafte Gaben können zu einer Störung des Jodhaushaltes der Schilddrüse führen.
Die Gesamtgrünmasse, Trockenmasse und Proteinertrag sind bei den „Stengelsorten“ höher, Proteingehalt und -qualität wiederum bei den „Blattypen“ besser (BSA 1993). Die umsetzbare Energie (MJ) ist sehr hoch, die kStE und NEL ebenfalls (Tab. 3).

**Der Futterwert** ist sehr hoch, besonders bei den blattreicheren Sorten. Kohl gilt bekanntlich als stark ‘milchtreibend’ und ist ein Spitzenlieferant von Eiweiß, Stärke und Karotin.
Nach der Pflanzenernte und bei frostsicherer Aufbewahrung behalten die Pflanzen lange ihren vollen Futterwert. Das Eiweiß-Stärke-Verhältnis der Pflanzen liegt bei 1:5; Proteingehalt bei 18%, Trockensubstanzgehalt bei 13%.

**Schmackhaftigkeit** und **Verdaulichkeit** mit Note 7 (von 9 möglichen) ist sehr hoch; durch den Grünmassezuwachs auch im Spätherbst einwandfrei. Die Verholzung der Stengel ist sortenunterschiedlich (siehe hierzu auch die Futterwerttabelle 3).
Interessant: Auch tiefgefrorene Pflanzen können noch nach dem Auftauen mit bis zu 10 kg pro Tag verfüttert werden!
Futterration für Milchkühe z.B.:

| | |
|---|---|
| – Markstammkohl | 20 kg |
| Weidelgrassilage | 20 kg |
| Hafer/Gerste | 5 kg |
| Kraftfutter | 2,5 kg |

(für hohe Milchleistung; Renius et. al. 1992)

**Empfohlene Saatmenge:**
bis 3 kg/ha für Reinsaat (danach Vereinzelung)

**Silage**
Da der Wassergehalt sehr hoch liegt, ist es günstiger, für die Wiederkäuer eine Mischung (1:3) mit Silomais herzustellen. Die Siliereigenschaften sind – auch ohne Siliermittel – in gehäckseltem Zustand gut. Früher hat man Silage speziell mit Kartoffeln für die Schweinefütterung vorbereitet.
**Heißlufttrocknung** ist zwar möglich, aber zu teuer.

**Gründüngung und Grünbrache**
Empfehlenswert anteilig im Gemenge:

| | |
|---|---|
| – Markstammkohl | 1 kg |
| Blattstammkohl | 0,5 kg |
| Peluschke | 25 kg |
| Zottelwicke | 15 kg |
| Winterraps | 2 kg |
| Winterroggen | 20 kg |
| Inkarnatklee | 3 kg |

auch als Winteräsung geeignet
(oder siehe bei Esparsette)

**Wildäsung**
In verschiedenen Gemengen ausgezeichnet, z. B.:

| | |
|---|---|
| – Markstammkohl | 0,5 kg |
| Waldstaudenroggen | 30 kg |
| Rotklee | 7 kg |
| Blattstammkohl | 0,5 kg |
| Buchweizen | 12 kg |

(Eggeling 1991)
oder

| | |
|---|---|
| – Markstammkohl | 1 kg |
| Hafer | 20 kg |
| Gelbe Lupine | 60 kg |
| Winterraps, süß | 2 kg |

| | |
|---|---|
| Inkarnatklee | 3 kg |
| beide für überjährige Äsung | |
| oder | |
| – Markstammkohl | 0,8 kg |
| Blattstammkohl | 0,3 kg |
| Winterraps, süß | 2 kg |
| Wintcrwicke | 5 kg |
| Peluschke | 5 kg |
| Rotklee | 2 kg |
| Schwedenklee | 2 kg |
| Hornklee | 2 kg |
| Ausdauernde Lupine | 4 kg |
| Welsches Weidelgras | 2 kg |
| Knaulgras | 2 kg |
| Gelbklee | 0,5 kg |
| Wundklee | 1 kg |
| Esparsette | 3 kg |

(SNEYD 1992)
(für mindestens zweijährige Nutzung)
Der Äsungswert dieser Gemenge ist hoch, da wohlschmeckend und nachwachsend. Der Markstammkohl ist eine gute Deckung auch für Hochwild und ein selbst bei hoher Schneedecke gut erreichbares Futter. Der intensive Kohlgeruch wird von den Tieren auch aus großer Entfernung wahrgenommen.
Weitere Saatbeispiele siehe bei Blaue Lupine, Buchweizen, Esparsette, Futtermöhre, Gelbe Lupine und Malve.

**Bienenweide**
Kaum eine Bedeutung, höchstens in Vermehrungsbeständen; dann zwar kurz, doch ergiebig.

**Sonstige Nutzung**
Empfehlenswert für Kleintierhaltung, z. B. Kaninchen; die Blätter können von unten nach und nach frisch bis Januar verfüttert werden. Für diese sog. „Palmen" eignen sich einige Blattkohlsorten.

## Saat

**Reinsaat/Direktsaat:** 1,5 bis 3,5 kg (3 kg Pillensaatgut); 20 bis 30 Pflanzen pro $m^2$ anstreben, (dann feinstengelig und zart). Für Pflanzenanzucht: 0,5 kg/ha; (dann gepflanzt 40 bis 50 x 30 bis 50 cm).
**Mindestqualität** ZS: K > 75%, R > 98%;
**Saattiefe:** 1 bis 2 cm;
**Reihenweite:** gedrillt 25 bis 40 cm;
**Saatgutpreis:** etwa 26,– DM; Pille: 45,– DM/kg.

**Saatmethoden**
Als **Hauptfrucht** ab März/April.
Als **Zweitfrucht** sehr gut möglich, aber spätestens bis Ende Juli säen (Tab. 2); Verpflanzung auch möglich (SCHREINER et al. 1988).

## Ertrag

Der Grünertrag als Hauptfrucht liegt zwischen 800 und 1000 dt/ha (etwa 85 bis 130 dt Trockenmasse mit etwa 10 dt verdaulichem Rohprotein und 20% Rohfaser). Als Zweitfrucht noch immerhin 300 bis 600 dt/ha Grünmasse (Tab. 1 und 2).

## Ökologische Bedeutung

**In der Fruchtfolge**
Sein **Vorfruchtwert** ist für Kartoffeln, Körnerleguminosen und Sommergetreide zwar günstig, doch gilt der Markstammkohl als starker „Nährstoffzehrer". Ein Fruchtfolgeabstand von mindestens drei Jahren ist auch deshalb empfehlenswert. Selbstausbreitung durch Samenausfall ist sehr selten. Hervorzuheben ist die starke Nitratbindung auch im Spätherbst und der Erosionsschutz und eine gewisse Gareförderung.

**Bodenbedeckung:** Ist gut in schneereichen Wintern.
**Ernterückstände:** Etwa 10 bis 15 dt/ha Trockenmasse (Tab. 2).
**Bodendurchwurzelung:** Ist relativ gut durch die flachen und auch tiefgehenden Wurzeln.

## Sortenangebot

Fünf zugelassene Sorten sind in der deutschen „Sortenliste 1994" unter „Landwirtschaftliche Arten" (nicht Gemüse!) aufgeführt, und eine ist geschützt.
Eine Sortenerweiterung wird durch die Züchtungen aus den neuen Bundesländern erwartet; auch durch den Einsatz von biotechnologischen Methoden. Im Jahre 1992 sind unter dem Sammelbegriff „Futterkohl" im EG-Sortenkatalog insgesamt 23 Sorten aufgeführt.

Oben: Eine autochtone Glatthaferwiese im UNESCO-Naturschutzgebiet „Pallauer Berge".

Mitte: Die Quecke, eine ausläugertreibende Grasart besiedelt auch die schlechtesten Standorte.

Unten: Malven und Phacelia ergänzen sehr gut auch verschiedene Wildäsungs-, Bienen-, Futter und Gründungungsmenge.

## Ölrettich

Chinesischer Ölrettich, Dünnwurzeliger Rettich,
fodder radish
*Raphanus sativus* L., var. *oleiformis* Pers. (auch Metzg.)

### Herkunft/Vorkommen

Eine uralte Kulturpflanze, seit mindestens 2500 Jahren in China, Ägypten und Vorderasien bekannt und kultiviert. Über ihre genaue Abstammung ist leider nicht viel bekannt.
Nach Europa kam der Ölrettich bereits während der Römerzeit, aber erst ab dem 19. Jahrhundert wurde er in Nordeuropa (zuerst in Schlesien) gezielt angebaut und gezüchtet. In Ostpreußen hat er sich dann als Gründüngungspflanze gut bewährt, teilweise wurde er als Grünfutterpflanze, Gemüse und Ölfrucht auch im übrigen Deutschland (von Boguslawski 1989) angebaut. Rohproteingehalt in der Grünmasse ist hoch, die Samen sind stark ölhaltig (Tab. 1 und 3).
Einen regelrechten Anbauboom hat es in Nordeuropa und bei uns in den letzten Jahren gegeben; neben Raps und Senf gehört der Ölrettich heute zu den stärksten, raschwüchsigsten und robustesten Zwischenfrüchten für die Gründüngung, Grünbrache und als Grünfutter, auch wenn die Fläche noch relativ klein ist. Besondere Bedeutung haben hier einige Nematoden-bekämpfende Sorten erreicht (*Heterodera schachtii*) (Saaten-Union 1986 und 1994).
Ölrettich wird heute sogar als stickstoffanzeigende Indikatorpflanze empfohlen. Heute ist er weltweit verbreitet, im südlichen Asien wird er überwiegend als Körnerölfrucht angebaut.

> Eine robuste, raschwüchsige Kreuzblütlerart, spätsaatverträglich, humuspositiv, bodenbeschattend, im Winter abfrierend. Ausgezeichnete Gründüngungs- und relativ gute Grünfuttereigenschaften auch im Zwischenfruchtbau; insbesondere auch bei Flächenstillegungen. Die nematodenreduzierende Wirkung einiger Sorten ist eine weitere hervorragende Eigenschaft.

### Botanik

Cytologie: 2n = 2x = 18 Chromosomen (auch tetraploide und hybride Sorten sind heute auf dem Markt).
Familie *Brassicaceae*, Gattung *Raphanus*; hierher gehören auch die Arten Radieschen, Rettich und das Unkraut Hederich, mit denen der Ölrettich leicht zu kreuzen ist.
Aus einer Kreuzung Ölrettich x Futterkohl ist sogar eine neue Futterpflanze, die Raphanobrassica, entstanden (Lembke u. Enderlein 1993).

**Pflanze:** Sommerjährig, spätsaatverträglich, schnellwachsend, aufrecht, blattreich, bis 160 cm hoch. Längenwachstum, Lagerneigung, Blühbeginn und die Bildung von Rettichen ist stark sortenabhängig. Die starke, tiefgehende Pfahlwurzel ist rot, weiß oder violett.
Ein Neuaustrieb der Blätter nach einem Grünschnitt ist möglich, falls bis Blühbeginn hoch geschnitten wird.
Auf dem Markt sind heute auch Sorten, die einen hohen Blattanteil und eine große Wurzelmasse haben (Saatzucht Petersen 1993).
**Jugendentwicklung:** Sehr gut, auch im Herbst, rascher als beim Sommerraps.
**Konkurrenzkraft:** Sehr hoch, unterdrückt andere Pflanzen gut (ab 1 m Höhe).
**Stengel:** Stark, röhrig, behaart, verzweigungsfreudig, schnellwachsend.
**Blätter:** Zahlreich, sattgrün, unten größer; lappig (Sortenunterschiede).
**Blütenstand:** Hochwachsend, endständig, bestehend aus zahlreichen Einzelblütchen, die meistens weiß, gelb, violett, rosa oder weißblau gefärbt sind. Feldbestand blüht auch mehrere Wochen lang. Die Fremdbefruchtung durch Insekten oder Wind ist vorherrschend, doch kommt auch die Nachbarblütenbestäubung (Geitonogamie) vor. Langtagseinfluß bei Sommersaat kann die Blüte beschleunigen.
Es wurden auch deshalb spätschossende Sorten speziell für die Frühjahrssaat und Flächenstillegungsprogramme entwickelt (Saaten-Union 1993).

### Samen

Die kürzeren Schoten sind dick, walzenförmig, zugespitzt, weißgrau, matt. In der Grünreife mit schwammigem, parenchymartigem Gewebe gefüllt, in dem die Samen schützend eingebettet sind. Die reife Schale ist korkschwammig.

**TKG:** 8 bis 20 g;
**Farbe:** hellbraun, rötlich bis dunkelbraun, matt;
**Form:** dick-eiförmig, rundlich, walzenförmig bis keilförmig;
**Größe:** Durchmesser etwa 3 bis 4 mm;
**Besonderheiten:** die Samen sind rauhschalig bis feinnetzig, Nabel größer. Samenertrag liegt bei etwa 12 dt/ha, Fettgehalt 38 bis 50%. Der Glucosinolatgehalt der erucasäurefreien Sorten liegt unter 140 µmol/g entfettetes Mehl (SCHUSTER 1992).

## Ansprüche

Insgesamt niedriger, auch Extensivanbau ist gut möglich; doch für Kultur- und Pflegemaßnahmen ist Ölrettich sehr dankbar.

**Klima**
Ölrettich ist sehr anpassungsfähig; die tiefgehende Pfahlwurzel und die feineren „Saugwurzeln" ermöglichen eine gute Versorgung mit Wasser auch in trockenen Zeiten. Er entwickelt sich sehr gut auch in kühlen Herbstzeiten, ist jederzeit für Feuchtigkeit dankbar, ebenso wie für einen langen, warmen Herbst. Erst nach längeren Frosteinwirkungen friert er ab, Durchwuchs ist aber häufiger möglich.

**Boden**
Optimal sind zuckerrüben- und getreidefähige Standorte mit pH = 7, auch leichtere und schwerere Böden sind noch geeignet. Zu trockene, stark saure Böden sind dagegen ungünstig. Tiefe Bodenbearbeitung vor der Saat ist vorteilhaft für die Durchwurzelung.
**Nährstoffbedarf:** Die Gesamtansprüche sind hoch, ähnlich denen des Raps. Doch das Bodenaufschließungsvermögen ist dank des tiefen Wurzelsystems enorm hoch. Düngeempfehlung: 150 $K_20$/80 kg, $P_2O_5$/100 kg pro ha Stickstoff für mittlere Böden. Sehr gut wird auch die Gülle verwertet. **Vorsicht** in Wasserschutzgebieten nach dem 15. 11. (SCHALVO 1992).

**Auftreten von Krankheiten und Schädlingen**
Der Ölrettich ist auch im Zwischenfruchtanbau sehr robust und gesund; er gilt als kohlhernieresistent (durch Algenpilze verursachte kropfartige Wucherungen). Möglich und häufig sind aber vor allem Rapskrankheiten wie Rapskrebs (Weißstengeligkeit), *Phoma lignam* und Rapsschwärze. Erdfloh, Rapsglanzkäfer, Kohlschotenrüßler u. ä. Schädlinge kommen öfters vor.
Eine Besonderheit ist die Resistenz einiger spezieller Sorten gegenüber dem Nematoden *Heterodera schachtii*. Bei diesen Sorten sind schon deshalb Reinsaaten im Zwischenfruchtbau empfehlenswert. Dadurch wird die Rübennematodenpopulation stark vermindert (SCHREINER et al. 1988). Die Einstufung der Sorten mit echter Nematodenresistenz wird in speziellen Biotests durchgeführt (Bundessortenamt 1994).

## Verwendung

Vielseitig. Sogar als Grünfutter ist Ölrettich dem Gelbsenf überlegen, obwohl er für diesen Verwendungszweck nur selten angebaut wird. Allerdings existieren gerade hier widersprüchliche Meinungen und Empfehlungen. Neuere Untersuchungen sollten abgewartet werden.

**Grünfutter**
Relativ gute Futtereignung, vor allem im Jungstadium, wenn der unangenehme Senfölgeschmack noch sehr schwach ist.
Empfehlenswert ist es jedoch, den Ölrettich zusammen mit „besseren" Futterpflanzen in Gemengen anzubauen. Die besten Futtereigenschaften werden bis Blühbeginn erreicht; bei einigen Sorten erst bei Schotenbildung. Die

**Abb. diese Seite links: Ölrettich-Schoten bei der Ausreife; typisch ist der Spitzschnabel.**

**Oben links und rechts: Der Buchweizen ist besonders in Wasserschutzgebieten eine gern gesehene, herbstnitratreduzierende, sicher abfrierende Zwischenfrucht- und Bienenpflanze. Inzwischen gibt es auch rübennematodenreduzierende Sorten.**

**Unten Links: Sonnenblumen, ein Korblütler aus der „Neuen Welt", prägen heute auch das europäische Landschaftsbild.**

**Unten rechts: Die kleinkörnige Kolbenhirse ist auch als Borstenhirse bekannt; die Jahresproduktion liegt bei 8 Mio. Tonnen.**

Trockensubstanz- und Rohfasergehalte in der Grünmasse sind niedrig, das verdauliche Rohprotein in der Trockenmasse ist hoch und kann 17% erreichen (Tab. 3).
Der **Futterwert** ist vor der Blüte relativ gut; die Nettoenergielaktation und umsetzbare Energie (MJ) sind hoch bzw. höher als beim Buchweizen oder Schwedenklee. Doch wegen der Behaarung, sperrigen Stengel und ungewohnten Geschmack wird Ölrettich vom Vieh nicht besonders gerne angenommen (RENIUS, LÜTKE-ENTRUP 1992). Außerdem verholzen die älteren Pflanzen und schmecken dann stark bitter nach Senfallylöl.
**Schmackhaftigkeit** und **Verdaulichkeit** ist gut, vergleichbar mit Ackerbohnen, Sonnenblumen, Malve und Phacelia, aber besser als beim Senf. Das Eiweiß-Stärke-Verhältnis ist mit 1:2,8 sehr eng. Der Gehalt an verdaulichem Protein liegt unter dem von Wicken und Perserklee, doch ähnlich hoch wie bei Rotklee und Esparsette, und ist höher als bei den Futtergräsern. Der Rohfasergehalt ist niedrig. Wie bei den Arten Raps und Rübsen ist auch hier der Erucasäure- und Glucosinolatgehalt in der Grünmasse für die Futterqualität mitentscheidend (Sortenunterschiede!).
Saatbeispiele:

| | |
|---|---|
| – Ölrettich/Reinsaat | 20 kg/ha |
| oder | |
| – Ölrettich | 2 kg |
| Sonnenblumen | 7 kg |
| Ackerbohnen | 25 kg |
| Sommerwicken | 20 kg |
| Futtererbsen | 35 kg |

(oder siehe bei Malve, Phacelia und Sonnenblume).

**Weide, Heu, Silage**
Niedrigere bis mittlere Eignung. Eine Weidenutzung bis November ist zwar möglich, die Weideverluste sind aber zu hoch. Heu kann u. U. für Schafe, Ziegen und Rinder ein gutes Futter sein.
Silierung ab 30 cm Pflanzenhöhe ist gut möglich, in Gemengen sogar bis Schotenbildung. Auch mit kurzgehäckseltem Stroh und Zusatz von 3% Tapiokamelasse ist sie empfehlenswert. Die Senföle sollen danach größtenteils abgebaut werden und das Futter schmackhafter sein.

**Gründüngung**
Wegen der raschen unter- und oberirdischen Entwicklung ist diese Nutzungsform optimal. Auch bei Spätsaaten hat Ölrettich die höchsten Zwischenfruchtleistungen (Tab. 1). Doch Vorsicht: nach dem Abschlegeln kann er wieder austreiben! (Durchwuchs im Frühjahr.)
Gemengebeispiel:

| | |
|---|---|
| – Ölrettich | 4 kg |
| Sareptasenf | 4 kg |
| Phacelia | 2 kg |
| Sommerwicke | 9 kg |
| Ackerbohne | 15 kg |
| Kolbenhirse | 4 kg |
| Buchweizen | 5 kg |
| Serradella | 5 kg |

(in Wasserschutzgebieten keine Leguminosen, stattdessen Malven und Einjähriges Weidelgras verwenden)
oder

| | |
|---|---|
| – Ölrettich | 4 kg |
| Buchweizen | 15 kg |
| Sonnenblumen | 3 kg |
| Blaue Lupine | 20 kg |
| Einj. Weidelgras | 5 kg |
| Gelbsenf | 2 kg |
| Phacelia | 1 kg |

(auch eine ausgezeichnete Bienenweide).
oder

| | |
|---|---|
| – Ölrettich Reinsaat | 20 kg |

(Der Mehrertrag von Sommergerste nach Ölrettich als Zwischenfrucht lag z.B. bei 5,9 dt/ha; Saaten-Union 1993.)
(Anmerkung: Gemenge mit Ölrettich und Buchweizen kombinieren bei der Nematodenreduzierung **zwei** verschiedene Fangmechanismen)
(oder siehe bei Buchweizen)

**Grünbrache**
Hierfür sehr gerne in Gemengen als „Nitratbremse" empfohlen (Tab. 1). In Wasserschutzgebieten z. B.:

| | |
|---|---|
| – Ölrettich | 6 kg |
| Gelbsenf | 5 kg |
| Phacelia | 5 kg |
| oder | |
| – Ölrettich/Reinsaat | 30 kg |

(Anmerkung: Für eine gezielte Nematodenbekämpfung eignen sich mit ihrem feinen, dichten und tiefreichendem Wurzelsystem spezielle Neuzüchtungen; Saaten-Union 1993; oder siehe bei Ackerspörgel, Buchweizen, Platterbse und Sonnenblume).

**Wildäsung**
Nur mäßig geeignet; Sortenunterschiede. Anteilig wird er aber gerne empfohlen, z. B.:

Ölrettich als Indikatorpflanze in einem Zuckerrübenfeld eingesät. Die Wachstums- und Farbunterschiede auf gedüngten und nicht gedüngten Teilflächen ermöglichen eine relativ gute und billige Beurteilung des gegenwärtigen Stickstoffangebotes. Solche und ähnliche „Düngefenster" werden besonders in Wasserschutzgebieten immer häufiger empfohlen.

| | |
|---|---|
| – Ölrettich | 5 kg |
| Hafer | 50 kg |
| Winterroggen | 10 kg |
| Malve | 2 kg |
| Buchweizen | 10 kg |
| Raps (00-Sorten) | 1 kg |

(EGGELING 1991)
für Hase, Fasan, Rebhuhn geeignet
oder

| | |
|---|---|
| – Ölrettich | 10 kg |
| Hybridmais | 10 kg |
| Sonnenblume | 30 kg |

(oder siehe bei Alexandrinerklee, Gelbe Lupine, Esparsette, Malve, Peluschke, Schwedenklee, Weiße Lupine und Zottelwicke).

**Bienenweide**
Der Ölrettich ist wegen der ziemlich langen Blüte und einer durchschnittlichen Nektar- und Pollenqualität hierfür gut geeignet. Er wird häufig von Bienen und Hummeln, aber auch von Schwebfliegen aufgesucht,
Gemengebeispiele siehe bei: Phacelia, Gelbklee, Buchweizen, Malve, Hornklee, Perserklee, Ölrettich und vorherige Abschnitte.

**Sonstige Nutzung**
Ölrettich wird zunehmend gezielt in Wasserschutzgebieten als „Nitratschlucker" eingesetzt (N-Aufnahme bis 160 kg pro Hektar). In Rübengebieten gilt er als nematodenfeindliche Art (Sortenwahl!), in erosionsgefährdeten Gebieten als Schutzpflanze. Auch als Nitrat-Testpflanze ist er interessant (siehe hierzu auch Bildteil).
Anmerkung: Ganz neue intensive Einsatzmöglichkeiten bieten sich ab 1992 für Ölrettich in den Flächenstillegungsprogrammen der EG; danach kann er beispielsweise Ende April gesät, im Juni abgeschlegelt und nach dem Wiederaustrieb gemulcht werden. Hervorragend sind dabei neben den Gründüngungs- und Beschattungseigenschaften die Nitratbindung und die Nematodenbekämpfung.

## Saat

**Reinsaat:** 18 bis 24 kg (bis 30 kg bei nematodenresistenten Sorten und Spätsaaten);
**Mindestqualität:** (ZS, HS): K > 80%, R > 97%;
**Saattiefe:** 2 bis 3 cm;
**Reihenweite:** 20 bis 30 cm;
**Breitsaat:** sehr gut möglich; das Saatgut kann auch mit Schleuderdüngerstreuer ausgebracht werden, da Ölrettich ein Lichtkeimer ist;
**Saatgutpreis:** etwa 3,– bis 6,– DM/kg
(die nematodenresistenten Sorten sind etwas teurer).

**Saatmethoden**
Als **Untersaat** nicht geeignet.

Kruziferen wie Ölrettich fördern als schnellwachsende Zwischenfrüchte die Bodenfruchtbarkeit. Neuerlich können spezielle Sorten sogar die Rübenmatoden (Heterodera schachtii) auf biologische Art „aushungern" und so bekämpfen.

Als **Hauptfrucht** und **Zwischenfrucht** außer im Winter jederzeit möglich; bis 200 keimfähige Körner pro $m^2$ anstreben. Auch bei den Herbstsaaten wird die nematodenreduzierende Wirkung gut erreicht. Mitentscheidend ist dabei ein feines, dichtes Wurzelsystem (Tab. 2).
Bei Spätsaaten ist eine Samenbildung und Durchwuchs kaum zu erwarten. Abgefrorene Bestände können im Frühjahr u. U. auch pfluglos bestellt werden.
In der Rotationsbrache (Flächenstillegungen) werden für April- und für Mais-Saaten spätblühende, nematodenfeindliche Sorten empfohlen (Saaten-Union 1993; Abb. oben).

## Ertrag

Der Grünertrag kann 300 bis 500 dt/ha erreichen; die Trockenmasse 55 dt mit bis 10 dt Rohprotein. Zwischenfrüchte, spät gesät, liefern immerhin noch etwa 250 dt/ha Grünmasse.

## Ökologische Bedeutung

**In der Fruchtfolge**
Der Ölrettich ist eine ausgezeichnete, garefördernde Art. Durch die Züchtung der nematodenfeindlichen Sorten stieg die Ölrettichbedeutung auch in den Raps- und Rübenfruchtfolgen. Diese Wurzelschädlinge *(Heterodera schachtii)* können so auf biologische Art und Weise bekämpft werden (KWS 1993).
Ebenfalls ist eine gewisse Reduktion der Knolleneisenfleckigkeit (Rattlevirus) bei nachfolgendem Kartoffelanbau bekannt.

Die **Vorfruchtwirkung** durch die Unterbodenlockerung, Krümmelbildung, Strukturverbesserung und **Bodenbedeckung** ist ausgezeichnet. Die Schattengare ist hoch. Durch die Konkurrenzkraft des Ölrettichs ist sogar eine gewisse Queckenbekämpfung möglich. Die Bestellmethoden des Ölrettichs können grob sein, er toleriert auch eine einfache Saatbettbereitung. Seine Gülleverwertung ist optimal (Tab. 2).
Die **Ernterückstände** bei Gründüngung liegen bei 40 dt/ha Trockenmasse (davon etwa 10–20 dt Wurzeln). Die Verrottung ist zwar gut, es besteht aber bei milden Wintern Durchwuchsgefahr in der nachfolgenden Kultur.
Die **Durchwurzelung** in die Tiefe ist auch in verdichteten Böden ausgezeichnet. In Feldversuchen wurden nach dem Zwischenfruchtanbau im Spätherbst niedrigere Bodennitratwerte gefunden. Empfehlenswert ist Ölrettich deshalb auch in **Wasserschutzgebieten**. Der Pflegeaufwand insgesamt ist sehr niedrig. In **natürlichen Gesellschaften** ist der Ölrettich bei uns recht selten, obwohl er leicht aussamen kann.

## Sortenangebot

Unsere einundzwanzig zugelassene und fünf geschützte Sorten (1994) eignen sich überwiegend für den Hauptfruchtanbau. Für den Zwischenfruchtanbau werden davon neun geeignete Sorten empfohlen, darunter auch nematodenresistente.
Die Sortenunterschiede bestehen beim Blühbeginn, Pflanzenhöhe, Standfestigkeit, Trockenmasseertrag und Nematodenanfälligkeit. Auch das Verhältnis Stengel/Blatt variiert. Die Erzeugung des Z-Saatguts findet überwiegend im Ausland statt. Im EG-Sortenkatalog sind im Jahre 1992 16 Sorten aufgeführt.

# Sareptasenf

Sarepta-Senf, Brauner Senf, Würzsenf, Indischer Senf, Oriental, Orientell
Indian moustard, brown moustard
*Brassica juncea* (L.) Czern. et Cosson

## Herkunft/Vorkommen

Abstammungs- und Verbreitungsgebiet des Sareptasenfs liegt im südostasiatischem Raum. Er

entstand höchstwahrscheinlich vor mindestens 8000 Jahren aus einer spontanen Durchkreuzung zweier verschiedenen Arten: *Brassica nigra* (2n = 16 Chromosomen) × *Brassica campestris* (2n = 20) mit anschließender Chromosomenzahlverdoppelung. Deshalb ist er ein sogenannter amphidiploider Bastard.
Heute ist Sareptasenf vor allem in Südeuropa, Äthiopien, Kaukasus, China und Indien verbreitet. Dort war und ist er immer noch eine wichtige Sommerölfrucht sowie Blatt-, Stengel- und Wurzelgemüse. In trockeneren Regionen Nordamerikas wird er für die Gewürzindustrie gezielt angebaut. Nach den deutschen Qualitätsanforderungen (DIN 10204) dürfen für die Senfherstellung neben Sareptasenf auch Weißer und Schwarzer Senf verwendet werden (Develey 1992). Speisesenf darf dann neben dem Senf bis $^1/_3$ Sareptasenf enthalten; besonders dieser setzt ja die charakteristischen würzigen Allylsenföle (Sinigrin) optimal frei und macht den Haushaltssenf zu einem „echten" Senfgenuß.
Intensive Adaptationsversuche in Ostdeutschland führten Ende der achtziger Jahre zu einer Anbaufläche von immerhin 1200 ha einer gelbschaligen Sorte, mit der ein Durchschnittsertrag von 20 dt/ha erzielt wurde (Saatzucht Gotha-Friedrichswert 1991). Auch in Westdeutschland wurden interessante Sorten gezüchtet, vor allem aber für Gründüngungszwecke (Lochow 1992). Unseren heutigen Körnerbedarf decken wir überwiegend aus Importen. Ähnlich wie beim Raps wurden auch beim Sareptasenf Erucasäure-freie Mutanten entdeckt und daraus entsprechende Sorten entwickelt.

Sareptasenf, eine Zwischenfrucht-, Sommeröl- und Gewürzpflanze mit guter Leistung; bei uns vor allem als abfrierende Gründüngungspflanze von Interesse.

## Botanik

Cytologie: 2n = 2x = 36 Chromosomen.
Gattung *Brassicaceae* (mit verwandten Arten Sommerraps, Rübsen, Schwarzer Senf, Kohl und Wasserrübe, nicht aber mit der Art Gelbsenf *(Sinapis alba)*).

**Pflanze:** Sommerjährig, bildet ähnlich wie Sommerraps eine Rosette, wird etwa 1 bis 2 m hoch, ist reichlich beblättert, hat gute Standfestigkeit und friert ab.

**Zur Gründdüngung, Herbstnitratausnutzung und -bindung bestellte Felder mit Sareptasenf oder Gelbsenf frieren problemlos ab und sind im Frühjahr leicht zu bearbeiten.**
**Hier: Bestand nach dem ersten Frost.**

**Jugendentwicklung:** Ist gut, doch zögernder als beim Senf.
**Konkurrenzkraft:** Mittelhoch.
**Stengel:** Markgefüllt, relativ standfest, oben mehr verzweigt, über 1 m hoch. An der Grünmasse ist er mit etwa 40% beteiligt.
**Blätter:** Auf einer Pflanze sind etwas unterschiedliche Blattformen ausgebildet; oben mehr länglich und spitzig, unten gelappt, auch behaart, mehr rübsenähnlich. Die Blätter haben eine leicht blaugrüne Farbe.
**Blütenstand:** Ist eine Traube mit typischen und zahlreichen kleinen gelben Blüten. Sareptasenf ist überwiegend Selbstbestäuber, aber auch Insektenbestäubung ist gut möglich. Mit Raps und Rübsen kann er sich leicht kreuzen, nicht aber mit dem Gelbsenf *(Sinapis alba,* Gattung *Sinapis)*.
Die Frucht besteht aus zwei Fruchtblättern mit einer Scheidewand (also anders als bei Hülsen) und heißt deshalb Schote (Siliqua.)

## Samen

Die nicht ganz platzfesten Schoten sind nur einige cm lang, die Körner sind an den Einschnürungen schon von außen erkennbar.
**TKG:** 1,5 bis 3 g (etwas kleiner als Rapssamen);
**Farbe:** hellbraun bis schwarzbraun (Typ

„Braunsenf"), oder gelblich (Orientell-Form); matt und glatt;
**Form:** kugelig;
**Größe:** 1 bis 1,5 mm Durchmesser;
**Besonderheiten:** der Nabel ist klein und schwarz umrandet; Allylsenfölgehalt in den Körnern etwa 1,4%; Fettgehalt der Samen liegt zwischen 30 und 40%.

## Ansprüche

Insgesamt etwas höhere Ansprüche als Sommerraps oder -rübsen, aber niedriger als beim Winterraps.

**Klima**
Warme, mäßig feuchte Witterung ist recht günstig. Feldaufgang ab 4 °C; Sareptasenf ist aber frühfrostverträglich. Mäßige Niederschläge fördern die vegetative Entwicklung. Die häufigen Herbstzwischenfruchtsaaten sind außerdem für einen kühleren, längeren Spätherbst dankbar.

**Boden**
Optimal sind mittlere Böden mit pH 6,5.
Leichtere Böden mit guter Wasserversorgung sind aber auch noch geeignet. Ungünstig sind dagegen zu saure, schwere, naßkalte Standorte.
Der **Nährstoffbedarf** ist insgesamt dem Sommerraps und Gelbsenf ähnlich. Stickstoffstartgabe mit 80 kg/ha ist empfehlenswert, weniger die Spätdüngung. Die Gülleverwertung ist ausgezeichnet, soll aber bei Futtergewinnung nicht erfolgen (Geschmacksbeeinflussung).

**Auftreten von Schädlingen und Krankheiten**
Die üblichen Probleme mit Rapsglanzkäfer, Kohlschotenmücke, -rüßler und Rapserdfloh sowie Pilzkrankheiten wie Rapskrebs und *Alternaria* kommen vor.

## Verwendung

**Grünfutter**
Hierfür relativ unbekannte Art, deshalb keine besonderen Empfehlungen. Doch ist die „Umsetzbare Energie" (MJ), kStE und NEL überraschenderweise hoch (Tab. 3).
Der **Futterwert** vor der Blüte ist gut, da eiweißreich (bis 16% in der TM). Nach der Blüte kann allerdings der Bittergeschmack die Milchqualität beeinflussen.
**Schmackhaftigkeit** und **Verdaulichkeit** sind zwar hoch, doch sollte Sareptasenf lieber in Gemengen anteilig verfüttert werden.
Empfohlene Gemenge:

| | |
|---|---|
| – Sareptasenf | 4 kg |
| Futtererbse | 50 kg |
| Sommerwicke | 40 kg |
| oder | |
| – Sareptasenf | 3 kg |
| Gelbe Lupinen, süß | 100 kg |

**Weide, Heu, Silage**
Abweiden und Heugewinnung werden nicht empfohlen, Silierung ist dagegen gut möglich. Sehr gute Silageeigenschaften hat die Sorte 'Vitasso'; meistens ist aber ein Silierzusatz empfehlenswert (LOCHOW-PETKUS 1992).

**Gründüngung und Grünbrache**
Wegen der kurzen Vegetationszeit, hohem Blattzuwachs und rascher Entwicklung auch noch im Herbst ist Sareptasenf für diese Nutzungen als Zwischenfrucht sehr geeignet (Tab. 1), z. B.:

| | |
|---|---|
| – Sareptasenf | 12 kg |
| Buchweizen | 20 kg |
| oder | |
| – Sareptasenf | 10 kg |
| Phacelia | 10 kg |
| oder | |
| – Sareptasenf | 4 kg |
| Blaue Lupine | 60 kg |
| Futtererbse | 25 kg |

(oder siehe bei Ackerspörgel, Blaue Lupine, Buchweizen, Ölrettich, Phacelia und Peluschke).

**Wildäsung und Bienenweide**
Hierfür wenig geeignet bzw. nicht lohnend. Als Stützfrucht ist Sareptasenf in solchen Gemengen jedoch möglich, z. B.:

| | |
|---|---|
| – Sareptasenf | 1 kg |
| Sonnenblumen | 4 kg |
| Perserklee | 4 kg |
| Buchweizen | 5 kg |
| Phacelia | 2 kg |

**Sonstige Nutzung**
Als Erosionsschutzpflanze ist Sareptasenf vor allem auf Grenzstandorten empfehlenswert, z. B.: 7 kg/ha Reinsaat im Herbst.

## Saat

**Reinsaat:** 4 bis 8 kg (für Grünnutzung 150 bis 200 keimf. Körner pro m²);
**Mindestqualität** (ZS): K > 85%, R > 98%;
**Saattiefe:** 1 bis 2 cm;
**Reihenweite:** 25 bis 30 cm (Hackmöglichkeit!);
**Breitsaat:** gut möglich;
**Saatgutpreis:** etwa 7,50 DM/kg.

**Saatmethoden**
Als **Hauptfrucht** zur Samengewinnung mit 100 bis 140 Körnern/m².
Als **Sommerzwischenfrucht** mit 200 Körnern/m² bis Anfang September möglich und üblich. Dichte Saaten beschatten früher, sind schwächer und frieren leichter ab als dickere Einzelpflanzen (Tab. 2).

## Ertrag

Grünertrag beim Zweitfruchtanbau liegt zwischen 120 und 280 dt/ha (etwa 10–12% Trockenmasse mit einem hohen Rohproteinanteil) (Lesak 1986). Kornertrag liegt bei 10 bis 15 dt/ha.

## Ökologische Bedeutung

**In der Fruchtfolge**
Der Sareptasenf ist vergleichbar mit Sommerrübsen; als Blattfrucht ist er in unseren getreidereichen Fruchtfolgen sehr willkommen. Wegen der Spätsaatverträglichkeit ist die Saat nach vielen Vorfrüchten möglich. Er hinterläßt den Boden im garen Zustand; die abgefrorenen Pflanzenreste verrotten sehr gut. Gefährlich kann die nematodenfördernde Wirkung *(Heterodera schachtii)* sein. Deshalb nicht vor Rüben und Raps anbauen und **Fruchtfolgeabstand** zu anderen Kruziferen einhalten.
In **Wasserschutzgebieten** kann Sareptasenf noch im Spätherbst 100–140 kg/ha Nitratmengen aufnehmen und konservieren.
Die **Bodenbedeckung** bietet auch im abgefrorenen Zustand im Winter einen Erosionsschutz. Der Pflegeaufwand ist minimal (Tab. 2).
Die **Bodendurchwurzelung** ist nur mäßig, da die Hauptmasse aus nur mittelstarken Wurzeln mit feineren Nebenwurzeln besteht, doch sind diese strukturverbessernd und garefördernd. Die tiefergehende Pfahlwurzel erschließt sehr gut die Untergrundschichten und ist in der Lage, auch die Pflugsohle zu durchstoßen. Die Bodenbearbeitung der abgefrorenen Bestände im Frühjahr ist unproblematisch, sogar Mulchsaaten sind dann möglich.
In **natürlichen Gesellschaften** ist Sareptasenf bei uns recht selten, in Europa aber stellenweise eingebürgert, vor allem im Süden.

## Sortenangebot

In der „Beschreibenden Sortenliste 1994" findet man unter „Senf" zwei zugelassene, erucasäurehaltige Sareptasenfsorten. (Auch hier geht aber die Züchtung zu den besser verfütterbaren 00-Sorten [erucasäure- und glucosinolatarm]). Vier EG-Sorten mit hohem Ölsäuregehalt waren im Jahre 1992 im Angebot.

# Sommerrübsen

Grünrübsen
turnip rape
*Brassica rapa* L. var. *silvestris* (Lam.) Briggs
*(Brassica rapa* L. ssp. *oleifera* (Metzg.) Sinsk auch var. *rapa*, oder *campestris)*

## Herkunft/Vorkommen

Das Abstammungsgebiet von Rübsen lag im Mittelmeerraum, sekundäre Genzentren reichten aber bis Westeuropa und Westasien. Unser Sommerrübsen ist wahrscheinlich den asiatischen Gruppen zuzuordnen. Diese Wildvorfahren *(Brassica campestris)* unserer Sorten sind erstaunlicherweise noch heute von Asien bis Europa verbreitet. Mit ihnen konnten die Züchter die Evolutionsschritte, die vor tausenden von Jahren zur Rapsentstehung aus Rübsen und einer Kohlart führten, durch Kreuzungen „nachstellen" (Hoffmann 1985).
Rübsen waren in Süddeutschland bereits in prähistorischen Siedlungen vorhanden, wie gefundene Samen bestätigen. Spätestens ab dem 16. Jahrhundert wurde er dann – neben dem Raps – gezielt angebaut. Es liegen auch alte Beschreibungen der Campestris-Rübsen vor (Schuster 1992). Die Nachforschungen sind aber sehr schwierig, da in den alten Literaturaufzeichnungen Rübsen vom Raps nicht unterschieden wurden (Pabst 1844).

Die Erstnutzung von Rübsen lag damals mit ziemlicher Sicherheit in der Ölgewinnung für die Beleuchtung. Sehr selten wurde das minderwertige, unbekömmliche und erucasäurehaltige Rübsenöl zu Speisezwecken verwendet, selten wurden die Rübsen für die Gründüngung oder Fütterung angebaut.
Die heutigen erucasäure- und glucosinolatarmen Neuzüchtungen erlauben dagegen eine Verwendung als Grünfutter- und Ölpflanzen (nur bei hohen Futtermengen kann es zu Verdauungsschwierigkeiten bei den Tieren kommen). So ist heute Rübsenöl neben Rapsöl ein Bestandteil unserer Speisefette (z.B. Margarine) geworden. Für die Futternutzung werden außerdem besonders hochwertige Artkreuzungen (z. B. mit Chinakohl) gezüchtet und verwendet (KWS 1993). In Skandinavien und Kanada werden Sommerrübsen heute viel angebaut (00-Qualität) und die meisten Sorten mit gelben Samen (SCHUSTER 1992). Weltweit spielen die Sommerrübsen eine große Rolle.

Eine interessante Pflanzenart mit sehr guten Gründüngungseigenschaften; schnellwüchsig, blattreich, robust, spätsaatverträglich, abfrierend.
Futternutzung bei speziellen Neuzüchtungen (0-Qualität) heute gut möglich.

## Botanik

Cytologie: 2n = 2x = 20 Chromosomen (Polyploidisierung ist aber mit Hilfe von Colchizin gut möglich).
Familie *Brassicaceae*, Gattung *Brassica.* Eng mit Arten wie Raps, Kohlrübe, Stoppelrübe, Kohl u. a. verwandt. Gut kreuzbar mit vielen *Brassica*-Arten. Botanisch gesehen sind einige heutige Sorten keine echten Rübsen mehr, sondern Durchkreuzungen, die lediglich vom Bundessortenamt unter „Rübsen" geprüft und zugelassen werden.

**Pflanze:** Hat einen Langtagscharakter, deshalb kann bei Spätsaaten eine frühe Blüte vorkommen. Im Habitus ist die Rübsenpflanze dem Raps sehr ähnlich. Auch sie bildet eine Rosette, doch die Blattfarbe ist heller, die Vegetationszeit kürzer und die Schoten sind aufrechter. Gute Standfestigkeit, Höhe bis etwa 150 cm.
**Jugendentwicklung:** Rasch, sehr gut.
**Konkurrenzkraft:** Gut bis sehr gut, insgesamt robuster und anspruchsloser als Raps.
**Stengel:** Ist eine Hauptsproßachse, die oben verzweigt und weitere Achsen mit Blütenständen anlegt. Markgefüllt und reichlich beblättert.
**Blätter:** Sind grasgrün, stengelumfassend, glatt, schwach oder stark behaart, weich. Die Lappung kann sortenbedingt fehlen oder vorhanden sein.
**Blüten:** Endständig an den Sproßachsen traubenförmig angelegt. Die Blütenstielchen sind länger als die Blüten, die Kelchblätter und Schoten kerzenartig stehend. Die Einzelblüten sind typische Kreuzblüten, gelb bis orangengelb und sehr zahlreich, deshalb dauert die Abblüte eines Feldbestandes auch einige Wochen. Fremd- und Selbstbefruchtung ist möglich, aber sorten- und witterungsabhängig.

## Samen

Die Schoten sind bis 8 cm lang, bis 20samig, mit etwas längerem Schnabel als beim Raps.
**TKG:** 1,5 bis 3,5 g;
**Farbe:** rotviolett-rotbraun, braunschwarz, braun, auch gelb; matt, glatt;
**Form:** kugelig wie Raps, aber kleiner;
**Größe:** Durchmesser etwa 1 bis 2 mm;
**Besonderheiten:** die Samen enthalten zwischen 30% und 48% Rohfett (mit einem hohen Anteil an Öl- und Linolsäure, etwa 19% Rohprotein und 9% Wasser).

## Ansprüche

Insgesamt geringere Ansprüche als Sommerraps; doch für Kulturmaßnahmen ist Sommerrübsen dankbar.

### Klima
Anspruchsloser und robuster als Sommerraps, deshalb in Nordeuropa bis Finnland verbreitet. Wasserbedarf ist hoch, ein längerer, milder Herbst ist für die Entwicklung der Bestände vorteilhaft.

### Boden
Die Gesamtansprüche der Rübsen sind ähnlich denen des Sommerraps, ein pH-Wert von 6 bis 7 ist optimal. Falls der Kultur- und Kalkzustand in Ordnung sind, wächst der Sommerrübsen auch noch in Rapsgrenzlagen.

Der **Nährstoffbedarf** ist insgesamt hoch; organische Dünger werden gut verwertet. Andüngung mit 60 bis 90 kg N zur Saat ist vorteilhaft. Entzug (pro 100 dt Grünmasse): 55 kg N/12 kg $P_2O_5$/55 kg $K_2O$/35 kg CaO/6 kg MgO.

**Auftreten von Krankheiten und Schädlingen**
Ähnlich dem Raps können vor allem Rapskrebs (*Sclerotinia sclerotiorum*), Rapsschwärze, Stengelfäule, Kohlhernie, Rapserdfloh, Rapsglanzkäfer, Rapsstengelrüßler und Rübennematoden *(Heterodera schachtii)* Rübsen schädigen.

## Verwendung

**Grünfutter**
Gute Futtererträge sind im üblichen Herbst-Zwischenfruchtanbau zu erwarten. Normalerweise ist die Pflanze einschnittig. Sie soll bis zum Blühbeginn verfüttert werden.
**Futterwert:** ist insgesamt gut, da hoher Eiweißgehalt (in der Trockenmasse bis 18%). Das Blatt-Stengel-Verhältnis ist ebenfalls günstig. Die Nettoenergielaktation ist vergleichbar mit Silomais, Perserklee und Deutschem Weidelgras, liegt aber unter der von Futterrübe und Futtermöhre. Der verdauliche Rohproteingehalt ist extrem hoch (Tab. 3).
**Schmackhaftigkeit** und **Verdaulichkeit** sind hoch, vergleichbar mit Wicke, Esparsette, Lupine und Sommerraps und besser als bei Ölrettich, Phacelia und Sonnenblume. Wichtig kann auch der Erucasäuregehalt im Blatt sein; die 0- und 00-Sorten (erucasäure- und glucosinolatfrei) sind hier empfehlenswert, die übrigen für Gründüngungszwecke verwenden.
Empfohlene Gemenge:

| | |
|---|---|
| – Sommerrübsen | 6 kg |
| Felderbse | 60 kg |
| Ackerbohne | 50 kg |

(oder siehe bei Peluschke und Phacelia).

**Weide, Silage**
Hierfür ist Rübsen gut geeignet. Da allerdings der Wassergehalt für eine Silierung zu hoch ist, sind Gemenge mit Mais oder Markstammkohl empfehlenswert. Silierzusätze sind möglich.

**Gründüngung**
Eigentlich nichts Neues. So schreibt PABST bereits 1844: „Die am häufigsten benutzten Gewächse sind Wicken, Buchweizen, Spergel, Rübsen …“.
In Zwischenfruchtversuchen in Baden-Württemberg (Landesversuche 1990) wurden z. B. folgende Ergebnisse erzielt:
483 dt/ha Frischmasse mit 38 dt/ha Trockenmasse (davon 7,9 dt Protein) und damit mehr als die mitgeprüften Rapssorten. Im Jahre 1989 waren es allerdings nur 218 dt/ha Frischmasse mit 6,7 dt Protein in der Trockenmasse.
Die jahres- und klimabedingten Schwankungen können also beträchtlich sein, ebenso wie die Sortenunterschiede.
Gemengebeispiel:

| | |
|---|---|
| – Sommerrübsen | 8 kg |
| Phacelia | 8 kg |

(oder siehe bei Gelbe Lupine und Sonnenblume)

**Grünbrache**
In Rotationsbrache auf feuchteren Standorten bei Aussaat bis September ist der Anbau von Rübsen anstelle von Sommerraps sehr gut möglich (Tab. 1, Saatbeispiel siehe bei Phacelia).

**Wildäsung**
Für Reh- und Rotwild ist die Eignung bis Blüte gut (Sortenunterschiede). Deckung für Niederwild ist gut.
Gemengebeispiel:

| | |
|---|---|
| – Sommerrübsen | 1 kg |
| Einj. Weidelgras | 5 kg |
| Welsches Weidelgras | 5 kg |

**In Wasserschutzgebieten von Baden-Württemberg besteht auch für Rebenflächen ein Begrünungsgebot. (SchALVO 1992) Schnellwachsende Pflanzen mit hoher Stickstoffaufnahme, wie Rübsen, Senfarten, Ölrettich, Phacelia oder Gräser sieht man häufiger auch in Obst-, Spargel- und Hopfenanlagen.**

**Sommerrübsen mit Erucasäurearmut sind ähnlich wie Sommerraps auch gutes frisches Grünfutter. Doch sind die Felder im nassen Spätherbst mit Schmalreifen nicht immer gut befahrbar.**

| | |
|---|---|
| Perserklee | 2 kg |
| Inkarnatklee | 2 kg |
| Felderbsen | 20 kg |
| Sonnenblumen | 5 kg |

**Bienenweide**
Gut möglich, vor allem Ende Mai und im Juni während der Vollblüte.

**Sonstige Nutzung**
Ölgewinnung aus Körnern wie beim Raps gut möglich, doch meistens weniger ergiebig. Auch Einsaaten in Wasserschutzgebieten werden zunehmend interessant.

## Saat

**Reinsaat:** 6 bis 8 (14 kg/ha), je nach Verwendungszweck; die Prüfungen beim Bundessortenamt erfolgen mit 200 keimf. Körnern pro $m^2$, Saat erfolgt im August (Bundessortenamt 1992);
**Mindestqualität:** K > 85%, R > 98%;
**Reihenweite:** 20 cm;
**Breitsaat:** ohne weiteres möglich;
**Saatgutpreis:** etwa 4,– DM kg, also relativ billig.

**Saatmethoden**
Als **Untersaat** unüblich, da lichtbedürftig und krankheitsanfälliger.
Als **Hauptfrucht** zur Körner- oder Grünnutzung (Tab. 2) geeignet.
Als **Zwischenfrucht** sind Spätsaaten sehr gut möglich sogar nach der Winterweizenernte (Maiseinsaat in den abgefrorenen Bestand möglich).

## Ertrag

Der Zwischenfrucht-Grünertrag liegt bei 200 bis 400 dt/ha (entspricht etwa 9–14% Trockenmasse mit 6 dt Rohprotein), je nach Saattermin und Herbstwitterung.

## Ökologische Bedeutung

**In der Fruchtfolge**
Sommerrübsen ist spätsaatverträglich, blattreich und sehr gut bodenbedeckend. Er ist ein guter Erosionsschutz auch über Winter und in der Lage, größere **Nitratmengen** aus der auswaschungsgefährdeten Bodenschicht aufzunehmen. Die Eingliederung in die Fruchtfolgen als Zwischenfrucht ist relativ leicht; lediglich Nematoden stellen ein größeres Problem dar.
Sommerrübsen ist für Mais, Sonnenblumen und Körnerleguminosen eine gute **Vorfrucht** (Tab. 2). Sogar Direktsaaten im Frühjahr sind möglich (KWS 1994).
Die **Bodendurchwurzelung**, Krümelung und Gareförderung durch dickere, konische Wurzeln ist ausgezeichnet, Gülle- und Jauchegaben werden sehr gut verwertet. Die Pflege ist minimal.
In **natürlichen Gesellschaften** spielt Rübsen bei uns keine Rolle, Selbstaussamung ist jedoch möglich.

Die **Ernterückstände** liegen bei etwa 20 dt/ha Trockenmasse, davon etwa die Hälfte Wurzeln.

**Rasch wachsende Herbstzwischenfrüchte wie Sommerrübsen, nutzen in unseren Fruchtfolgen das überschüssige Stickstoffangebot und verhindern damit die Nitratauswaschung aus dem Wurzelbereich. Hervorragend sind sie auch für die Rotationsbrache und Gründüngung geeignet.**

## Sortenangebot

Im Jahre 1994 standen in der deutschen Sortenliste drei zugelassene Sorten; zwei davon sind erucasäurefreie Senotypen; laut „Sortenregister" sind sie mit der Auflage „Nur für Grünnutzung" eingetragen. Die Prüfungen für die Körnernutzung und für den Sommerzwischenfruchtbau erfolgen beim Bundessortenamt Hannover getrennt.
Im EG-Sortenkatalog befanden sich 1992 unter „Rübsen" 16 Sommer-, Winter-, und Wechselsorten, davon acht für die Futternutzung.

# Glatthafer

Hoher Wiesenhafer, Französisches Raygras
Fromental, tall oatgras
*Arrhenatherum elatius* (L.) P. Beauv. ex J.S. et K.B. Presl (*Avena elatior* L.)

## Herkunft/Vorkommen

Eine uralte Kulturpflanze, heute heimisch in Europa, Nordafrika und Asien. In Amerika und Australien durch die europäischen Auswanderer mit Erfolg eingeführt. In Süddeutschland ist der Glatthafer heute noch als Wiesenanteil wichtig.
Die sogenannten Glatthaferwiesen werden heute in „trocken", „typisch" und „frischfeucht" eingestuft.
Es existieren auch einjährige und knollenbildende Unterformen (var. *bulbosa*), die aber wenig verbreitet sind und landwirtschaftlich kaum genutzt werden.
Die heutigen Züchtungen eignen sich hervorragend für Wiesen und Feldfutterbau, besonders in Mittelgebirgslagen (Saatenzucht Steinach 1993).

> Ein mehrjähriges Rispen-Obergras, mehrschnittig, horstbildend, massenwüchsig, ertragreich, aber in der Futterqualität etwas minderwertig. Der Glatthafer ist Symbol einer Tal-Fettdauerwiese. Für Kleegrasgemenge ist er zu empfehlen. Reinanbau und Weidenutzung sind seltener.

## Botanik

Cytologie: 2n = 2x = 28 Chromosomen (heute sind auch tetraploide Sorten im Angebot).
Familie *Gramineae*, Unterfamilie Rispengräser *(Poaeoidae)*, Tribus *Aveneae*, Gattung *Arrhenatherum* (Wagner 1979).

**Pflanze:** Kann bis 180 cm hoch werden. Lockere Horstbildung, Obergras, mehrjährig, mehrschnittig, langsam nachwachsend, durchschnittliche Winterfestigkeit, Tiefwurzler, stickstoffliebend.
**Jugendentwicklung:** Rasch.
**Konkurrenzkraft:** Optimal ab 2. Vegetationsjahr.
**Halm:** Lang, fein; neben blühenden sind auch sterile Halme vorhanden.
**Blatt:** Mittel- bis dunkelgrün, auf der Oberseite dünn behaart oder kahl, unten matt und stark gekielt; keine Blattöhrchen, Blatthäutchen ist groß.
**Blütenstand:** Sieht aus wie eine haferähnliche Rispe; eigentlich ist es aber eine Traube. Sie ist mittellang und blüht reichlich im Mai bis Juni. Die Ährchen sind zweiblütig; eine Blüte ist zwittrig, die andere männlich. Samenbildung erfolgt erst ab dem 2. Jahr. Fremdbefruchtung, doch Selbstfertilität ist möglich.

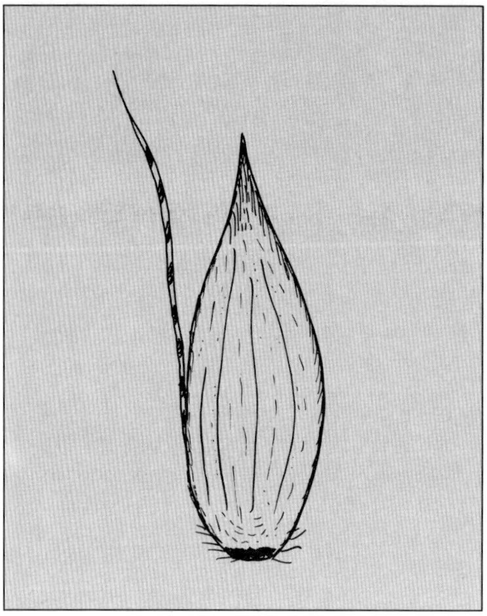

## Samen

Es handelt sich um Doppelspelzfrüchte.
**TKG:** etwa 2,8 bis 3,5 g;
**Farbe:** bräunlichgelb, gelb, strohgelb;
**Form:** länglich; typisch ist die seitliche, geknie-te, zweiteilige schwarz-weiße Rückengranne, die aus der männlichen Blüte entspringt;
**Größe:** etwa 8 × 2,5 × 1,5 mm;
**Besonderheiten:** Samenausfall ab Gelbreife ist gut möglich. Die Samenerträge in Deutschland liegen bei 6 dt/ha. Da das Saatgut sperrig ist, werden auch Gleitmittel beigefügt.

## Ansprüche

Glatthafer ist ein anspruchsvolles Futtergras für gute Ackerbaustandorte.

**Klima**
Optimal sind milde Winter und warme Sommer. Glatthafer verträgt gut auch Dürreperioden, auf reinem Moor ist er oft auswinterungsgefährdet. Zu rauhe, kalte, nasse Jahre sind ungünstig.

**Boden**
Trockene, warme, tiefgründige, nicht verdichtete, kalkhaltige, lehmig-humose, aber auch frische Lagen sind optimal. Nasse, saure, schattige, flachgründige Standorte sind manchmal auch geeignet.

Der **Nährstoffbedarf** ist hoch, besonders N-, Ca-, P- und K-Nährstoffe werden benötigt. Glatthafer ist aber auch für Gülle, Jauche oder Stallmist dankbar. Empfohlene mineralische Düngung: 120 kg $P_2O_5$, 200 kg $K_2O$, 120 kg N/ha.

**Auftreten von Krankheiten, Schädlingen und Ungräsern**
Fusariosen und Rostkrankheiten sind möglich; Queckenkonkurrenz unerwünscht.

## Verwendung

Reinbestände des Glatthafers haben heute eine geringe Bedeutung; in Wiesen wegen der verdrängenden Wirkung den Glatthafer unter 12% halten!

**Grünfutter**
Glatthafer ist massenwüchsig, aber etwas schwächer als Knaulgras. Im Feldfutterbau ist die Mähnutzung vorherrschend, Vollerträge werden erst ab dem 2. Anbaujahr erreicht (Lesak 1986). Etwas langsamer Neuaustrieb nach dem Schnitt; gegen Frühschnitt ist er allerdings empfindlich. Blattanteil niedrig, Halmanteil dagegen hoch.
Grünnutzung von Reinbeständen ist wegen des Bittergeschmackes nicht zu empfehlen.
Der **Futterwert** mittelhoch; unter dem von Lieschgras, Weidelgras, Wiesenrispe und Wiesenschwingel. Futterwertzahl 7 (von 9). Die Nährstoffkonzentration ist mittelhoch (Tab. 1 und 3). Rohproteingehalt einer Glatthaferwiese liegt bei 9 bis 14% (in der TM).
**Schmackhaftigkeit** und **Verdaulichkeit**: Glatthafer ist als Frischgrünfutter schmackhaft, obwohl etwas bitter im Geschmack. (Deshalb wird er in Reinbeständen kaum angebaut.) Blattanteil variiert zwischen 14 und 26%, die Verdaulichkeitswerte, KStE und NEL sind gut (Tab. 3).
Empfohlene Gemenge:

| | | |
|---|---|---|
| – | Glatthafer | 4 kg |
| | Wiesenschwingel | 6 kg |
| | Knaulgras | 6 kg |
| | Wiesenlieschgras | 4 kg |
| | Wiesenrispe | 6 kg |
| | Rotschwingel ausläufertr. | 6,4 kg |
| | Deutsches Weidelgras tetrapl. | 1,6 kg |
| | Weißklee | 2,4 kg |
| | Hornklee | 0,8 kg |
| | Gelbklee | 2,8 kg |

(WLZ Stuttgart 1991)
für trockene Lagen,

oder
- Glatthafer 7 kg
  Hornklee 1 kg
  Knaulgras 4 kg
  Rotschwingel 3 kg
  Gelbklee 2 kg
  Weißklee 1 kg
  für sehr trockene Lagen

oder
- Glatthafer 4,35 kg
  Rotklee 1,50 kg
  Weißklee 1,80 kg
  Hornklee 1,65 kg
  Schwedenklee 0,90 kg
  Knaulgras 3,60 kg
  Wiesenlieschgras 4,50 kg
  Deutsches Weidelgras 3,30 kg
  Wiesenschwingel 8,40 kg
  (HESA 1992)

Wechselwiesenmischung für mittlere und milde Lagen, für 3- bis 5jährige Nutzung, Grün-Silage-Schnitt und Beweidung im Wechsel empfohlen

oder
- Glatthafer 4 kg
  Wiesenschwingel 12 kg
  Wiesenlieschgras 6 kg
  Wiesenrispe 4 kg
  Rotschwingel 3 kg
  Knaulgras 3 kg
  Weißklee 1 kg
  Hornklee 1 kg
  Rotklee 1 kg
  (Ministerium für Ländlichen Raum 1992)
  hauptsächlich für Schnittnutzung und trockene bis frische Standorte,

(oder siehe bei Gelbklee, Esparsette, Goldhafer, Hornklee und Wundklee).

**Weide, Heu, Silage**
Als Weide ist Glatthafer weniger geeignet, da er trittempfindlich ist; als Heu- und Silagepflanze dagegen zu empfehlen (Saatbeispiel siehe bei Esparsette).

**Gründüngung und Grünbrache**
Für kurzfristige Nutzung ist er nicht zu empfehlen, für mehrjährige Brache dagegen durchaus, da das umfangreiche Wurzelwerk gut krümelt und die Humusbildung fördert (Tab. 1).

**Wildäsung**
Insgesamt gute Eignung, deshalb für Daueräsungsmischungen sehr zu empfehlen, z. B.:
- Glatthafer 4 kg
  Weißklee 2,5 kg
  Hornklee 4 kg
  Knaulgras 2 kg
  Gelbklee 4 kg
  Wiesenschwingel 9 kg
  Wiesenripse 7 kg
  Wiesenlieschgras 12 kg
  Weißes Straußgras 3 kg
  (EGGELING 1991)
  für trockene Lagen und leichte Böden

(oder siehe bei Gelbklee, Esparsette, Hornklee und Wundklee).

**Sonstige Nutzung**
Für Böschungsbegrünungen geeignet; nicht aber als Rasengras oder Insektenweide verwenden.

## Saat

**Reinsaat:** 25 bis 40 kg/ha (nicht üblich);
**Mindestqualität** (ZS, HS): K > 75%, R > 90% (schwierig zu reinigen, da sperrig);
**Saattiefe:** 1 bis 2 cm;
**Reihenweite:** 20 cm;
**Saatgutpreis:** etwa 10,– DM/kg.

**Saatmethoden**
Als **Untersaat** im Frühjahr z. B. unter Sommergerste früher üblich.
Als **Hauptfrucht** als Gemengeanteil empfehlenswert.

## Ertrag

Der Grünertrag als Hauptfrucht (3 bis 5 Schnitte möglich) liegt zwischen 500 bis 800 dt/ha (etwa 140 dt Trockenmasse). Wichtig ist der 1. Grünschnitt. Rohproteinertrag ist mittelhoch bis hoch.

## Ökologische Bedeutung

**In der Fruchtfolge**
Als **Vorfrucht** ist Glatthafer sehr wertvoll. Er ist Symbol einer Tal-Fettwiese.
Die **Bodenbedeckung** ist mittelgut, Ernterückstände sind aber hoch.
Die **Durchwurzelung** ist mittelstark bis stark bis zu 2 m Tiefe. Die Nitratbindung ist gut, der Erosionsschutz ausgezeichnet.
In **natürlichen Gesellschaften** durch die Selbstausbreitung oft auch in Böschungen und an Straßenrändern zu finden (Tab. 2).

## Sortenangebot

Die fünf zugelassenen deutschen Sorten im Jahre 1994 sind hinsichtlich Rispenschieben, Wuchshöhe, Massenbildung, Rostanfälligkeit, Proteingehalt und Trockenmasseertrag sehr ähnlich. Die Vermehrungsflächen in Deutschland lagen im Jahre 1994 bei 237 ha.
Im EG-Sortenkatalog befanden sich 1992 auch zwei italienische Sorten; diese unterscheiden sich aber wesentlich durch ihre Wuchsform und Pflanzenhöhe.

# Goldhafer

Gelbhafergras, Goldhaariger Hafer
golden oats, golden oat-grass, yellow oat-grass
*Trisetum flavescens* (L.) P. Beauv., auch *Avena flavescens*

## Herkunft/Vorkommen

Die Verbreitungs- und Abstammungsgebiete des Goldhafers liegen in Europa und Asien. Wegen der Rauhklimatoleranz ist er bei uns vor allem in Mittelgebirgslagen und im Alpenvorland verbreitet. Er ist das **einzige Mittelgras** (Zwischenform von Ober- und Untergras) unter unseren Futtergräsern. Am häufigsten ist er in mehrjährigen Wiesen- und Weidebeständen ab 400 m über NN vertreten, wo er den Glatthafer ersetzt. Er kann ein- bis zweimal im Jahr geschnitten werden. Die Goldhaferwiesen waren schon immer ein Symbol für die „Berg-Fettwiesen".
Heute ist der Goldhafer als ergänzendes Futtergras bis nach Nordamerika verbreitet.
Die heutigen deutschen Züchtungen eignen sich für Wiesen und Weiden auch in höheren Lagen (Saatzucht Steinach 1993).

> Eines der besten Futter- und Heugräser für höhere, trockenere, kalkhaltige Wiesen; ein ausdauerndes und horstbildendes Futtergras im Dauergrünland und Kleegrasfutterbau.

## Botanik

Cytologie: 2n = 2x = 28 Chromosomen
Familie *Gramineae*; Tribus *Aveneae*, Gattung *Trisetum*

**Pflanze:** Mehrjährig, mittelhoch, lockerhorstig, zierlich, aufrecht wachsend, früh austreibend, mittelfrüh blühend, mehrschnittig, mehrmals im Jahr blühend, frostfest. Sehr gute Bestockung und Neuaustrieb nach dem Grünschnitt, auch noch im Spätherbst. Wenig verdrängend. Reift goldgelb, deshalb „Goldhafer" genannt. Gute Wurzelausbildung, mäßig stickstoffliebend.
**Jugendentwicklung:** Mittelgut, langsamer.
**Konkurrenzkraft:** Relativ hoch, doch er unterdrückt nicht die übrigen Nachbarpflanzen.
**Stengel:** Viele feine, feinbeblätterte Halme in lockeren, stark bestockten Horsten sind häufig.
**Blattspreiten:** Bis 4 mm breit, gerieft, weichbehaart. Das Blattöhrchen fehlt, Blatthäutchen kurz, gezähnelt; keine typische Blattfarbe.
**Blütenstand:** Ist eine aufrechte, bis 15 cm lange echte Rispe mit zahlreichen Ährchen. Diese sind etwa 6 mm lang, glänzend, goldgelb, zwei- bis dreiblütig und begrannt. Die Blütezeit ist im Hochsommer; sie ist aber stark vom Schnittzeitpunkt abhängig.

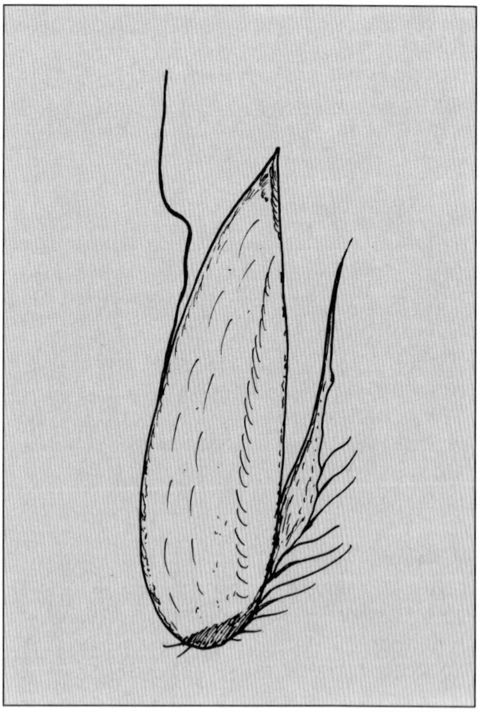

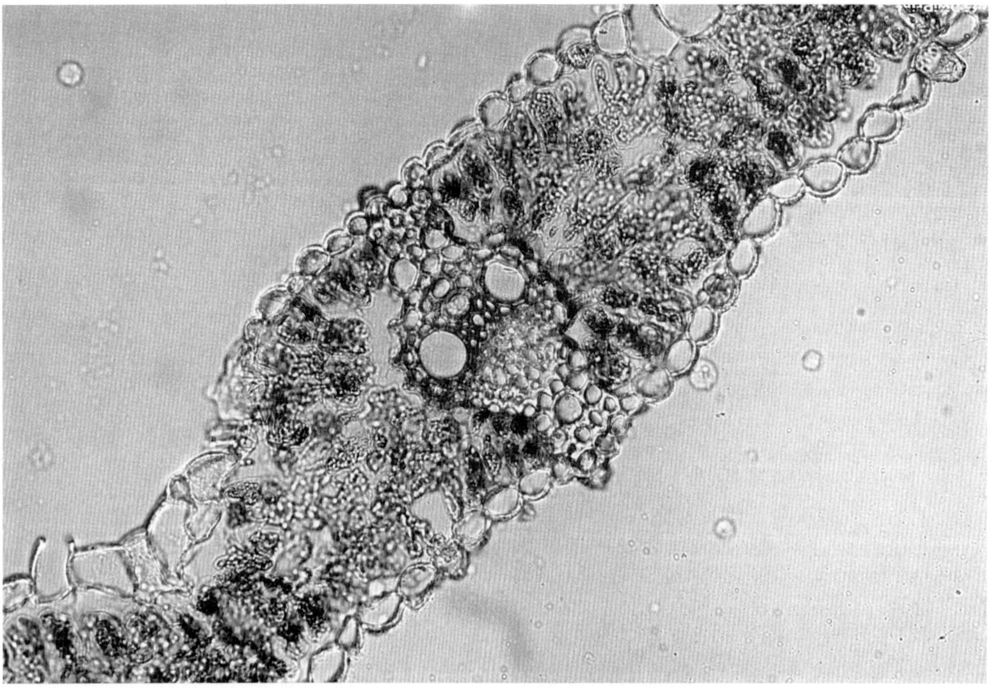

Das „Innenleben“ der Goldhaferpflanze: Querschnitt durch die frische Blattspreite.
Von oben: Epidermisschicht (die „Blatthaut“), Sklerenchym, Parenchym mit den für die Photosynthese wichtigen Chloroplasten; die Gefäßbündel, die den Wasser- und Nährstofftransport sichern, sind in der Mitte zu sehen.

## Samen

Etwa 5 mm lange Spelzfrucht mit drei Spitzen (lat. *tres* = drei, *seta* = Borste)
**TKG:** 0,3 bis 0,5 g;
**Farbe:** goldgelb, glänzend;
**Form:** länglich, Vorspelze abstehend, die Granne ist gekniet, etwa 3 mm lang, gedreht, zart;
**Größe:** etwa 5 × 0,8 × 0,3 mm;
**Besonderheiten:** das Saatgut ist weich, leicht, begrannt, fetthaltig und sperrig. Deshalb schwierige Samenvermehrung und Saat.

## Ansprüche

Insgesamt anspruchsloser, zäher und anpassungsfähiger als Glatthafer.

**Klima**
Warme, mäßig trockene bis wechselfeuchte Lagen werden bevorzugt. Dürretolerant. Goldhafer verträgt auch hohe Lagen.

**Boden**
Bevorzugt werden Kalkstandorte, auch frische Kalkverwitterungsböden, sogar Hochmoor. Optimal sind aber leichtere bis mittelhumose Standorte, auch etwas saure, nicht zu nasse, rohhumusreiche Böden.

**Nährstoffbedarf:** Goldhafer ist relativ anspruchslos, doch für eine Grunddüngung dankbar. Für Goldhaferwiesen werden empfohlen: 120 kg $P_2O_5$, 200 kg $K_2O$ und 110 kg N/ha. Auch mäßige Stallmist- und Gülledüngung fördert ihn, zuviel Stickstoff aber verdrängt ihn eher. Generell entfaltet er sein wirtschaftliches Optimum eher bei extensiver bei als zu intensiver Pflege.
**Auftreten von Krankheiten und Schädlingen**
Rost- und Mehltaubefall sind möglich.

## Verwendung

**Grünfutter**
Goldhafer ist wertvoll! Vollertrag im Reinanbau ist im 2. bis 5. Jahr zu erwarten (LESAK 1986). Allerdings ist er kein ausgesprochener Mähtyp wie der Glatthafer. Intensive Düngung und Reinverfütterung in zu hohen Mengen können zu sogen. Kalzinosen (Verdauungsstörungen) führen.
Der **Futterwert** ist mit Note 7 hoch. Das Futter ist blattreich und fein; durch die Bildung der blühenden und nichtblühenden Halme im Nachwuchs ergeben sich gewisse Futterwertschwankungen.
**Schmackhaftigkeit** und **Verdaulichkeit** sind sehr hoch (Tab. 3).
Empfohlene Gemenge:

**Freilaufende Hühner; die tiergerechten Haltungsformen brauchen auch ein geeignetes Pfanzenangebot.**

| | |
|---|---|
| – Goldhafer | 0,6 kg |
| Deutsches Weidelgras | 6 kg |
| Wiesenschwingel | 15 kg |
| Wiesenlieschgras | 5 kg |
| Wiesenrispe | 3 kg |
| Rotschwingel | 3 kg |
| Weißklee | 3 kg |

für Wiesen und Weiden in Süddeutschland

oder

| | |
|---|---|
| – Goldhafer | 0,8 kg |
| Rotklee | 3,6 kg |
| Hornklee | 3,6 kg |
| Schwedenklee | 2,8 kg |
| Weißklee | 3,6 kg |
| Wiesenschwingel | 12,0 kg |
| Wiesenlieschgras | 6,0 kg |
| Knaulgras | 2,0 kg |
| Deutsches Weidelgras | 5,6 kg |

(SCHOELL 1992)

für 4- bis 6jährige Nutzung für mittelschwere bis schwere Böden

oder

| | |
|---|---|
| – Goldhafer | 1,05 kg |
| Weißes Straußgras | 1,05 kg |
| Wiesenschwingel | 10,85 kg |
| Knaulgras | 1,05 kg |
| Wiesenlieschgras | 5,95 kg |
| Wiesenrispe | 4,20 kg |
| Rotschwingel | 5,95 kg |
| Deutsches Weidelgras | 1,05 kg |
| Weißklee | 3,80 kg |

(WLZ Stuttgart 1991);

für Schnittnutzung; moorige und anmoorige Lagen,

oder

| | |
|---|---|
| – Goldhafer | 0,8 kg |
| Weißklee | 2,4 kg |
| Schwedenklee | 0,8 kg |
| Hornklee | 1,2 kg |
| Wiesenschwingel | 12,4 kg |
| Wiesenlieschgras | 4,8 kg |
| Glatthafer | 2,0 kg |
| Knaulgras, spät | 3,6 kg |
| Wiesenrispe | 5,6 kg |
| Rotschwingel | 6,4 kg |

(DSV 1990)

für Dauerwiesen, trockenere Kalkverwitterungsböden,

oder

| | |
|---|---|
| – Goldhafer | 1,05 kg |
| Weißklee | 1,50 kg |
| Hornklee | 1,50 kg |
| Schwedenklee | 1,20 kg |
| Knaulgras | 1,20 kg |
| Wiesenlieschgras | 5,10 kg |
| Wiesenschwingel | 7,80 kg |
| Rotschwingel | 4,95 kg |
| Straußgras | 1,20 kg |
| Wiesenrispe | 3,60 kg |
| Fioringras | 0,90 kg |

(HESA 1991)

für Dauerwiesen in rauhen Lagen, mittelintensive Nutzung, als Grünfutter, Silage, für Beweidung geeignet.

**Weide, Heu, Silage**

Goldhafer verträgt keine starke Beweidung; trotzdem ist er in Gemengen sehr wertvoll! Die Bestockungs- und Nachwuchskraft ist hoch. Als Heu wird besonders der 2. Jahresschnitt geschätzt (Tab. 1).

**Gründüngung und Grünbrache**

Keine besondere Empfehlungen; als langjährige Art ist er als Mischungspartner entsprechend zu verwerten.

**Wildäsung**

Äsungswert und die Wilddeckung sind mittelhoch. Durch die Selbstverbreitung wird er wertvoll und standordtreu. Er wird anteilig z.B. in der artenreichen SEDAMIX-Mischung (APPEL 1991) empfohlen, (oder siehe bei Gelbklee und Esparsette).

**Sonstige Nutzung**

In Obstanlagen und an Ufern ist er natürlich

verbreitet. Für Rasenansaaten wird er aber nicht empfohlen.

## Saat

**Reinsaat:** 15 bis 20 kg/ha;
**Mindestqualität** (ZS, HS): K > 70%, R > 75%;
**Saattiefe:** 1 bis 1,5 cm;
**Breitsaat:** möglich;
**Saatgutpreis:** etwa 37,– DM pro kg.

**Saatmethoden**
Als **Untersaat** ist Goldhafer gut möglich, aber erst im 2. Jahr voll leistungsfähig. Einsaaten sind gut möglich.
Als **Hauptfrucht:** Vollertrag vom zweiten bis zum achten Jahr (Tab. 2).
Bemerkung: Das Saatgut ist sehr sperrig, fein und schwierig zu drillen.

## Ertrag

Die Grünleistung ist mittelhoch, doch etwas unter dem von Glatthafer. Die Goldhaferwiesen bringen etwa 60 bis 90 dt/ha Trockenmasse mit einem mittelhohen Rohproteinanteil.

## Ökologische Bedeutung

**In der Fruchtfolge**
Anteilig insgesamt eine „gute" Grasart.
Die **Bodenbedeckung** ist mittelhoch. Goldhafer leidet aber unter Unkräutern und „starken" wüchsigen Weidelgräsern.
Die **Ernterückstände** sind mittelhoch.
In **natürlichen Gesellschaften** ist er stark verbreitet; oft in kalkhaltigem Hügelland, Heide, an Wegrändern, Ufern, in Obstgärten zu finden. Starke Selbstaussamung (Tab. 2).

## Sortenangebot

Eine zugelassene deutsche Sorte im Jahre 1994. Die Beurteilung erfolgt beim Bundessortenamt in zwei bis fünf Vegetationsjahren. Die Vermehrungsfläche in Deutschland lag im Jahr 1994 bei 67 ha; die Ernte ist aber ziemlich verlustreich. Diese Sorte ist feinstengelig, früh und geeignet für Wiesen und Weiden, die auch trocken sind (Saatzucht Steinach 1992). Gleichzeitig war sie die einzige EG-Sorte im Jahre 1992.

# Quecke

Ackerquecke, Echte Quecke, Gemeine Quecke, Kriechende Quecke, Hundsweizen, Flechtgras, Pede, Quitsche
Quackgrass
*Agropyron repens* L.
(*Triticum repens* L., *Elytrigia repens* (L.), *Elymus repens* (L.) (ZANDER 1993).

## Herkunft/Vorkommen

Die **Quecke** ist eine uralte Grasart, welche in den gemäßigten Zonen in der ganzen Welt, in Südamerika und Australien, sicher seit Menschengedenken verbreitet ist. Bekannt sind europäische Samenfunde bereits aus der Neolithikperiode.
Als zähes Weiden- und Wiesengras wurde sie eher geduldet, doch bereits im Mittelalter als Futterpflanze teilweise gezielt genutzt. In Deutschland waren es die sogenannten „Queckenwiesen" und „Jauchewiesen", die bis drei Grünschnitte pro Jahr erlaubten! In Europa wurden früher die Queckenrhizome in der Volksmedizin als lösendes Mittel bei Verschleimungen, als Kaffee- und Mehlersatz sowie zur Alkohol- und Saponinherstellung genutzt.
Als Garten- und Ackerungras war und ist die verdrängende Quecke eher gefürchtet. Ihre Fähigkeit, sich auch durch zerrissene unterirdische Ausläufer zu vermehren ebenso wie generativ über die zähen Samen, ist jedem Landwirt bekannt. So ist sie früher in das „Guinness Buch der Rekorde" eingegangen:
„ ... sie kann nach einem Kochprozess teilweise ihre Keimfähigkeit behalten! Auch nach einem Durchgang durch den Kuhverdauungstrakt sind einige Samen im Stallmist noch überlebensfähig!"
Dabei stellen *Agropyron*-Arten, zu denen die Quecke gehört, ein bisher kaum genutztes Genreservoir dar. So wurden in den USA neue Sorten für den Feldfutterbau aus *Agropyron intermedium* gezüchtet. In Rußland nutzte man die Bastarde aus Quecken und Weizen zur Grünfutter- und Körnergewinnung (in eigenen Versuchen haben sich diese Formen jedoch nicht bewährt; SNEYD 1990).
Eine zunehmende Bedeutung hat die Quecke heute besonders im nichtlandwirtschaftlichen Sektor, nämlich als ausdauernde, zähe Pionierpflanze für die Dauerbrache, Hangbefestigung und Rekultivierung strukturgeschädigter Flä-

chen, wie z. B. in ehemaligen Braunkohlerevieren in Ostdeutschland.

Eine weitverbreitete, ausdauernde, zähe, bedingt verfütterungsfähige Obergrasart, im Ackerbau eher lästig. Steigende Bedeutung für: Autobahn- und Uferbefestigungen, Dauerbrache, als Erosionsschutz und für die Überschwemmungsgebiete.

## Botanik

Cytologie: 2n = 28 (42) Chromosomen
Familie *Gramineae*, Tribus *Hordeae*, Gattung *Agropyron* mit mehr als 25 Arten. Verwandtschaft mit *Triticum*-Arten; deshalb relativ gute Futterwerte.

**Pflanze:** Mehrjährig, frühtreibend, ausläuferbildend, bis 140 cm hoch. Die unterirdischen Rhizome sind eigentlich Stengelausläufer, die aus mehreren Gliedern und Knoten bestehen. Jeder Knoten kann sich bewurzeln und neue Triebe und Ausläufer bilden. Die Pflanze kann so pro Jahr bis 10 $m^2$ Fläche besiedeln. Sie ist verdrängend, winterfest und sehr robust.
Sie kann sogar Holz und Teerdecken auf den Straßen durchwachsen.
**Jugendentwicklung:** Gut.
**Konkurrenzkraft:** Hoch, unter Beschattung wesentlich niedriger (Bekämpfung!).
**Halm:** Lang, mit vielen Knoten, gut beblättert, blau- bis graugrün, verholzt schnell. Viele Halmtriebe ohne Blütenstand, also steril.
**Blatt:** Länger, 3 bis 10 mm breit, schwach gerieft, meistens gedreht, unten matt, oben manchmal behaart. Blattöhrchen sind sehr schmal, übereinander liegend, oft rötlich gefärbt.
**Blüten:** Zwittrig, zahlreich, in Ährchen. Quecke ist ein starker Fremdbefruchter mit mittelspäter Blütezeit, meistens im Juni/Juli. Der Blütenstand ist eine zweizeilige, aufrechte, lockere Ähre, meistens unbegrannt (siehe Abb. unten).

## Samen

Es handelt sich um Spelzfrüchte in mehrblütigen Ährchen; länglich zugespitzt, kurz begrannt oder auch unbegrannt.
**TKG:** etwa 3 bis 5 g;
**Farbe:** schmutziggrau, gelblich;
**Form:** schmal-länglich, manchmal kurze, steife Granne vorhanden;
**Größe:** etwa 7 bis 10 mm Gesamtlänge, eigentliche Frucht nur 5 bis 7 mm;
**Besonderheiten:** verbreitetes Stielchen, rund, oben abgeflacht (Bem.: mit Lupe gut sichtbar).

**Die Ackerquecken vermehren und verbreiten sich vegetativ durch ausläufertreibende Rhizome (siehe auch Farbbild), aber auch generativ über die hartnäckigen Samen.**

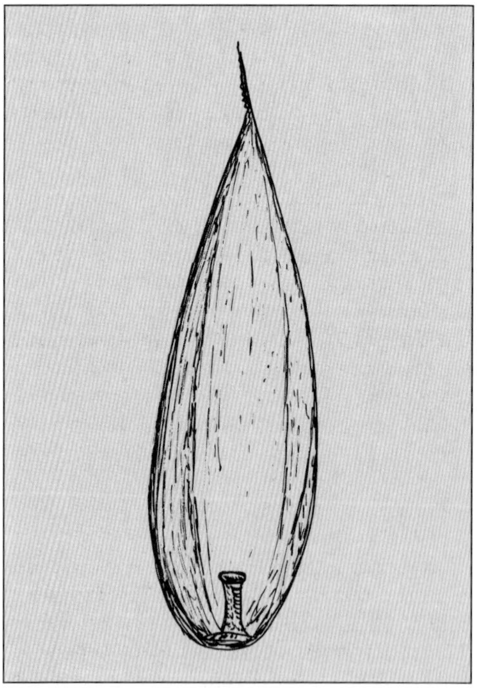

## Ansprüche

Insgesamt anspruchslos, doch für intensivere Anbaubedingungen dankbar. Sehr anpassungsfähig, auf den meisten Böden wild vorkommend. Leidet unter Beschattung.

**Klima**
Die Quecke ist lichthungrig und wärmebedürftig; das Temperaturoptimum ist ungewöhnlich hoch. Überschwemmungen und Trockenheit werden jedoch sehr gut toleriert.

**Boden**
Zusagend sind humosere, wärmere, kalkhaltige Standorte, wie z. B. feuchte, reiche Talwiesen. Aber auch recht unterschiedliche Böden wie Niedermoorland und Sandbodengrasland werden oft besiedelt.
Der **Nährstoffbedarf** ist vergleichbar mit Futtergräsern; besonders gut wird aber Stickstoff ausgenutzt und umgesetzt.
Besonderheit: Viele Nährstoffe werden ab Frühherbst in die Rhizome umgelagert und dort gespeichert.

**Auftreten von Krankheiten und Schädlingen**
Weidelgras-ähnliche Problematik; öfters treten Rost-, Fuß-, und Mutterkornpilze auf. Insgesamt gilt aber die Quecke als eine sehr gesunde Grasart.

## Verwendung

**Grünfutter**
Die jungen Triebe und Blätter sind sehr schmackhaft. Im Spätstadium wirkt sich die Verholzung der Pflanzen jedoch negativ aus. Früher wurden – in frischen Lagen – sogar in Reinkultur, die „Queckenwiesen" bis 3× pro Jahr genutzt.
Der **Futterwert** liegt mit Note 6 (von 9 möglichen) ziemlich hoch; außerdem ist die Quecke protein- und mineralstoffreich. Die kStE und NEL sind gut (Tab. 3).
**Schmackhaftigkeit** und **Verdaulichkeit** der frischen, jungen Blätter und Halme haben insgesamt günstige Werte und Eigenschaften.

**Weide, Heu, Silage**
Die „Queckenweiden" hatten früher einen mittleren landwirtschaftlichen Wert, wurden aber oft beweidet. Heu und Silage mit Queckenanteilen sind relativ gut brauchbar (Tab. 1).

**Grünbrache**
Für eine dauerhafte Schnellbegrünung bestimmter Lagen und als Erosionsschutz ist die Quecke möglicherweise auch gut geeignet.
Gemengebeispiele:

| | |
|---|---|
| – Quecke | 3 kg |
| Deutsches Weidelgras | 4 kg |
| Rotschwingel horstb. | 2 kg |
| Wiesenrispe | 2 kg |
| Welsches Weidelgras | 6 kg |
| Rotschwingel ausläuf. | 2 kg |
| (DSV 1991) | |

oder

| | |
|---|---|
| – Quecke | 2,5 kg |
| Gemeine Rispe | 1,3 kg |
| Rotschwingel ausläuf. | 1,25 kg |
| Deutsches Weidelgras | 5,0 kg |
| Schafschwingel | 1,25 kg |
| Wiesenschwingel | 2,50 kg |
| Einj. Weidelgras | 1,25 kg |
| Knaulgras | 1,25 kg |
| Kräuter, Klee (div.) | 5,00 kg |
| (WLZ Stuttgart 1992) | |

**Wildäsung**
Als Beisaat möglich; der Äsungswert (z. B. für Hasen) ist mit Glatthafer, Trespen und Walderdbeere erstaunlicherweise vergleichbar.

**Bienenweide**
Beflug von pollensammelnden Insekten ist sporadisch möglich doch bedeutungslos.

**Sonstige Nutzung**
Für Autobahnrandbefestigungen, Hecken und Böschungsansaaten ist sie hervorragend geeignet, z. B.:

| | |
|---|---|
| – Quecke | 3 kg |
| Deutsches Weidelgras | 12 kg |
| Rotschwingel ausläuf. | 2 kg |
| Rotschwingel horstbild. | 2 kg |
| Wiesenrispe | 1 kg |
| (DSV 1991) | |

Für Dünen- und Strandsaaten wird häufiger die verwandte Queckenart *Agropyron junceum* empfohlen.

## Saat

**Reinsaat:** 18 kg/ha, aber auch wenige Samen pro $m^2$ sind für viele Nutzungszwecke ausreichend;
**Mindestqualität:** K > 80%, R > 90%; freiwillige Norm, siehe auch Abschnitt „Saatgutangebot".

**Saattiefe:** 1 bis 3 cm;
**Saatgutpreis:** auf Anfrage (Tagespreis).

**Saatmethoden**
Ähnlich den übrigen Gräsern, z. B. dem Deutschen Weidelgras.

## Ertrag

Im Reinanbau liefert die Quecke oberirdisch bis 250 dt/ha Grünmasse, unterirdisch bis 20 dt/ha Trockenmasse. Der Rohproteinertrag ist mittelhoch.

## Ökologische Bedeutung

**In den Ackerfruchtfolgen**
Wegen der „Verqueckung" und Durchwuchsgefahr ist sie bekanntlich nicht zu empfehlen.
Auch der **Vorfruchtwert** ist deshalb fraglich, ähnlich wie die **Bodenbedeckung**.
Ebenso unangenehm ist die Tatsache, daß die Quecke zu den Wirtspflanzen für den Getreide-Mutterkornpilz, *Claviceps purpurea*, zählt.
Doch in Überschwemmungswiesen und Dauergrünland ist sie anteilig als **Pionierpflanze** durchaus wünschenswert. Sie ist oft in **natürlichen Pflanzengesellschaften** in Böschungen, Wiesen, Weiden, an Ufern und Straßenrändern, auf Dünen und Schutthalden vertreten (Tab. 2).
Die **Durchwurzelung** ist dabei intensiv; die Wurzeln (Rhizome) sind meterlang. Selbstausbreitung ist durch die Samen und Rhizome sehr gut möglich. Eine einzige Pflanze kann ein ganzes Feld besiedeln und stellt im genetischen Sinne ein Klon dar.

## Saatgutangebot

Es gibt bei uns und in der EG keine „echten" Sorten; die Quecke steht auch nicht im Artenverzeichnis zum Sortenschutzgesetz. Das Saatgut wird sogar aus Saatgutreinigungsanlagen, sehr seltenen gezielten (Unkraut!)-Vermehrungsbeständen und Importen gelegentlich angeboten (Umfragen Sneyd 1993).

# Kolbenhirse

Borstenhirse, Welscher Fennich
German Millet, Italian Millet, foxtail millet
*Setaria italica* (L.) P. Beauv.

## Herkunft/Vorkommen

Die Abstammungsgebiete der Kolbenhirse erstreckten sich von Westchina bis nach Europa, die sekundären Genzentren waren noch mehr verstreut. Diese Hirsenart ist heute nämlich sehr formenreich, die Systematik deshalb außerordentlich strittig.
Die *Setaria*-Hirsen haben sich wahrscheinlich aus dem Unkraut *Setaria viridis* entwickelt. Bekannt sind Funde aus der europäischen Jungsteinzeit, in der Hirsebrei und Fladenbrot eine wichtige Rolle in der Ernährung spielten und Funde aus China, die 6000 Jahre alt sind.
Neben der Kolbenhirse sind in Europa heute nur wenige verwandte Arten landwirtschaftlich interessant: es ist vor allem Rispenhirse, Mohrenhirse (*Sorghum*), Zuckerhirse (*S. dochna* Forsk), Besenhirse (*S. dochna* Snowden), Sudangras und einige Durchkreuzungen und Hybriden dieser Arten, wie z. B. $F_1$-*Setaria* × *Sorghum* oder Sorghum x Sudangras. Die Kolbenhirse gehört zu der Gruppe der Millet-Hirsen (Kleine Hirsen) – im Unterschied zu den *Sorghum*-Hirsen. Die Weltanbaufläche dieser beiden Gruppen lag 1990 bei jeweils etwa 37 bzw. 43 Mio. ha (FAO 1992).
Heute ist die Kolbenhirse vor allem in Afrika, Indien, Nordchina und in Rußland und seinen benachbarten Staaten verbreitet. Die Jahresweltproduktion liegt bei 8 Mio. Tonnen Körnern. In Europa wird die Kolbenhirse überwiegend als Grünfutter angebaut; bekannt ist sie bei uns vor allem leider nur als Importvogelfutter, kaum als Nahrung.

Maisähnliche Grasart, weltweit wichtig als trockentolerante Körner-, Grünfutter- und Gründüngungspflanze. Heute durch Mais und Sorghumhirsen stark verdrängt.

## Botanik

Cytologie: 2n = 2x = 18 Chromosomen;
es sind aber viele tetraploide und oktoploide Formen und Sorten bekannt.

Familie *Gramineae*, Unterfamilie *Panicoideae*, Tribus *Paniceae*, Gattung *Setaria* (WAGNER 1979).

Die Vielfalt der Hirsenformen wird zusätzlich durch die häufigen Durchkreuzungen zwischen den Unterarten „Große“ und „Mittlere Hirse“ botanisch und landwirtschaftlich ständig erweitert. Sie alle aber zählen zu den sogenannten $C_4$-Pflanzenarten. Das Photosyntheseprodukt ist bei diesen aus vier Atomen zusammengesetzt, was eine effektivere Wärme-, Wasser- und $CO_2$-Ausnutzung ermöglicht, vor allem unter tropischen Bedingungen.

**Pflanze:** Rispenhirse ist sommerjährig, wärmeliebend, mit einer sehr kurzen Vegetationszeit (Körnerreife nach nur etwa 4 Monaten), trockenfest, bestockungsfreudig, ist etwa 1 bis 2 m hoch, mehr flachwurzelnd und frostempfindlich. Die Photosyntheseleistung ist manchmal höher als bei Weizen oder Zuckerrüben.
**Jugendentwicklung:** Zügig, stark wärmeabhängig und saatzeitbedingt.
**Konkurrenzkraft:** Hoch.
**Stengel:** Rund, relativ standfest.
**Blätter:** zahlreich, mittelgrün, kahl, lanzettlich.
**Blütenstand:** Eine 5 bis 30 cm lange, kolbenartige Scheinähre (eigentlich eine zusammengezogene Rispe). Zweiblütige Ährchen mit nur einer fertilen Blüte; aus der zweiten entwickeln sich die Borsten (lat. *setar* = Borste; siehe auch Farbtafel). Deren Länge liegt zwischen 2 und 14 mm, die Abblüte erfolgt von oben. Überwiegend Selbstbefruchter; abhängig vom Witterungsverlauf.

**Die formenreichen Hirsen sind heute als Nahrungs- und Futterpflanzen weltweit verbreitet, in Nordeuropa jedoch noch selten zu sehen.**

## Samen

Es handelt sich um eine Spelzfrucht (Spelzenanteil etwa 20%, Eiweißgehalt 12–17%, Fett 6–10%, Kohlenhydrate etwa 60%).
**TKG:** 2 bis 4 g;
**Farbe:** gelblich, weiß, grau, braun, schwarzbraun, rotbraun, meistens glänzend;
**Form:** breit-eiförmig; Frucht ist kreisrund-oval;
**Größe:** etwa 1,8 × 1,2 × 1 mm; Gesamtspelzfrucht ist etwas größer;
**Besonderheiten:** Nabel braun, grübchenförmig; keine Längsfurche vorhanden.

## Ansprüche

Relativ anspruchslos; kann auch in Grenzlagen des Maisanbaues empfohlen werden.

**Klima**
Kontinentale Wärmelagen sind optimal.
Der Transpirationskoeffizient ist sehr niedrig; nur 290 l Wasser (zum Vergleich Weizen 540 l, Zuckerrüben 400 l), werden für die Bildung von 1 kg Trockensubstanz benötigt. Niederschläge von nur 500 bis 700 mm pro Jahr sind deshalb völlig ausreichend. Als die trockentoleranteste Art zählt jedoch die verwandte Art Perlhirse *Pennisetum typhoideum* (BECKER 1993).

**Boden**
Bevorzugt werden mittlere, leichtere, gut erwärmbare, lockere, neutrale Standorte. Keimung erfolgt ab 10 °C. Ungeeignet sind zu schwere, kalte, saure, nasse Böden.

Der **Nährstoffbedarf** ist niedrig bis mittel, wegen der kurzen Vegetationszeit sind leichtverfügbare Nährstoffe aber vorteilhaft. Düngungsempfehlung: 50 kg $P_2O_2$/80 kg $K_2O$/60–100 kg N/ha.

**Hirse als „Nachwachsender Rohstoff" (Sortenversuch).**

**Auftreten von Krankheiten und Schädlingen**
Mehltau, Rost, Flugbrand sowie Vogelschäden kommen häufiger vor.

## Verwendung

**Grünfutter**
Sehr gute Futtereigenschaften, sogar besser als die der Rispenhirse; sie wird sehr gerne von den Tieren gefressen (Tab. 1).
Der **Futterwert** ist ähnlich dem Grünmais. Die Nettoenergielaktation liegt zwar unter der von Klee und Mais, ist aber vergleichbar mit Rispenhirse, Phacelia und Zottelwicke. Der Rohproteingehalt in der Trockenmasse liegt bei 12% (exakte Futterwerte sind in der Tab. 3 enthalten).
**Schmackhaftigkeit** und **Verdaulichkeit** sind hoch, da die Pflanze zuckerreich und bekömmlich ist, besonders aber im Stadium „Kolbenschieben". Später verholzt sie von unten.
Gemengebeispiel:

| | |
|---|---|
| – Kolbenhirse | 6 kg |
| Wicken | 40 kg |
| Felderbsen | 60 kg |

oder

| | |
|---|---|
| – Kolbenhirse | 6 kg |
| Mais | 50 kg |
| Peluschken | 50 kg |

**Weide, Heu, Silage**
Beweidung und Heugewinnung sind zwar möglich, doch bei uns nicht üblich. Silierung ist ebenfalls möglich, wird besonders aber in Gemengen empfohlen (Saatbeispiel siehe bei Buchweizen).

**Gründüngung**
In Gemengen ist diese Hirse sehr empfehlenswert, da sie mit anderen Arten gut kombiniert, z. B.:

| | |
|---|---|
| – Kolbenhirse | 8 kg |
| Rispenhirse | 8 kg |
| Serradella | 10 kg |
| Phacelia | 3 kg |
| Buchweizen | 3 kg |

**Grünbrache**
Für Rotationsbrache ist sie ebenfalls gut geeignet, z. B.:

| | |
|---|---|
| – Kolbenhirse | 3 kg |
| Rispenhirse | 8 kg |
| Sommerpeluschken | 40 kg |

(nicht in Wasserschutzgebieten!)

**Wildäsung**
Als Wildackerzwischenfrucht hat die Kolbenhirse gute Eignung, da sie schmackhaft ist und gute Deckung bietet., vor allem auf sonnigen, trockenen Standorten. Auch als Körneräsung wird sie sehr oft empfohlen (Tab. 1). „Für Wildäsungszwecke bei Federwild ist die mittlere Pflanzenlänge (Sorte 'Lisetta') mit stabilem Halm und kleinen Kolben mit festem Kornsitz von besonderem Vorteil" (Deutsche Saatveredelung 1993).
Gemengebeispiel:

| | |
|---|---|
| – Kolbenhirse | 3 kg |
| Rispenhirse | 3 kg |
| Mais | 20 kg |
| Lupinen, „süß" | 12 kg |

(Ministerium für Ländlichen Raum 1989)
oder

| | |
|---|---|
| – Kolbenhirse | 2 kg |
| Rispenhirse | 2 kg |
| Sonnenblumen | 5 kg |
| Mais | 10 kg |
| Malve | 3 kg |
| Peluschken | 20 kg |
| Erbsen | 20 kg |
| Buchweizen | 6 kg |
| Gelbe Lupine | 15 kg |

(SNEYD 1992)
auch als Körneräsung geeignet
(oder siehe bei Buchweizen, Esparsette, Phacelia, Rispenhirse und Weiße Lupine).

**Bienenweide**
Keine Bedeutung, selten als Pollenquelle von Insekten aufgesucht.

**Sonstige Nutzung**
Bekanntlich als „alternative“ Nahrung für die Menschen; oft als Vogelfutter.

## Saat

**Reinsaat:** 10 bis 16 kg/ha;
**Mindestqualitä:** K > 85%, R > 97%;
**Saattiefe:** 1 bis 2 cm;
**Reihenweite:** 20 cm, Breitsaat möglich;
**Saatgutpreis:** etwa 4,– DM/kg.

**Saatmethoden**
Als **Untersaat** nicht zu empfehlen, da schattenunverträglich.
Als **Haupt-** und **Zweitfrucht** erst ab Mai wegen der Keimbedingungen (mehr als 10 °C Bodentemperatur notwendig) anbaufähig.

## Ertrag

Der Grünertrag liegt zwischen 200 und 400 dt/ha (etwa 30 bis 50 dt/ha Trockenmasse mit einem mittelhohen Rohproteinanteil). Im Zwischenfruchtanbau sind es immerhin etwa 120 bis 200 dt.

## Ökologische Bedeutung

**In der Fruchtfolge**
Der **Vorfruchtwert** ist nur mäßig. In Wasserschutzgebieten können aber noch im Spätherbst hohe Nitratmengen durch die Kolbenhirse sinnvoll genutzt und vor der Auswaschung bewahrt werden.
Die **Selbstausbreitung** ist gut möglich, doch als Verunkrautung eher lästig.
Die **Bodenbedeckung** und **Durchwurzelung** ist anfangs spärlich, später ausreichend, die Bodenkrümelung mittelgut (Tab. 2).
**Ernterückstände** sind mittelhoch bis hoch, vor allem in der Ackerkrume.
In **natürlichen Gesellschaften** sind die wildverwandten Hirsen verbreitet und im Ackerbau gefürchtet, da sie teilweise eine Herbizidresi stenz z.B. in Maisbeständen entwickeln konnten. Auch dies ist ein Evolutionsbeispiel für die Abwehrfähigkeit der Pflanzenarten.

## Sortenangebot

Die Kolbenhirse unterliegt nicht dem deutschen Saatgutverkehrsgesetz. Im Jahre 1993 hatten wir eine geschützte deutsche Sorte auf dem Markt (DSV 1993).

# Rispenhirse

Echte Hirse, Indian millet
proso millet, true millet, common millet
*Panicum miliaceum* L.

## Herkunft/Vorkommen

Die Rispenhirse ist eine uralte Körner- und Futterpflanze. Ihre Abstammungsgebiete lagen vermutlich in Vorder-, Mittel- und Zentralasien. Sie kann drei Subspezies zugeordnet werden: den Flatterhirsen, den Klumphirsen und den Dickhirsen. Der Stammelter dieser Formen war mit ziemlicher Sicherheit auch die Art *Panicum spontaneum*.
Die Rispenhirse wurde vor allem als Fladenbrot (obwohl die typische Weizenbackfähigkeit mangels Kleber fehlt) und Breigetreidepflanze schon von den Römern angebaut und genutzt. So schreibt bereits Hesekiel 4,9: „ ... so nimm zu dir Hirse und mache dir Brot daraus ...“ Auch in Nordeuropa wurden mehrere steinzeitliche Hirsefunde nachgewiesen.
Die Rispenhirse war in der Fruchtfolge früher eine Hackfrucht und galt in Deutschland noch im 19. Jahrhundert als das „Getreide des armen Mannes“ (PABST 1844). Im Mittelalter wurde sie in Süddeutschland auch als Grünfutter stärker angebaut, doch dann schnell durch den Dinkel-, Roggen- und Kartoffelanbau verdrängt.
Bedeutende Anbaugebiete sind heute vor allem in Indien, China, in Rußland und seinen benachbarten südlichen Staaten, Südosteuropa, Nigeria und Uganda (FAO 1992). Die Weltproduktion liegt bei 9 Mio. Tonnen. Auch Hybridsorten werden gezüchtet.

> Eine uralte Kulturpflanze aus der „Alten Welt“. Sie ist eine wärmeliebende, energie- und vitaminreiche Nahrungs- und Futtergetreideart. Als Körner- und Grünfutterpflanze für leichtere, trockenere, extensivere Standorte auch bei uns möglicherweise wieder interessant.

Hirsensaatgut wird in südlichen, klimatisch günstigeren Klimagebieten vermehrt; Feldbestandsprüfung einer Hybridzüchtung durch den Autor.

## Botanik

Cytologie: 2n = 2x = 18 Chromosomen, häufig sind auch tetraploide Formen mit 36 Chromosomen.
Familie *Gramineae*, Tribus *Paniceae*, Gattung *Panicum* (mit etwa 500 Arten, hierzu gehört auch das Guinea-Gras.) Sie ist eine Kurztagspflanze mit hoher Anpassungsfähigkeit und einer Vegetationszeit in Warmlagen von nur drei bis vier Monaten.

**Pflanze:** Relativ anspruchslos, maisähnlich, dürre- und salztolerant, sommerjährig, „lichthungrig", 30 bis 180 cm hoch (Sortenunterschiede), wärmeliebend, flachwurzelnd.. Extrem hoch ist die Photosyntheserate dieser Pflanzenart.
**Bodentemperatur:** Zur Keimung sind mindestens 8 °C notwendig
**Jugendentwicklung:** Zügig (wärmeabhängig).
**Konkurrenzkraft:** Hoch.
**Stengel:** Rund, behaart, hohl.
**Blätter:** Breiter und länger als beim Getreide, eher maisähnlich, zahlreich.
**Blütenstand:** Bildet eine echte Rispe mit zweiblütigen Ährchen, aber mit nur einem ausgebildeten Einzelkorn. Die Blüte ist zwittrig; Abblüte erfolgt in der Rispe von oben nach unten und dauert einige Wochen. Je nach Witterung und Sorte Selbst- und Fremdbefruchtung möglich.

## Samen

Es handelt sich um Spelzfrüchte, da die Karyopsen fest von den Deckspelzen umschlossen sind (fallen aber leicht aus den Hüllspelzen). Der Spelzenanteil liegt bei 20%, Eiweißgehalt 10 bis 18%, Fett 4 bis 6%, Kohlenhydrate bei etwa 60%.
**TKG:** 3 bis 8 g (Spelzfrüchte);
**Farbe:** möglich sind hellgelbe, weißliche, gelbliche, rötliche, bräunliche, meist glänzende Samen;
**Form:** breit-eiförmig, etwas zugespitzt; die Nacktsamen selbst sind aber eiförmig und weißlicher;
**Größe:** etwa 2,9 × 2,2 mm (Spelzfrucht);
**Besonderheiten:** Nabel ist grübchenförmig.

## Ansprüche

Sie sind insgesamt niedrig; die Rispenhirse ist jedoch für Kulturmaßnahmen dankbar.

### Klima

Das frostfreie kontinentale Wein- und Maisklima mit trockeneren, warmen Spätsommern ist

Die schmackhafte Rispenhirse kann auch in unseren Wärmelagen dem Grünmais (rechts) Konkurrenz machen.

ideal, Wasseransprüche dieser Hirse sind insgesamt niedrig bis mittelhoch. Die Pflanzen sind gegen kühlere Temperaturen relativ unempfindlich.

**Boden**

Bevorzugt werden fruchtbare, leichtere, lockere, humosere, neutrale, leicht erwärmbare lehmige Böden. Wichtig ist ein feines Saatbett. Nicht geeignet sind zu saure, schwere und nasse Standorte.

**Nährstoffbedarf:** Wegen der sehr kurzen Vegetationszeit sind leicht aufnehmbare Nährstoffe vorteilhaft. Besonders Stickstoff wird sehr gut verwertet.

Düngungsempfehlung: 50 kg $P_2O_5$, 80 kg $K_2O$, 60 bis 100 kg N/ha zur Saat.

**Auftreten von Krankheiten und Schädlingen**

Pilzbefall z. B. durch Mehltau, Rost- und Brandkrankheiten kommt vor, ebenso wie die Gallmücken und Schäden durch Vogelfraß.

## Verwendung

**Grünfutter**

Insgesamt gute Gesamtfuttereigenschaften (Tab. 1), etwas unter denen der Kolbenhirse, doch von Tieren wird sie sehr gerne gefressen. Die Schnittreife ist früher als bei Kolbenhirse. (Im Himalaja werden einige Formen sogar in nur sechs Wochen erntereif.) Die Sorte 'Lipa' hat eine Gesamtwuchsdauer von ca. 105–110 Tagen (Deutsche Saatveredelung 1993).

Der **Futterwert** ist insgesamt dem Grünmais und der Kolbenhirse ähnlich. Doch die KStE und NEL sind vergleichbar eher mit Grünhafer, Wicken und Serradella; sie liegen allerdings unter den Mais- und Rotkleewerten (exakte Futterwerte sind in Tab. 3 aufgeführt).

**Schmackhaftigkeit** und **Verdaulichkeit** sind hoch, da die Pflanze höchst bekömmlich und zuckerreich ist, besonders beim Rispenschieben. Ältere, verholzte Pflanzen werden zäh und sind minderwertig.

Gemengebeispiele:

| | |
|---|---|
| – Rispenhirse | 8 kg |
| Felderbsen | 60 kg |
| Sommerwicken | 40 kg |
| oder | |
| – Rispenhirse | 8 kg |
| Felderbsen | 140 kg |
| Mais | 20 kg |

**Weide, Heu, Silage**

Bei uns ist die Beweidung grundsätzlich möglich, doch wie die Heugewinnung unüblich. Die Silierbarkeit ist sehr gut und vergleichbar mit Mais. Das Gärfutter hat eine sehr gute Zusammensetzung und ist deshalb ein gutes Grundfutter. Rispenhirse ist auch in Mischsilage mit anderen silierfähigen Futterpflanzen empfehlenswert.

**Gründüngung**
Die Rispenhirse ist für schnelle Sommer- und Herbstbegrünungen, auch als Stützfrucht, zu empfehlen. Sie kann anfangs zwar leicht unterdrückt werden, ist dann aber dicht, garebildend und hinterläßt hohe Ernterückstände, die gut verrotten.
Empfohlenes Gemenge:

| | |
|---|---|
| – Rispenhirse | 5 kg |
| Winterweizen | 30 kg |
| Phacelia | 3 kg |
| Sonnenblumen | 2 kg |
| Buchweizen | 5 kg |
| Mais | 5 kg |
| Ackerbohnen | 20 kg |

(oder siehe bei Kolbenhirse).

**Grünbrache**
Für Rotationsbrache in warmen Lagen wird folgendes Gemenge empfohlen:

| | |
|---|---|
| – Rispenhirse | 5 kg |
| Phacelia | 3 kg |
| Buchweizen | 10 kg |
| Ackerbohnen | 15 kg |

(EGGELING 1991)
(oder siehe bei Kolbenhirse).

**Wildäsung**
Mittelgute Äsungseigenschaften für Federwild, deshalb für einjährige Wildäcker geeignet, z. B.:

| | |
|---|---|
| – Rispenhirse | 3 kg |
| Kolbenhirse | 3 kg |
| Mais | 20 kg |
| Lupinen, süß | 10 kg |
| Malve | 2 kg |
| Buchweizen | 4 kg |
| Sonnenblumen | 2 kg |
| Erbsen | 10 kg |

(oder siehe bei Esparsette, Futtermöhre, Kolbenhirse, Phacelia, Sonnenblume und Weiße Lupine).

**Bienenweide**
Keine Bedeutung, höchstens die Pollen als Kraftnahrung für die Insekten.

**Sonstige Nutzung**
Körner sind bei uns leider nur als Vogelfutter bekannt; kaum als Nahrung.

## Saat

**Reinsaat:** 12 bis 20 (30) kg;
**Mindestqualität:** K > 85%, R > 97%;
**Saattiefe:** 1 bis 2 cm;
**Reihenweite:** 20 bis 40 cm;
**Breitsaat:** möglich;
**Saatgutpreis:** etwa 4,– DM/kg.

**Saatmethoden**
Als **Hauptfrucht** für Intensivanbau ab Mai empfehlenswert.
Als **Zwischenfrucht** ab Juli möglich.

## Ertrag

Der Grünertrag liegt bei 150 bis 300 (400) dt/ha (30 bis 50 dt/ha Trockenmasse mit einem niedrigeren Rohproteinanteil). Im Zwischenfruchtanbau etwa 120 bis 200 dt (LESAK 1986).

## Ökologische Bedeutung

**In der Fruchtfolge**
Die Rispenhirse ist auch als Zwischenfrucht ein mittelguter **Bodendecker** und Strukturverbesserer (Tab. 2). Sie kann auch noch nach Frühkartoffeln, Winterraps und Winterzwischenfrüchten sowie unter Trockenbedingungen angebaut werden.
In **Wasserschutzgebieten** ist sie ähnlich wie Ölrettich, Senf, Buchweizen oder Kolbenhirse ein guter „Spätherbst-Nitratfänger".
**Ernterückstände und Bodendurchwurzelung** sind mittelhoch, vor allem in der Ackerkrume; ein Teil des Wurzelsystems wächst jedoch auch senkrecht in die Tiefe.

## Sortenangebot

Die Rispenhirse unterliegt nicht dem deutschen Saatgutverkehrsgesetz. Deshalb sind z. Z. keine zugelassenen Sorten, lediglich eine geschützte ('Lipa'-DSV 1994) ist bekannt.
Im EG-Sortenkatalog 1992 ist keine Sorte aufgeführt.

## Ackerspörgel

Spörgel, Spergel, Acker-Spark, Saatspörgel, Riesenspörgel, Mariengras
corn spurrey
*Spergula arvensis* L.

Heute eine fast vergessene, doch relativ schmackhafte, schnellwachsende Grünfutterpflanze, besonders für leichtere Böden und feuchteres Klima im Zwischenfruchtanbau geeignet.

### Herkunft/Vorkommen

Der Ackerspörgel ist eine uralte Grünfutterpflanze; früher wurde er auch als Gemüse angebaut. Die ältesten Funde stammen aus der Steinzeit; in Moorleichendärmen wurden sogar einige Spörgelsamen gefunden.
Man unterscheidet folgende Varietäten: *vulgaris, maxima* und *sativa* (SEIFFERT 1968).
Im Mittelalter wurde er als Viehgrünfutterpflanze vor allem in Norddeutschland und Holland auf sandigeren Böden öfters in Reinsaat und in Gemengen angebaut.
Heute ist er als landwirtschaftliche Art fast unbekannt, doch kommt er verwildert und wild als Unkrautpflanze in den Getreide-, Raps- und Maisfruchtfolgen in ganz Europa vor. Inzwischen haben sich auch herbizidresistente Formen entwickelt!
Der Ackerspörgel ist heute auch in Nordamerika eingebürgert (ZANDER 1993).

### Botanik

Familie Nelkengewächse, *Caryophyllaceae*
Aus den zahlreichen Spörgelformen sind für uns als Futterpflanze nur zwei Unterarten interessant: der **Ackerspörgel** (auch Saatspörgel genannt) und der **Riesenspörgel**, welcher etwas später und anspruchsvoller ist.

**Pflanze:** Raschwüchsig, zart, erinnert an Lein oder blattlose Erbsen, bis 40 cm hoch, tagesneutral. **Flachkeimer.**
**Jugendentwicklung:** Rasch.
**Konkurrenzkraft:** Mittelhoch; Wildspörgel ist ein seltenes Begleitunkraut in unseren Fruchtfolgen.
**Stengel:** Dünn, aufrecht aufsteigend.
**Blätter:** Sind schmal, gewölbt, in vielblättrigen Quirlen.
**Blüten:** Endständig verzweigte Trugdolden, langgestielt, zierlich, weiß, zahlreich. Blütezeit länger. Selbstbefruchter. Pro Pflanze werden einige Tausend Samen gebildet.

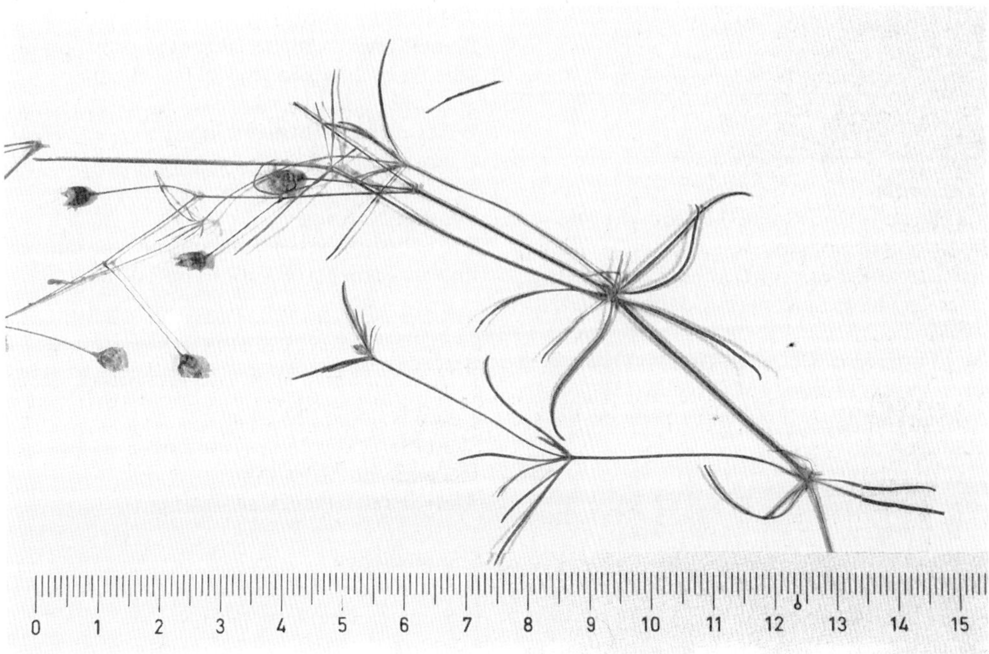


**Eine etwas ungewöhnliche, jedoch uralte Nutzpflanze: der Ackerspörgel.**

## Samen

Die Fruchtstände sind etwa 4 mm große kugelige Kapseln, die mehrere Samen enthalten.
**TKG:** 0,4 bis 1,0 g;
**Farbe:** schwärzlich, matt, innen weißlich;
**Form:** kugelig bis linsenförmig, ohne Haare;
**Größe:** Durchmesser etwa 0,4 bis 1,5 mm;
**Besonderheiten:** Die ölhaltigen Samen sind nährstoffreich und können auch verfüttert werden; die Samenerträge sind jedoch sehr niedrig.

## Ansprüche

**Klima**
Warmes, feuchtes Klima ist ideal; Spörgel gedeiht auch gut in den kühleren Herbstmonaten und verträgt leichten Frost.

**Boden**
Leichtere, sandigere, jedoch feuchtere Lagen sind natürliche Standorte des Ackerspörgels; günstig sind auch saure, humose und anmoorige Böden sowie nicht zu nasse, schwere Lagen.
**Nährstoffbedarf:** die P-, K- und Mg-Ansprüche sind niedrig; Stickstoff, auch als Jauche und Gülle, wird sehr gut verwertet. Spörgel gilt als Zeigerpflanze für saure Böden.

**Auftreten von Krankheiten und Schädlingen**
Sehr selten; es liegen auch kaum deutsche Erfahrungen vor.

## Verwendung

**Grünfutter**
Im Jugendstadium und bis zum Beginn der Vollblüte ist Spörgel eine gute Futterpflanze; nach der Blüte verbreitet er u. U. einen unangenehmen Geruch und wirkt „klebrig" (SEIFFERT 1968).
Der **Futterwert** liegt unter dem von Klee; Rohproteingehalt (in der TM) liegt bei 13%.
**Schmackhaftigkeit** und **Verdaulichkeit** bis zur Blüte ist hoch (Tab. 3).
Gemengebeispiele:
- Ackerspörgel 12 kg
  Buchweizen 20 kg
  Hafer 20 kg

oder
- Reinsaat Ackerspörgel 18 kg

oder
in verschiedenen Kombinationen mit Ölrettich und Körnerleguminosen auch gut möglich.
**Bemerkung:** Es liegen kaum deutsche Versuchsergebnisse vor!

**Weide, Heu, Silage**
Heueignung ist relativ gut; Weidenutzung ebenfalls möglich, doch es wird bei der Beweidung durch Vieh sehr viel zertreten. Silierung in Gemengen anteilig möglich:
- Ackerspörgel 10 kg
  Sommerwicken 14 kg
  (SEIFFERT 1968)

**Gründüngung und Grünbrache**
Für Rotationsbrache gut geeignet sein.
Gemengebeispiele:
- Ackerspörgel 8 kg
  Sareptasenf 6 kg
  Buchweizen 10 kg
  für Wasserschutzgebiete gut geeignet,

oder
- Ackerspörgel 5 kg
  Peluschken 20 kg
  Ölrettich 8 kg

oder
- Ackerspörgel 6 kg
  Senf 6 kg
  Serradella 30 kg
  (SEIFFERT 1968)

oder
- Ackerspörgel 10 kg
  Phacelia 7 kg
  (SEIFFERT 1968)

**Bemerkung:** Anbauerfahrungen und praktische Empfehlungen sind kaum bekannt.

**Wildäsung und Bienenweide**
Kaum geeignet.

**Sonstige Nutzung**
Die nährstoffreichen Samen kann man gut verfüttern (Samenertrag etwa 4 bis 7 dt/ha).

## Saat

**Reinsaat:** 15 bis 25 kg/ha;
**Saattiefe:** 0,5 bis 2 cm, anwalzen!;
**Reihenweite:** 10 bis 15 cm;
**Saatgut:** relativ teuer, auf Anfrage.

**Saatmethoden**
Als **Sommerzwischenfrucht**, auch als Untersaat in Sommergetreide möglich.

## Ertrag

Der Grünertrag (oberirdisch) liegt zwischen 70 und 140 dt/ha; der Rohproteinertrag ist mit 1,3% Gehalt niedrig.

## Ökologische Bedeutung

**In der Fruchtfolge**
Ackerspörgel hat ein gutes Nährstoffaufnahmevermögen; deshalb wurde er früher gerne nach Winterroggen angebaut. Gut selbstverträglich, **Vorfruchtwert** gering, minimaler Pflegeaufwand. Unkrautfrei halten
Die **Bodenbedeckung** ist schwach, das Wurzelwerk flach. Er kann relativ gut die „Herbstnitrate" ausnutzen (Wasserschutzgebiete).
In **natürlichen Gesellschaften** findet man ihn kosmopolitisch oft als Unkraut (im Ackerbau in Sommergetreide, Lein und Klee). Selbstaussamung ist möglich (Tab. 2); die Samenlebensdauer ist hoch.

## Saatgutangebot

Artenechtes Handelssaatgut stammt aus Importen, z. B. aus Holland (WLZ 1992).

# Buchweizen

Gemeiner Buchweizen, Heidenkorn
common buckwheat
*Fagopyrum esculentum* Moench; (bzw. *Polygonum fagopyrum*)

## Herkunft/Vorkommen

Das primäre Genzentrum der Buchweizenarten lag in Zentralasien und Nepal. Als Vorfahre wird die Viehfutterart *Fagopyrum cymosum* angesehen.
Der Buchweizen wurde in China nachweislich vor mehr als 1000 Jahren angebaut. Erst im 13. Jahrhundert kam der erste Buchweizen, var. *tataricum* mit den Mongolen und Tataren nach Europa. Der zweite, var. *esculentum* (lat. *esculentum* = eßbar) kam zu uns über Rußland. Diese Form ist anspruchsvoller, landwirtschaftlich wichtiger und heute bis zum Balkan verbreitet.
In Deutschland fand Buchweizen als Nahrungsmittel im Mittelalter schnell größere Verbreitung und wurde in den sogenannten Hauberg-wirtschaften („Fruchtfolge": Wald-Ackerland) häufig angebaut. Wegen seiner geringen Ansprüche und kurzen Vegetationszeit wurde er in Deutschland in der alten „Dreifelderwirtschaft" nach Brache und Winterroggen oft angebaut (Schreiner et al. 1988). Die Körner wurden als Graupen, Brei, Pfannkuchen und Fladenbrot konsumiert, die Grünpflanzen und das Stroh verfüttert oder eingepflügt. Auch heute schätzt man den Buchweizen und die aus ihm hergestellten Produkte vor allem in der norddeutschen Heide als Regionalspezialität. Im Rahmen von Diätplänen bei Diabetes hat er ebenfalls eine gewisse Bedeutung; außerdem wird er in der Pharmazie genutzt.
Bekannt sind seit Urzeiten Hautentzündungen, die nach **größerer** Körner- oder Strohaufnahme bei Menschen und Tieren auftreten können. Diese Krankheit nennt man „Fagopyrismus", Buchweizenausschlag. Vor allem bei Grünfutterverfütterung an Schweine und Schafe können sich dann unter Sonnenlichteinwirkung die typischen roten Hautflecken ausbilden.
Eine Anbaubedeutung hat der Buchweizen heute noch in Indien, Japan (28000 ha), in Rußland und den Nachbarstaaten (über 100000 ha) und China (etwa 1 Mio. ha, davon 80% *F. esculentum* und 20% *F. tataricum*; aber nur 20% insgesamt werden als Viehfutter verwendet). Heute bei uns in den Naturkostläden erhältlich.

> Hochinteressante alte Nahrungs- und Futterpflanze. Heute hat sie bei uns wieder steigende Bedeutung, vor allem als Gründüngungs-, Grünfutter-, Grünbrache-, Wildäsungs-, Heil- und Bienenpflanze. Buchweizen ist eine Pseudocerealie, also keine Getreideart.

## Botanik

Cytologie: 2n = 2x = 16 Chromosomen
inzwischen auch tetraploide Sorten bekannt (Joordens 1993).
Familie *Polygonaceae*, Knöterichgewächse, also keine Getreideart! Der Name Buchweizen wurde abgeleitet von den bucheckerförmigen

Samen und deren weizenähnlichen Inhaltsstoffen.

**Pflanzen:** Zweikeimblättrig, sommerjährig, bis 1 m hoch, blattreich, krautig, verzweigungsfreudig, zäh, selbstverträglich, schnellwachsend im Sommer. Vegetationszeit etwa vier Monate.
**Jugendentwicklung:** Sehr gut; wärmeabhängig.
**Konkurrenzkraft:** Sehr hoch.
**Stengel:** Aufrecht, kantig, hohl, holzig, rötlich gefärbt (Anthozyane).
**Blätter:** Herzförmig zugespitzt, glatt; oft ebenfalls durch Anthozyane verfärbt.
**Blütenstand:** Ist eine achsel- und endständige, büschelige Trugdolde; die Einzelblütchen sind weiß oder rosa und haben einen insektenangepaßten eigenartigen Aufbau, der nur diese Art der Fremdbefruchtung ermöglicht. Neuerlich soll es aber auch selbstfertile Sorten geben.

## Samen

Es sind einsamige Nüßchen. Für die Speisenutzung (Flocken, Grütze, Mehl) müssen sie aber vorher geschält werden. Dann enthalten sie etwa 10% Eiweiß, 2% Fett, 72% Kohlenhydrate, 1,6% Rohfaser und 1,7% Mineralstoffe.
**TKG:** 15 bis 20 (35) g. Großkörnig sind einige polnische Sorten und tetraploide Neuzüchtungen wie 'Empire'.
**Farbe:** braun- bis kastanienbraun, auch silbergrau; glatt, glänzend;
**Form:** breit-eiförmig, zugespitzt, Bucheckern ähnlich, scharfkantig;
**Größe:** etwa 6 × 3,5 × 3 mm;
**Besonderheiten:** die Nüsse sind schwimmfähig; der Schalenanteil ist hoch. Samenausfall ist möglich, Durchwuchs bei pflugloser Bodenbearbeitung ebenfalls.

## Ansprüche

Anspruchslosere Art, doch wichtig ist, die Feldkulturen unkrautfrei zu halten.

### Klima

Wärme ist zum Feldaufgang und für gute Weiterentwicklung notwendig, dann mäßige Feuchtigkeit und zur Körnerausreife Trockenheit sind vorteilhaft. Pflanze friert sicher ab.

### Boden

Niedrigere Ansprüche, gedeiht sogar auf Heideböden, vertorfte, moorige, saure Standorte sind ebenfalls gut geeignet. Für bessere Böden ist er jedoch dankbar. Ungeeignet sind schwere und kalkreiche Böden.
Der **Nährstoffbedarf** ist mittelhoch; Stickstoff mit 60 kg ist empfehlenswert. Sehr hoch ist der Kalibedarf, da die Pflanze aber chlorempfindlich ist, nur Sulfatdünger wie Kalisulfat verwenden. Phosphor- und Kupfermangel wird gut vertragen, nicht aber Magnesium- und Zinkunterversorgung.
Nährstoffentzug pro 100 dt Grünmasse: 40 kg N/ 12 kg $P_2O_5$/40 kg $K_2O$/45 kg CaO/5 kg MgO.

### Auftreten von Krankheiten und Schädlingen

Selten; Buchweizen ist robust und gesund. Seine Resistenz gegenüber Virosen und Bakteriosen ist überdurchschnittlich hoch. Fraßschäden durch Raupen, Blattläuse, -wanzen kommen vor, Mäuseschäden sind dagegen unbedeutend.

## Verwendung

### Grünfutter

Möglich, jedoch wenig verbreitet; bei hohen Futtergaben kann es zu Hautausschlag und zu Durchfallerkrankungen bei den Tieren kommen. Gerade deshalb werden nur Gemenge empfohlen.
Der **Futterwert** ist insgesamt gut; die KStE und NEL sind mittelhoch und vergleichbar sogar mit Ackerbohnen oder Luzerne. Der Rohproteingehalt in der TM kann 15% erreichen (siehe Tab. 3).
**Schmackhaftigkeit** und **Verdaulichkeit** sind mit Note 7 hoch, also vergleichbar mit Esparsette oder Phacelia.
Gemengebeispiele:

| | |
|---|---|
| – Buchweizen | 30 kg |
| Sonnenblumen | 6 kg |
| Futtererbse | 35 kg |
| oder | |
| – Buchweizen | 30 kg |
| Sommerwicke | 14 kg |
| Alexandrinerklee | 5 kg |

(oder siehe bei Ackerspörgel, Erdklee, Malve, Phacelia und Platterbse).

### Weide, Heu, Silage

Als Weidepflanze kaum zu empfehlen. Silage und sogar Heubereitung sind dagegen gut möglich, jedoch wenig bekannt.
Gemengebeispiele:

| | |
|---|---|
| – Buchweizen | 10 kg |
| Sommerwicke | 10 kg |
| Platterbse | 15 kg |

| | |
|---|---|
| Alexandrinerklee | 6 kg |
| Phacelia | 1 kg |
| Kolbenhirse | 3 kg |
| Ackerbohne | 20 kg |

oder

| | |
|---|---|
| – Buchweizen | 10 kg |
| Perserklee | 4 kg |
| Platterbse | 10 kg |
| Sommerwicken | 15 kg |
| Phacelia | 1 kg |

(oder siehe bei Perserklee und Platterbse).

**Gründüngung**
Buchweizen ist hierfür ein sehr guter Mischungspartner (Tab. 1), z. B.:

| | |
|---|---|
| – Buchweizen | 15 kg |
| Sonnenblumen | 2 kg |
| Bodenfrüchtiger Klee | 5 kg |
| Alexandrinerklee | 5 kg |
| Platterbse | 15 kg |
| Sommerwicke | 10 kg |
| Blaue Lupine | 20 kg |

oder

| | |
|---|---|
| – Buchweizen | 35 kg |
| Sareptasenf | 2 kg |
| Gelber Senf | 2 kg |
| Serradella | 20 kg |

oder

| | |
|---|---|
| – Buchweizen | 15 kg |
| Sonnenblumen | 2 kg |
| Weiße Lupine | 25 kg |
| Futtererbse | 30 kg |
| Ölrettich | 4 kg |
| Sommerwicke | 10 kg |

(oder siehe bei Alexandrinerklee, Erdklee, Gelbe Lupine, Inkarnatklee, Kolbenhirse, Malve, Ölrettich, Platterbse, Rispenhirse und Phacelia).

**Grünbrache**
Für Sommerrotationsbrache sind z. B. empfehlenswert:

| | |
|---|---|
| – Buchweizen | 12 kg |
| Blaue Lupine | 10 kg |
| Gelbsenf | 2 kg |
| Ölrettich | 4 kg |
| Sommerwicke | 10 kg |

oder

| | |
|---|---|
| – Buchweizen | 22,5 kg |
| Inkernatklee | 7,5 kg |

oder

| | |
|---|---|
| – Buchweizen | 10 kg |
| Phacelia | 5 kg |
| Gelbsenf | 4 kg |
| Sareptasenf | 2 kg |
| Ölrettich | 4 kg |

(für Wasserschutzgebiete)

oder

| | |
|---|---|
| – Reinsaat | 80 kg |

(auch als Bienenweide empfohlen)

(oder siehe bei Ackerspörgel, Malve, Rispenhirse und Sareptasenf).

**Wildäsung**
Hierfür oft empfohlen; der Sommer- und Herbstäsungswert ist sehr hoch, besonders für Rot-, Reh- und Muffelwild, aber auch für Fasanen und Rebhühner (EGGELING 1991)
Gemengebeispiele:

| | |
|---|---|
| – Buchweizen | 15 kg |
| Sommerwicke | 20 kg |
| Phacelia | 2 kg |
| Peluschke | 25 kg |
| Perserklee | 5 kg |
| Kolbenhirse | 3 kg |

oder

| | |
|---|---|
| – Buchweizen | 5 kg |
| Phacelia | 1 kg |
| Deutsches Weidelgras | 2 kg |
| Welsches Weidelgras | 2 kg |
| Sommerweizen | 5 kg |
| Sommerroggen | 5 kg |
| Waldstaudenroggen | 5 kg |
| Hafer | 5 kg |
| Rotklee | 2 kg |
| Weißklee | 0,5 kg |
| Perserklee | 1 kg |
| Hornklee | 1 kg |
| Luzerne | 2 kg |
| Winterwicke | 1 kg |
| Lupinen, süß | 1 kg |
| Raps | 2 kg |
| Blattstammkohl | 0,3 kg |
| Markstammkohl | 0,2 kg |

– als Wildäsung **und** Bienenweide (Ministerium für ländlichen Raum 1989)

(oder siehe bei Alexandrinerklee, Blaue Lupine, Dauerlupine, Gelbe Lupine, Esparsette, Futtermöhre, Kolbenhirse, Malve, Markstammkohl, Ölrettich, Phacelia, Rispenhirse, Serradella, Sonnenblume und Weiße Lupine).

**Bienenweide**
Buchweizen wird von Insekten im Herbst gerne angeflogen, da er einen starken, angenehmen Duft aus den 'Honigdrüsen' abgibt. Die Blütezeit dauert, dank der Vielzahl der Blüten, lang, die Einzelblüte blüht aber schnell ab. Buchweizen „honigt" schon ab 12 °C und besitzt hohe Nektarmengen mit einem stark schwankenden Zuckergehalt. Von einer Hektarfläche kann

man auch im Zwischenfruchtbau 60 bis 120 kg Honig erwarten. Buchweizen ist auch ein guter Pollenlieferant, vor allem in den Vormittagsstunden (MÜLLER 1992).
Gemengebeispiele:

| | |
|---|---|
| – Buchweizen | 10 kg |
| Phacelia | 2 kg |
| Hafer | 20 kg |
| Ölrettich | 2 kg |
| Malven | 1 kg |
| (JÄGER 1992) | |

oder

| | |
|---|---|
| – Buchweizen | 8 kg |
| Alexandrinerklee | 4 kg |
| Sonnenblumen | 2 kg |
| Ölrettich | 2 kg |
| Hafer | 10 kg |

(oder siehe bei Phacelia, Perserklee, Ölrettich, Malve, Sareptasenf, Sonnenblume, Serradella, Zaunwicke und Abschnitten 'Gründüngung' und 'Grünbrache').

**Sonstige Nutzung**
Im Obst- und Weinbau, auch in Hausgärten ist Rein- und Gemengeanbau gut möglich, z. B. mit 80 kg/ha Reinsaat. Weitere Saatbeispiele siehe bei Phacelia und Platterbse.

## Saat

**Reinsaat:** 50 bis 90 kg/ha, je nach TKG und Keimfähigkeit; Kornertrag etwa 8 dt/ha.
**Mindestqualität:** K > 85%, R > 95%;
**Saattiefe:** 2 bis 4 cm;
**Reihenweite:** 10 bis 15 (20) cm; für die Körnergewinnung auch 40 cm (Hackmöglichkeit!).
**Saatgutpreis:** etwa 3,50 DM/kg.

**Saatmethoden**
Als **Hauptfrucht** zur Körnergewinnung erst ab April/Mai möglich, da frostempfindlich.
Als **Zwischenfrucht** zur Grünnutzung und als Stoppelfrucht häufig erst Anfang August angebaut.

## Ertrag

Der Grünertrag im Hauptfruchtanbau liegt bei 100 bis 250 dt/ha (etwa 35 dt Trockenmasse mit hohem Rohproteinanteil), im Zwischenfruchtbau bei 150 dt/ha, also unter Sonnenblume, Raps oder Ölrettich. Kornerträge liegen bei 10 bis 28 dt/ha (bei guter Ausreife).

## Ökologische Bedeutung

**In der Fruchtfolge**
Der Buchweizen hat einen guten **Vorfruchtwert** und gilt sogar in Getreidefruchtfolgen als eine Gesundungsfrucht. Er ist selbstverträglich, robust, kann **Nitrate** im Herbst sehr gut binden und friert sicher ab. Auch dann wirkt er noch erosionsmindernd (Tab. 2). Neuerlich gibt es sogar einige nematodenreduzierende Sorten (Nematodenart: *Heterodera schachtii* in den Rüben- und Rapsfruchtfolgen).
Die **Bodenbedeckung** ist im Herbstanbau sehr gut und der Anbau deshalb auch in Wasserschutzgebieten empfehlenswert.
Die **Ernterückstände** liegen bei 20 dt/ha Trockenmasse (davon aber nur 6 dt Wurzelmasse). Die **Durchwurzelung** in der Ackerkrume und in die Tiefe fördert zusätzlich die Bodenfruchtbarkeit. Die **Selbstvermehrung** durch Samenausfall ist bei uns nur selten möglich und stellt normalerweise kein Durchwuchsproblem dar.

## Sortenangebot

Buchweizen unterliegt z.Z. nicht dem deutschen Saatgutverkehrsgesetz, wohl aber gibt es Sortenschutz für vier Sorten (Stand 1994). Hervorragende Bedeutung haben dabei die nematodenfeindlichen Züchtungen. Auch aus den *„tataricum"*-Formen wurden inzwischen brauchbare großblättrige Sorten für die Grünnutzung gezüchtet (DSV 1993).
Das Saatgut wird auch als „Mitteleuropäische Herkünfte" oder „Brauner Saat" angeboten. Zu Speisezwecken werden nach Deutschland jährlich einige Tausend Tonnen Samen importiert, die teilweise auch in den Anbau gelangen.

## Futtermöhre

Gemeine Mohrrübe, Möhre, Pferdemöhre
carrot for feeding, fodder carrot
*Daucus carota* L., ssp. *sativus*

### Herkunft/Vorkommen

Das Abstammungsgebiet der Mohrrübe liegt in Vorder- und Mittelasien. Die heutige Kulturform ist wahrscheinlich direkt aus der Wildmohrrübe (ssp. *carota*) entstanden, möglicherweise auch aus einer natürlichen Durchkreuzung dieser Wildform mit arabischen Möhrengenotypen (ssp. *maximum*).
Auf jeden Fall war sie schon den Römern und Germanen als Pferdefutter, Gemüse- und Heilpflanze bekannt, wurde in Europa aber erst nach Gerste und Lein landwirtschaftlich intensiver genutzt.
Heute ist sie als Futterpflanze in Europa, den Mittelmeerländern und in Asien verbreitet. Die Ernte ist aber aufwendig, die Unkrautbekämpfung und Lagerung schwierig.
Die Möhre kommt bekanntlich oft wild oder verwildert auch in europäischen Feldern und Wiesen vor.

> Eine interessante, gesunde, nährstoffreiche, heute leider seltene Hackfrucht. Frischverfütterung an Zuchtpferde, Schweine, Milchkühe und Gänse höchst empfehlenswert.

### Botanik

Cytologie: 2n = 2x = 18 Chromosomen.
Familie Doldenblütler *(Umbellifera)*; also mit den Arten Kerbel, Bärenklau, Schierling und Giersch verwandt.

**Pflanze:** Zweijährig; die Frischwurzeln werden im Spätherbst des 1. Anbaujahres geerntet (im Boden vertragen sie auch –5 °C).
Die Erträge der Möhre liegen zwar unter denen der Futterrübe, doch ihr Futterwert ist höher!
**Jugendentwicklung:** Sehr langsam, zögernd; Verunkrautungsgefahr!
**Konkurrenzkraft:** Später mittelhoch.
**Blätter:** Feingegliedert, frischgrün, zahlreich, angenehm riechend. Die Blattrosette ist aus doppelt- bis dreifachgefiederten Blättern zusammengesetzt.

**Samen von Futtermöhren können auch pilliert werden (oben und unten rechts); die Saat-, Pfanzenschutz- und Pflegemaßnahmen können dadurch erleichtert werden. Oben links: winzige Ackerspörgelsamen. Unten links: Hirsesamen.**

**Wurzeln:** Länger, spitz oder stumpf, rot, orange, gelblich oder auch weißlich (Sortenunterschiede). Sie zeigen im Querschnitt das helle Herz (Holzparenchym) und die dunklere, wertvollere Rinde (Phloem). Botanisch handelt es sich um eine „Bastrübe“. Die Übergänge zu den Speisemöhren sind fließend; die roten Möhren enthalten mehr Karotin. Die wasserhaltigen Wurzeln frieren bei stärkerem, längerem Frost schnell ab.
**Stengel:** Die Samenträger bilden sich normalerweise erst im zweiten Wachstumsjahr nach einer mäßigen Vernalisation und sind bis zu 150 cm hoch.
**Blüten:** Sind weiß, in Dolden verschiedener Ordnungen und mit verschiedenem Alter; die Einzelblüten sind zwittrig oder nur männlich. Deshalb sind oft auch taube Samen vorhanden. Überwiegend Fremdbefruchtung durch verschiedene Insektenarten.

### Samen

Die Rohsamen haben zahlreiche „Häkchen“, die aber meistens beim Drusch und bei der Saatgutaufbereitung abgerieben werden.
**TKG:** 1,5 bis 2,5 g (Pillen sind schwerer);
**Farbe:** Graugelb bis graubraun, grünlich, matt;

**Größe:** Etwa 3,0 × 2,1 mm;
**Form:** Länglich bis eiförmig, Rückenseite gewölbt, mit Rippen;
**Besonderheiten:** Typisch ist der Samengeruch, die lange Keimruhe und die unausgeglichene Keimkraft. Die Samen enthalten etwa 17% Öl, davon ca. 60% Petroselinsäure, 13% Ölsäure, 23% Linolsäure.

## Ansprüche

Insgesamt eine anspruchsvolle, leistungsfähige Art.

### Klima

Feuchteres, maritimes Klima ist vorteilhaft, ebenso wie regelmäßige Sommerniederschläge. Frühjahrs- und Herbstkälte wird ziemlich gut vertragen. Für die Ertrags- und Qualitätsausbildung ist ein längerer, wärmerer und trockener Herbst optimal.

### Boden

Flache, steinige, tonige, zu nasse oder saure Böden sind schlecht. Optimal dagegen sind warme, humose, tiefgründige, durchlässige, neutral bis schwach saure, lockere sandig-lehmige Standorte.
Der **Nährstoffbedarf** ist hoch, deshalb nach Bodenuntersuchung und Entzug entsprechend bemessen. Nährstoffentzug pro 100 dt Wurzel/ha (mit Kraut): etwa 30 kg N/6 kg $P_20_5$/42 kg $K_20$/6 kg MgO/28 kg CaO. Zur Verbesserung der Lagerfähigkeit maximal 130 kg N/ha andüngen. Mistdüngung verschlechtert die Haltbarkeit.

### Auftreten von Krankheiten und Schädlingen

Häufiger können Schwarzfäule, Möhrenschwärze und Möhrenfliege auftreten. Bei Lagerung besteht Fäulnisgefahr durch verschiedene Pilze.

## Verwendung

Die Wurzeln eignen sich als Saftfutter besonders für Pferde, Schweine und Milchkühe. Die Tagesration kann bis zu 10 kg betragen.
Der **Futterwert (Wurzeln)** ist im Rohzustand hoch bis sehr hoch, sogar besser als bei der Futterrübe oder Kohlrübe. Der Proteingehalt ist hoch und hat eine sehr gute Zusammensetzung, der verdauliche Proteinertrag liegt bei 4,4 dt/ha. Besonders wertvoll sind außerdem die vielen Spurenelemente und Begleitstoffe.

Die **Ernte der Wurzeln** erfolgt heute auf größeren Flächen mit Kartoffelsammelrodern, Möhrenziehmaschinen oder Siebkettenrodern nach der Krauternte. Problematisch ist die Lagerung der wasserreichen, atmungsbedürftigen Wurzeln. Bei mangelnder Belüftung, hoher Feuchte und Erwärmung verfaulen sie schnell.
**Schmackhaftigkeit** und **Verdaulichkeit** sind außergewöhnlich hoch. Die Möhrenwurzeln haben hier die Höchstnote 9! Mineralstoffe und Vitamine sind reichlich vorhanden, der Karotingehalt liegt beispielsweise bei 8 mg (in 100 g Wurzeln). Der Rohfasergehalt ist günstiger als z. B. bei der Futterrübe.
**Grünfutter (Kraut):** Wird von den Tieren nicht gerne gefressen, obwohl er kohlenhydrat- und mineralstoffreich ist. Eine Silierung mit Rübenblatt ist allerdings gut durchführbar. Der Rohproteingehalt des Krauts kann auch 15% erreichen (Tab. 3), kStE und NEL sind ziemlich hoch.
Ein „uraltes“ Saatbeispiel:

| | |
|---|---|
| – Futtermöhre | 3 kg |
| Winterroggen | 100 kg |

(Die Mohrrüben werden im Frühjahr in die Deckfrucht eingesät; vorteilhaft sind dabei breite Roggendrillreihen.)

### Weide

Ab Oktober kann das Grünlaub portionsweise durch leichtere Tiere abgeweidet werden.

### Gründüngung und Grünbrache

Kaum Empfehlungen bekannt; denkbar wären Dauerbrachen und stillgelegte Flächen.

### Wildäsung

Diese Nutzung ist gut möglich, z. B.:

| | |
|---|---|
| – Futtermöhre | 2 kg |
| Markstammkohl | 3 kg |

(+Topinamburzusatz von 100 kg möglich)
oder

| | |
|---|---|
| – Futtermöhre | 2 kg |
| Buchweizen | 10 kg |
| Markstammkohl | 2 kg |
| Rispenhirse | 2 kg |
| Quinoa | 2 kg |

(oder siehe bei Malve und Zottelwicke).

### Bienenweide

Unbedeutend, da nur geringe Pollen- und Nektarmengen. (Für die Bestäubung spielen die Bienen dennoch eine gewisse Rolle.) Saatbeispiel siehe bei Zaunwicke.

**Sonstige Nutzung**
Als vitaminreicher Saft gegen Rachitis seit langem bekannt; wird auch als Wurzelextrakt zur Verbesserung der Wundheilung erfolgreich eingesetzt, ebenso zur Behandlung bei Blähungen.

## Saat

**Reinsaat:** 3 bis 4 kg/ha (etwa 30 bis 40 Pfl/m$^2$ anstreben);
**Mindestqualität:** K > 65%, R > 95%;
**Saattiefe:** 1 bis 1,5 cm (anwalzen!);
**Reihenweite:** 20 bis 40 cm; in der Reihe etwa 4–7 cm, damit die Wurzeln gerade wachsen (Dammkultur ist auch möglich).
**Saatgutpreis:** etwa 40,– DM/kg (auch Pillensaatgut erhältlich);

**Saatmethoden**
Als **Untersaat** unter Winterroggen, -gerste, -raps oder sogar Lein möglich.
Als **Hauptfrucht** Blanksaaten Ende März/April.
Als **Zweitfrucht** selten und nur bedingt geeignet.

Die Futtermöhre liefert im Herbst hohe Mengen an hochwertigem Futter.

## Ertrag

Der Möhrenwurzelertrag ist mit 300 bis 600 dt/ha (etwa 40 bis 70 dt Trockenmasse) sehr hoch, der Grünkrautertrag liegt bei 200 dt/ha (etwa 30 dt Trockenmasse).

## Ökologische Bedeutung

**In der Fruchtfolge**
Trotz der Bezeichnung „zehrende Frucht" ist die Möhre eine gute **Vorfrucht**. Sie selber folgt meistens nach Getreide, Hackfrüchten, Leguminosen oder Mais. Sie ist nematodenneutral, und da sie unkrautfrei gehalten werden muß, hinterläßt sie das Feld in einem garen Zustand.
Die **Nitratbindung** ist auch noch im Spätherbst sehr gut.
Die **Bodenbedeckung** ab Sommer ist gut, die **Bodendurchwurzelung** natürlich ausgezeichnet (Tab. 2).
An **Ernterückständen** verbleiben insgesamt etwa 20 dt Trockenmasse pro Hektar.
Selbstausbreitung durch Samenausfall (unerwünschte Schosser im 1. Vegetationsjahr sind möglich) kommt vor. Bei uns sind aber die engverwandten Wildmöhren in **natürlichen Pflanzengesellschaften** in Wiesen, Dämmen, Steinbrüchen weit verbreitet.
**Bemerkung:** 1 kg Wildmöhrensamen kostet im Handel ca. 150,– DM.

## Sortenangebot

Eine deutsche Sorte im Jahre 1993, keine zugelassene EG-Züchtungen.
Es gibt in der Deutschen Sortenliste 1993 aber fünfunddreißig Speisesorten, unter denen sich sogar acht Hybriden befinden. Eine Futternutzung dieser Speisesorten ist natürlich auch möglich, jedoch liegt die Erntemenge unter den Futtermöhren und auch die Qualitätseigenschaften sind teilweise von den „echten Pferdemöhren" abweichend.

# Malve/Futtermalve

Kulturmalve, Roß-Malve, Algiermalve
common mallow
*Malva sylvestris* L. (bzw. auch *silvestris*)

## Herkunft/Vorkommen

Die Malvengewächse sind eine artenreiche, alte, weltweit verbreitete Familie, zu der sogar mehrere Gehölze und Kräuter, Nutzpflanzen wie Baumwolle, Zierpflanzen wie Stockrosen und der Roseneibisch gehören. Die meisten dieser Arten kommen vor allem in den Subtropen und Tropen vor, sind aber inzwischen bis nach Europa, Amerika und Australien vorgedrungen und werden dort seit langem auch kultiviert und gezüchtet.
Schon im Mittelalter wurden in Europa einige Malvenarten zur Heil-, Gemüse- und Ziernutzung gezielt angebaut. Aus den „Echten Malven" sind heute vor allem die landwirtschaftlich nutzbaren Arten *sylvestris* und *crispa* interessant. Erwähnenswert sind auch die Moschus-, Nizz-, Gemeine-, Thüringer- und Zwergmalve, die wild und verwildert in unseren Wiesen, Weinbergen, auf Dämmen, an Ufern und Schuttplätzen in natürlichen Gesellschaften gut gedeihen und durch ihre Blattform und schöne Blüte sofort auffallen.

Futtermalve, eine alte Wild- und Kulturpflanze, die heute als Gründüngungs-, Grünbrache-, Wildäsungs- und Bienenpflanze an Bedeutung gewinnt. Auch in Grünfuttergemengen interessant!

## Botanik

Familie *Malvaceae*; Malvengewächse; mit etwa 1200 Arten außerordentlich formenreich.

**Pflanze:** Ein- bis mehrjährig, je nach Genotyp und Sorte niedrig bis hochwachsend, relativ standfest, stengelig, reichlich beblättert, robust. Wurzeln teils pfahlförmig und tiefreichend.
**Jugendentwicklung:** Langsamer, stark temperaturabhängig.
**Konkurrenzkraft:** Im Jugendstadium mäßig, später gut.
**Stengel:** Fest, nach der Blüte von unten schnell verholzend.
**Blätter:** Groß, herz- bis handförmig, meistens fünflappig. Die oberen Blätter sind länglicher und oft behaart.
**Blüte:** Purpurrot, auffällig schön, wächst auf Blattachselstielen. Sie wird durch Langtag gefördert und ist oft sehr groß. Fremdbefruchtung durch Insekten ist vorherrschend.

## Samen

Typisch sind die mehrsamigen, scheibenförmigen Fruchtstände, auch „Brötchen" genannt.
**TKG:** etwa 7 g;
**Farbe:** bräunlich, matt, glatt;
**Form:** die Teilfrucht ist kreisförmig, die innen eingeschlossenen Samen ebenfalls;
**Größe:** Teilfrucht etwa: 2 × 1,5 × 1,2 mm; Samen: 1,8 × 1,4 × 1,1 mm.

## Ansprüche

Mittelhohe Kulturansprüche. Verwilderte oder wilde Malven sind ziemlich anspruchslos.

**Klima**
Wärmelagen mit milden Wintern sind vorteilhaft.

**Boden**
Lockere, gut erwärmbare, mittelgute Standorte sind optimal. Der Bedarf an Grundnährstoffen ist mittelhoch, die Stickstoffgaben fördern wesentlich das Grünwachstum.

**Auftreten von Krankheiten und Schädlingen**
Wirtschaftlich bedeutende Störungen während der Vegetation sind fast unbekannt.

## Verwendung

**Grünfutter**
Die Grünernte kann nach Aussaat im Juli bereits nach drei Monaten erfolgen.
**Futterwert:** Obwohl die Malve bekanntlich keine ideale Futterpflanze ist, ist die Verfütterung in gehäckseltem Zustand gut möglich. Der Gehalt an verdaulichem Eiweiß und an Rohfaser ist sehr hoch, die kStE und NEL sind mittelhoch (Tab. 3).
**Schmackhaftigkeit** und **Verdaulichkeit:** Trotz der guten Zusammensetzung der Inhaltsstoffe hat die Malve insgesamt nur durchschnittliche Werte.

Gemengebeispiele:

| | |
|---|---|
| – Malve | 3 kg |
| Sonnenblumen | 10 kg |
| Futtererbsen | 20 kg |

oder

| | |
|---|---|
| – Malve | 4 kg |
| Sommerwicken | 20 kg |
| Platterbse | 10 kg |
| Sonnenblumen | 8 kg |
| Ackerbohnen | 15 kg |
| Hafer | 15 kg |

oder

| | |
|---|---|
| – Malve | 2 kg |
| Phacelia | 3 kg |
| Perserklee | 3 kg |
| Alexandriner Klee | 3 kg |
| Buchweizen | 8 kg |

oder (für Wasserschutzgebiete):

| | |
|---|---|
| – Malve | 2 kg |
| Hafer | 10 kg |
| Buchweizen | 8 kg |
| Ölrettich | 3 kg |
| Sonnenblumen | 2 kg |
| Phacelia | 2 kg |

(SNEYD 1992)

**Weide, Heu, Silage**

Diese Nutzungsformen sind bei der Malve unüblich. Zur Zeit fehlen bei uns aktuelle und exakte Anbauerfahrungen.

**Gründüngung und Grünbrache**

Nach bisherigen Prüfungen ist die Malve hierfür anteilig empfehlenswert:

| | |
|---|---|
| – Malve | 2 kg |
| Buchweizen | 5 kg |
| Phacelia | 7 kg |

**Wildäsung**

Trotz der mäßigen Schmackhaftigkeit ist die Malve als Äsungs- und Deckungspflanze vor allem für Rot- und Rehwild gut geeignet:

| | |
|---|---|
| – Malve | 15 kg |
| Buchweizen | 50 kg |
| Markstammkohl | 5 kg |
| Futtermöhre | 2 kg |

(+Topinambur möglich mit 100 kg),
oder im sogenannten „Wildackereintopf", artenreich (DSV 1991)

oder

| | |
|---|---|
| – Malve | 2 kg |
| Buchweizen | 10 kg |
| Raps (00-Qualität) | 1 kg |
| Ölrettich | 5 kg |
| Winterroggen | 10 kg |
| Hafer | 50 kg |

(EGGELING 1991)
(oder siehe bei Blaue Lupine, Esparsette, Kolbenhirse, Ölrettich, Phacelia und Rispenhirse).

**Bienenweide**

Die roten Blüten sind für viele Insektenarten sehr nützlich, die Nektarsekretion ist mit 3,9 mg pro Blüte und Tag (MÜLLER 1992) überdurchschnittlich hoch, der Zuckergehalt mit 45% ebenso. Trotzdem ist die Malve als alternative Bienenpflanze wenig bekannt. Möglicherweise liegt es an der niedrigeren Blütenzahl und Pollenmenge. Wenig bekannt ist ebenfalls, daß auch die Drüsen der Blütenstiele Zuckersaft abscheiden können.

Gemengebeispiel:

| | |
|---|---|
| – Malve | 3 kg |
| Phacelia | 3 kg |
| Buchweizen | 3 kg |
| Ölrettich | 4 kg |
| Sonnenblumen | 4 kg |
| Perserklee | 4 kg |

(oder siehe bei Buchweizen, Gelbklee, Hornklee, Ölrettich, Perserklee, Phacelia, Sonnenblume und Zaunwicke).

**Sonstige Nutzung**

Als Zierpflanze im Vorgarten und am Zaun beliebt, als „roter Tee" hustenlindernd und gegen zuviel Magensäure, als Mundwasser und gegen Zahnschmerzen auch in der Volksmedizin seit langem bekannt. Allerdings eignen sich hierfür besser die verwandten Arten *Malva mauritiana* und *M. neglecta*.

## Saat

**Reinsaat:** 5 bis 10 (20) kg/ha;
**Mindestqualität:** K > 90%, R > 98%;
**Saattiefe:** 1 bis 2 cm;
**Breitsaat:** möglich;
**Saatgutpreis:** etwa 22 DM/kg für die „Kulturmalve Sylva", 305,– DM für die „Wilde Malve".

**Saatmethoden**

Als **Hauptfrucht** – in Gemengen ab Frühjahr möglich. Als **Sommerzwischenfrucht** Stoppelsaat im Juli/August empfehlenswert (Tab. 2).

## Ertrag

Der Grünertrag im Zwischenfruchtanbau liegt bei 250 dt/ha Grünmasse (etwa 30 dt/ha

Trockenmasse mit hohem Rohproteinanteil; RENIUS/LÜTKE-ENTRUP 1992).

## Ökologische Bedeutung

**In der Fruchtfolge**
Als **Vorfrucht** verhält sich die Malve gegenüber Rübennematoden und Getreidekrankheiten neutral. Als Blattfrucht hat sie eine gute **bodendeckende** Wirkung und fördert die Bodenfruchtbarkeit und den Kulturzustand (Tab. 2).
**Ernterückstände:** Im Zwischenfruchtbau immerhin etwa 23 dt/ha, davon $^1/_3$ Wurzelmasse. Die Krümelbildung der fleischigen Wurzeln ist gut, die tiefreichenden Pfahlwurzeln haben eine unterbodenlockernde Wirkung und können sogar die Pflugsohle durchwachsen.
**Selbstausbreitung:** Durch Samenausfall gut möglich, doch selten.
Die anspruchslosen wilden und verwilderten Malven besiedeln, ergänzen und bereichern die **natürliche europäische Flora** überall auf Dämmen, Schutthaufen, an Straßenrändern, Waldrändern, -lichtungen, Ufern, in Weinbergen, Trockenwiesen und auf alten Komposthaufen.

## Sortenangebot

Da die Malve z. Z. nicht im „Artenverzeichnis zum Sortenschutzgesetz" eingetragen ist, gibt es bei uns und in der EG-Sortenliste z.Z. keine geschützte Sorten.
Die Saatguteinfuhren stammen deshalb aus recht unterschiedlichen Quellen. Da außerdem die Saatgutproduktion problematisch ist, kommt es im Saatangebot oft zu einem Saatgut-Mischungswirrwarr verschiedener Unterarten. Auch deshalb sind unsere heutigen Erfahrungen mit Malvenanbau und -nutzung so widersprüchlich.
Im ukrainischen Futterpflanzeninstitut in Odessa konnten mit neugezüchteten Sorten allerdings Ergebnisse erzielt werden, die auf eine intensivere landwirtschaftliche Nutzung hoffen lassen (VARLAMOVA 1992).

# Phazelie/Phacelia

Büschelschön, Büschelkraut, Rainfarnblättriges Büschelschön, Borstiger Bienenfreund
California blue bell
*Phacelia tanacetifolia* Benth.

## Herkunft/Vorkommen

Das primäre Genzentrum von *Phacelia* lag in der Neuen Welt, etwa im heutigen Kalifornien. Dort war sie seit Urzeiten als Wildpflanze stark verbreitet. Aber erst im 19. Jahrhundert wurde sie als schöne Zierpflanze in die europäischen botanischen Gärten eingeführt. Bald danach wurde sie auch von den Imkern entdeckt, gezielt angebaut und als „Königin der Bienenpflanzen" berühmt.
Doch erst vor etwa 25 Jahren erkannte man auch ihre große landwirtschaftliche und landespflegerische Bedeutung in der Grünbrache, Gründüngung, im Erosionsschutz und im Zwischenfruchtbau (SCHREINER et al. 1988). Seit mehreren Jahren ist sie in unserem „Artenverzeichnis zum Saatgutverkehrsgesetz" als „Phazelie" eingetragen, man benutzt aber häufiger den Namen „Phacelia". Heute ist sie deshalb nicht nur in Europa, sondern auch weltweit bekannt und verbreitet.

Eine fast ideale Zwischenfruchtpflanze: anspruchslos, schnellwüchsig, sehr gesund, lange blühend, tagesneutral, abfrierend, gut verrottbar, mit vielen Arten in Gemengen gut kombinierbar. Als Gesundungspflanze heute verstärkt für Mais- und Rübenfruchtfolgen (in Mulchsaatverfahren) empfohlen. Für Gründüngung, Rotationsbrache und als Bienenweide bestens geeignet. Guter Gülleverwerter.

## Botanik

Cytologie: 2n = 2x = 18 (22) Chromosomen. Auch tetraploide Sorten wurden inzwischen gezüchtet und angebaut.
Phacelia gehört zu den bei uns seltenen Wasserblattgewächsen *(Hydrophyllaceae)*, Gattung *Phacelia*. Hierher gehören noch 70 weitere Unterarten, meistens landwirtschaftlich uninteressante Wildformen wie *campanularia, congesta, minor* (ZANDER 1993).

**Pflanze:** Überall behaart (Schädlingsschutz!), sommerjährig, bis etwa 80 cm hoch, krautig, stark verzweigt, einschnittig, schnellwachsend, tagesneutral, Flachwurzler mit einer tieferen Pfahlwurzel, abfrierend (kurzfristig werden aber auch –3 °C vertragen).
**Jugendentwicklung:** Zügig, aber wärme- und feuchteabhängig.
**Konkurrenzkraft:** Mittelhoch, in Gemengen niedriger.
**Stengel:** Röhrenförmig, verzweigt, relativ standfest.
**Blätter:** Feingegliedert und reichgefiedert, weich behaart.
**Blütenstand:** Weißbläuliche bis blauviolette, auch rötliche, sehr zahlreiche ährenförmige endständige Trauben, die schneckenförmig eingerollt sind (sog. „Wickel"). Bereits sechs Wochen nach der Saat aufblühend, stark duftend. Die Gesamtblüte eines Feldbestandes kann mehrere Wochen andauern.

## Samen

Kapselartige Früchte, Oberfläche netzartig und grubig.
**TKG:** etwa 2 g, tetraploide Sorten 3 g;
**Farbe:** hellbraun, schwärzlich, matt;
**Form:** apfelsinenscheibchenähnlich bzw. kommaartig, im Querschnitt dreieckig und kantig;
**Größe:** etwa 2,5 × 1 × 1 mm;
**Besonderheiten:** Dunkelkeimer. Samenerträge etwa 4 bis 10 dt/ha. Samenausfall kommt vor, doch nach Einpflügen kaum Durchwuchs möglich.

## Ansprüche

Insgesamt anspruchslos, doch für Kulturmaßnahmen, insbesondere für ein feines Saatbeet, dankbar.

### Klima
Wärmeliebend, tagesneutral, abfrierend. Wasser wird sehr gut verwertet.

### Boden
Mittlere, feuchtere Böden mit pH 6 bis 7 sind optimal, auch frische, saure sind noch gut möglich . Zu nasse und kalte Standorte sind ungünstig.
**Nährstoffbedarf:** Mäßiger Bedarf an K, P, Ca, Mg und Spurenelementen. Dankbar für Stickstoff, auch in Form von Jauche und Flüssigmist.

### Auftreten von Krankheiten und Schädlingen
Kaum bekannt. Phacelia gilt als sehr gesunde, nematodenneutrale Pflanze. Deshalb insbesondere für Rübenanbaugebiete geeignet.

## Verwendung

### Grünfutter
Vier Wochen nach der Saat bis vor der Blüte prinzipiell möglich, doch weniger empfehlenswert, denn diese Pflanzenart ist bei unseren Tierarten mit Ausnahme der Schafe unbeliebt.
Der **Futterwert** ist niedrig bis mittelhoch beim 20-cm-Schnitt. Verdauliches Rohprotein, kStE und NEL sind nicht besonders hoch (Tab. 3). Der Mineralstoffgehalt liegt bei 16% in der Trockensubstanz (z.B. Sorte 'Boratus'; Saatzucht Bornhof 1991).
Bereits ab Blühanfang beginnt die Verholzung und Qualitätsverschlechterung. Außerdem werden die weidenden Tiere stark durch die zahlreichen Insekten beunruhigt. Das Eiweiß-Stärke-Verhältnis liegt bei etwa 1:3,5.
**Schmackhaftigkeit** und **Verdaulichkeit**: Jungpflanzen haben hohe Verdaulichkeitswerte, ältere sind wegen der Behaarung weniger schmackhaft. Abgefrorene Pflanzen werden vom Rindvieh häufiger gefressen.
Gemengebeispiele:

| | |
|---|---|
| – Phacelia | 2 kg |
| Sommerwicke | 8 kg |
| Futtererbse | 20 kg |
| Sommerrübsen | 2 kg |
| Buchweizen | 10 kg |
| Ölrettich | 1 kg |
| oder | |
| – Phacelia | 2 kg |
| Serradella | 20 kg |
| Gelbe Lupine | 80 kg |

(oder siehe bei Erdklee, Malve, Platterbse und Serradella).

### Weide, Heu, Silage
Als Weide ist Phacelia unbeliebt, als Heu schwierig zu bearbeiten, da die Stengel zu wasserreich sind. Silierung in Gemengen ist jedoch gut möglich und unproblematisch (Saatzucht Bornhof 1991).
Saatbeispiele siehe bei Buchweizen und Platterbse.

### Gründüngung
Die Phacelia ist hierfür besonders in Gemengen hervorragend geeignet, da sie garebildend ist, gut kombiniert und voll abfriert.

Gemengenbeispiele:

| | | |
|---|---|---|
| – Phacelia | 10,5 | kg |
| Buchweizen | 7,8 | kg |
| Perserklee | 3,0 | kg |
| Alexandrinerklee | 3,0 | kg |
| Sommerwicke | 3,0 | kg |
| Futtererbse | 2,8 | kg |

(DSV 1991)

oder

| | | |
|---|---|---|
| – Phacelia | 5,0 | kg |
| Erdklee | 2,0 | kg |
| Serradella | 20,0 | kg |
| Buchweizen | 8,0 | kg |
| Sareptasenf | 2,0 | kg |

oder

| | | |
|---|---|---|
| – Phacelia | 5 | kg |
| Serradella | 20 | kg |

(Kruse 1994)

oder

| | | |
|---|---|---|
| – Phacelia | 8,0 | kg |
| Gelbe Lupine | 25,0 | kg |

(für Hausgärten)

(oder siehe bei Ackerspörgel, Erdklee, Malve, Ölrettich, Platterbse, Perserklee, Rispenhirse, Kolbenhirse, Serradella und Sommerrübsen).

**Grünbrache**

Für fast alle Böden, vom Frühjahr bis Herbst anbaufähig und als Erosionsschutzpflanze in Rotationsbrachegemengen empfehlenswert (Tab. 1 und 2), z. B.:

| | | |
|---|---|---|
| – Phacelia | 5 | kg |
| Sommerwicke | 10 | kg |
| Platterbse | 10 | kg |
| Sommerrübsen | 3 | kg |

oder

| | | |
|---|---|---|
| – Phacelia | 5 | kg |
| Perserklee | 3 | kg |
| Einjähriges Weidelgras | 5 | kg |
| Alexandrinerklee | 3 | kg |

(ein abfrierendes Gemenge für Flächenstillegungen mit Frühjahrssaat; für Wasserschutzgebiete aber besser ohne Leguminosen),

oder

| | | |
|---|---|---|
| – Phacelia | 6 | kg |
| Inkarnatklee | 9 | kg |

(DSV 1993)

oder

| | | |
|---|---|---|
| – Phacelia | 3 | kg |
| Inkarnatklee | 10 | kg |

(Kruse 1994)

(oder siehe bei Ackerspörgel, Alexandrinerklee, Buchweizen, Malve, Platterbse, Ölrettich, Rispenhirse, Sareptasenf, Sonnenblume und Zottelwicke).

**Wildäsung**

Anteilig in vielen Gemengen gut einsetzbar, obwohl der Äsungswert für Rot-, Rehwild, Hasen und Fasanen niedrig ist.

Gemengebeispiel:

| | | |
|---|---|---|
| – Phacelia | 1 | kg |
| Sonnenblumen | 4 | kg |
| Buchweizen | 4 | kg |
| Malve | 1 | kg |
| Peluschke | 15 | kg |
| Rispenhirse | 2 | kg |
| Kolbenhirse | 2 | kg |

(oder siehe bei Alexandrinerklee, Buchweizen und Sonnenblume).

**Bienenweide**

Durch lange Blühdauer, ergiebige Blüte, hohen Nektarzuckergehalt (bis 28%) und Nektarmenge (pro Blüte bis 1,8 mg) ist die Phacelia eine ausgezeichnete Sommer-, oder Spättrachtpflanze für viele Insekten (Tab. 1). Nach einigen Quellenangaben kann der Honigertrag pro ha bis 200 kg ausmachen. Außerdem zählt Phacelia zu den stark pollentragenden Arten.

Gemengebeispiele:

| | | |
|---|---|---|
| – Phacelia | 4 | kg |
| Alexandrinerklee | 4 | kg |
| Perserklee | 3 | kg |
| Ölrettich | 2 | kg |
| Malve | 0,3 | kg |
| Sonnenblumen | 2 | kg |
| Buchweizen | 4 | kg |

(Sneyd 1992)

oder

| | | |
|---|---|---|
| – Phacelia | 2,80 | kg |
| Buchweizen | 1,75 | kg |
| Gelbsenf | 0,49 | kg |
| Koriander | 0,42 | kg |
| Ringelbumen | 0,35 | kg |
| Schwarzkümmel | 0,35 | kg |
| Ölrettich | 0,21 | kg |
| Kornblumen | 0,21 | kg |
| Malven | 0,21 | kg |
| Dill | 0,14 | kg |
| Boretsch | 0,07 | kg |

(Landesverband Württ. Imker 1992)
(sogenannte „Tübinger Mischung 1992" nach Engels).

Der Saatguthandel empfiehlt etwa 22 kg dieses Gemenges. In den Jahren 1991 und 1992 konnten Landwirte in Baden-Württemberg kostenlos Saatgut für stillgelegte Flächen erhalten.

Weitere Gemengebeispiele siehe bei Buchweizen, Gelbklee, Hornklee, Malve, Ölrettich, Perserklee, Phacelia, Inkarnatklee, Sareptasenf, Serradella und Sonnenblume.

**Wasserschutzgebiete; um die heutige Norm von nur maximal 50 mg Nitrat pro Liter Trinkwasser einzuhalten, werden auch den Landwirten strenge Auflagen verordnet (SchALVO 1992).**

**Sonstige Nutzung**
Neuerlich wird Phacelia auch für Ansaaten auf rohen, aufgeschütteten Autobahnrändern als Begrünung gerne verwendet.
Ebenso ist ihre steigende Bedeutung in Wasserschutzgebieten als nitratbindende Herbstzwischenfrucht bekannt.
Gemengebeispiel

| | |
|---|---|
| – Phacelia | 2 kg |
| Einjähriges Weidelgras | 5 kg |
| Buchweizen | 15 kg |
| Hafer | 10 kg |

(oder siehe bei Inkarnatklee und Platterbse).

## Saat

**Reinsaat:** 10 bis 18 kg/ha;
**Mindestqualität:** K > 80%, R > 96%;
**Saattiefe:** 1 bis 2 cm (Dunkelkeimer);
**Reihenweite:** 10 bis 25 cm, Breitsaat möglich;
**Saatgutpreis:** 5,– bis 8,– DM (Stand 1/1994).

**Saatmethoden**
Als **Untersaat** kaum zu empfehlen; es laufen allerdings neue Versuchsreihen zu dieser Nutzungsart.
Als **Hauptfrucht** und **Zwischenfrucht** ab April bis September (Tab. 2) Saat möglich!

## Ertrag

Der Grünertrag als Zwischenfrucht liegt bei etwa 210 dt/ha (etwa 25–30 dt Trockenmasse mit 2,4 dt Rohprotein). Anbau ist bis Saat Ende August meistens lohnend.

## Ökologische Bedeutung

**In der Fruchtfolge**
Phacelia ist fruchtfolgeneutral, erosionsschützend, selbstverträglich, auflockernd, schattengareerzeugend, strukturverbessernd und unkrautunterdrückend. Sie ist mit etwa 110 kgN/ha ein starker „Nitratfänger" (Wasserschutzgebiete!), abfrierend und hat einen **guten** Vorfruchtwert. Gerade deshalb ist sie heute so interessant. Sie paßt in die Systeme der „Konservierenden Bodenbearbeitung", z. B. für Zuckerrüben-Mulchdirektsaaten ausgezeichnet. Sie verbessert die Tragfähigkeit der Böden und ist nematodenneutral. Die flachen Wurzeln verrotten bis zum Frühjahr sehr gut.
**Selbstausbreitung:** Gut möglich, Durchwuchs von hartschaligen Körnern ebenfalls, besonders aber bei der pfluglosen Bodenbearbeitung.
**Bodenbedeckung:** Ist bei Dichtsaat ausgezeichnet. Auch nach dem Abfrieren bleibt eine feingliedrige schützende Pflanzendecke (Tab. 2)

auf dem Feld liegen. Als Reinsaat bildet sie eine der dichtesten Bodenbedeckungen (KRUSE 1994).

**Ernterückstände:** Im Zwischenfruchtbau liegen sie bei etwa 14 dt/ha Trockenmasse, davon etwa 8 dt Rückstände aus der Wurzelmasse.

### Sortenangebot

Unsere europäischen Sorten wurden teils aus dem eingeführten kalifornischen Material, teils aus den späteren polnischen und ungarischen Nachkommen gezüchtet.

Die Gesamtvariabilität ist bei dieser Art erfreulich hoch, so daß mit leistungsfähigeren Neuzüchtungen bald zu rechnen ist. Im Jahre 1994 waren bei uns sieben diploide und eine tetraploide Sorte zugelassen. Laut der „Beschreibenden Sortenliste" des Bundessortenamtes sind sie alle blühfreudig mit ähnlich hoher Ertragsleistung.

Die Vermehrungsflächen lagen in Deutschland im Jahre 1994 bei 351 ha, doch die meisten Vermehrungen werden aus klimatischen Qualitätsgründen im Ausland (z. B. Ungarn) durchgeführt. Im EG-Sortenkatalog 1992 waren acht Sorten aufgeführt.

## Quinoa

Reismelde, Melde der Hochanden, Inkanahrung, Astronautenmahlzeit, Hochandenmelde, Reisspinat
quinoa
*Chenopodium quinoa* Willdenow

### Herkunft/Vorkommen

Abstammungsgebiete der Quinoa liegen in Südamerika, insbesondere im Altiplano, dem Kordilleren- und Andenhochland. Nachweislich wurde dort Quinoa bereits vor 5000 Jahren als Nahrungs- und Futterpflanze gezielt angebaut und später vom Inkavolk intensiv kultiviert (Gräberfunde) (JACOBSEN et al. 1994).

Nach der Entdeckung der Neuen Welt wurde Quinoa durch die ertragreicheren europäischen Weizen- und Gerstensorten ersetzt und angeblich dadurch durch die Eroberer auch absichtlich verdrängt.

Doch in der bergigen kleinbäuerlichen Landwirtschaft konnte sie sich bis heute gebietsweise als eine extensive, zähe Pflanzenart halten. Die Körnerinhaltsstoffe sind nämlich sehr nahrhaft, das Protein hochwertig und sogar mit dem Sojaeiweiß vergleichbar.

Kennzeichnend für die Quinoa ist ihre große Variabilität und Anpassungsfähigkeit. Sie wurde seit Jahrtausenden in Südamerika von Kolumbien bis Südchile bis 4000 m NN angebaut und dabei den unterschiedlichsten Bedingungen ausgesetzt: Trockenheit, Frost, Schnee, Sommerhitze, Kurz- und Langtage, verschiedene Böden; so konnte sich eine fantastische Formenvielfalt entwickeln und teilweise erhalten.

Die Ertragsschätzung in der heutigen Andenhauptanbauregion liegt bei 15000 Tonnen Körner pro Jahr (JACOBSEN 1992).

Seit etwa zehn Jahren ist die Quinoa auch in Nordeuropa als „alternative" Grünfutter-, Pellets- und Körnerpflanze interessant. Vor allem in Dänemark und Österreich wurde Pionierarbeit bei Züchtung, Anbau und Nutzung geleistet. Möglicherweise werden bald neue, angepaßtere Sorten auf den Markt kommen (JACOBSEN und HAABER 1992; DOBOS 1994).

Eine interessante, alternative Futter- und Körnerpflanze aus der Neuen Welt. Auch für nordeuropäische Anbaubedingungen durchaus von Bedeutung. Quinoa ist nämlich eine „normale" C-3-Pflanze.

### Botanik

Cytologie: 2n = 2x = 36 Chromosomen (auch 2n = 4x).

Familie *Chenopodiaceae*, Gänsefußgewächse (wie Melde, Rüben, Gänsefuß, Spinat).

**Pflanze:** Sommerjährig, aufrecht, trockentolerant, standfest. Kann 1 bis 3 m hoch werden, verträgt bis –5 °C. Verzweigend oder einstengelig. Die Pflanzenfarben sind unterschiedlich, vor allem aber grün, violett und rötlich. (Ein starker Farbwechsel während der Vegetation und vor allem während der Abreife ist möglich und für bestimmte Formen typisch.) Die Pfahlwurzel ist oft robust.

**Jugendentwicklung:** Schnell, aber stark wärmeabhängig (Saatzeitpunkt).

**Konkurrenzkraft:** Anfangs etwas schwächer, später recht gut.

Ernte der reifen Quinoasamen in Dänemark.

**Stengel:** Etwa 1 bis 2 cm dick, oben eher eckig, markgefüllt, knotig, bei Abreife hohl und porös, violett- bis rotgefärbt. Verzweigungen und Bestockung sind sortenunterschiedlich, aber auch stark durch Anbaubedingungen und Klimaverlauf beeinflußbar.
**Blätter:** Bis handgroß, auch unterschiedlich gefärbt, alternierend auf allen vier Seiten des Stengels. Sie sind ziemlich fein. In der Mitte befindet sich eine Rinne. Die Blattform ist lanzettlich, unten am Stengel aber eher dreieckig; die Oberfläche ist platt oder wellig.
Die Blätter der bolivianischen Herkünfte sind weniger, die der peruanischen dagegen stärker gekerbt. Durch Anpassung an Trockenperioden hat die Quinoapflanze einige ganz spezielle Eigenschaften und Funktionen entwickelt: z. B. haben die Blätter einen Wachsbelag, auch Haarbewuchs, eine dickere Epidermisschicht und hygroskopische Papillen, die den sehr sparsamen Wasserhaushalt der Pflanze überwachen.
**Blütenstand:** Traubenförmig, kompakt, endständig, etwa 20 bis 30 cm lang, sorghumähnlich. Die Einzelblüten sind zwittrig oder nur weiblich. Die Quinoa ist ein Selbst- und Fremdbefruchter, die Witterung spielt dabei eine wesentliche Rolle.
Bisher wurden nach Selbstungen keine Inzuchtschäden beobachtet. Die Blüte kann eine bis mehrere Wochen andauern.

## Samen

Die stärkehaltige Frucht ist eigentlich eine Nuß; die Perikarpschicht ist je nach Herkunft riechend oder auch ohne Geruch.
**TKG:** 2 bis 6 g;
**Farbe:** gelb, weiß, rosarot, matt; auch von der Herkunft abhängig; Wildformen können auch schwarz sein;
**Form:** rundlicher bis unförmig, abgeflacht;
**Größe:** 1 bis 2,6 mm.
**Besonderheiten:** Die Perikarpschicht der Samenschale enthält auch bei den meisten Kultursorten ungenießbares Saponin; sie muß deshalb entfernt werden. Die Proteine in den Samen haben durch die Verkleisterung mit den Stärkepartikeln viskose Eigenschaften. Sameninhaltsstoffe: Protein 14 bis 18% (reich an Lysin und Methionin), Stärke 58%, Rohfaser 2%, Zucker 5%, Fett 5–7%. Die Samenerträge lagen im deutschen Versuchsanbau 1992/93 um 36 dt/ha (LEE 1994).

## Ansprüche

Die Quinoa ist sehr anpassungsfähig, doch für Kulturmaßnahmen und Unkrautfreiheit dankbar. Die chilenischen Herkünfte sind tagesneutral, die kolumbianischen, peruanischen und ecuadorianischen eher Kurztagstypen.

**Klima**
Sonniges, wärmeres Klima bis 35 °C wird von der Pflanze bevorzugt. In Verbindung mit einer gewissen Bodenfeuchtigkeit sind dann hohe Trockenmasseerträge möglich. Sehr trockenes, kaltes Wetter wirkt sich auf das Wachstum negativ aus. Unter dänischen Bedingungen wurde eine gute Adaptationsfähigkeit mancher Genotypen bei der Grünfutter- und Körnernutzung festgestellt (HAABER 1992, JACOBSEN 1993).

**Boden**
Die Quinoa ist anpassungsfähig und toleriert sogar sandige und tonige Standorte. Zu schwere, saure Böden sind ungünstig.
**Nährstoffbedarf:** Insgesamt mittelhoch, doch empfehlenswert sind Düngergaben von: 65 kg $K_2O$/60 kg $P_2O_5$/60 kg N/ha zur Saat, später noch eine Stickstoffgabe. Im Versuchsanbau lag der N-Ertrag bei etwa 130 kg/ha (LEE 1994).

**Auftreten von Krankheiten und Schädlingen**
In Europa ist Befall durch Mehltaupilze *(Peronospora farinosa)* und Läuse (*Myzus persiceae* und *Aphis fabae)* möglich.
Schwierigkeiten können auch durch Vogelfraß auftreten. Gegenüber den meisten Insektiziden ist Quinoa gut verträglich, nicht aber gegenüber den bisher überprüften Bodenherbiziden (JACOBSEN 1994).

## Verwendung

**Grünfutter**
Die älteste Nutzungsform ist das Grünfutter, da der Blattanteil bei 25% liegt und die Gesamtfuttereigenschaften sehr gut sind (Tab. 3).
**Futterwert:** Die Gesamtpflanze enthält neben vielen Mineralstoffen und Vitaminen: 45% Kohlenhydrate, 5% Fett, 10% Asche, 18 bis 24% Rohfaser, 16 bis 22% Rohprotein, meistens als essentielle Aminosäuren. Die Proteinqualität ist deshalb vorzüglich.
**Schmackhaftigkeit** und **Verdaulichkeit:** Die Samensaponine (pflanzliche Glukoside, die z. B. als Reinigungsmittel genutzt werden) sind im nicht gereinigten und nichtbearbeiteten Saatgut etwas geschmacksbeeinflußend. Die Grünpflanzen dagegen weisen nur selten einen schwachen Seifengeschmack auf.
Saatbeispiel:
– Reinsaat Quinoa 10 kg/ha

**Silage**
Der optimale Schnittzeitpunkt liegt etwa in der Milchreife; die Silierung ist sehr gut möglich und liefert ein Futter von hoher Qualität.

**Gründüngung und Grünbrache**
Die Quinoa ist hierfür in Europa recht wenig bekannt; als Stützpflanze ist sie aber sicherlich in artenreichen Sommergemengen gut einsetzbar.

**Wildäsung**
Neuerlich wird die Quinoa in England in einem Gemenge mit Markstammkohl gerne empfohlen (sogen. „KING-MIX"-Gemenge).
Saatbeispiel:

| | |
|---|---|
| – Quinoa | 3 kg |
| Hirsen | 3 kg |
| Buchweizen | 8 kg |
| Futtermöhre | 2 kg |

(oder siehe bei Futtermöhre).

**Bienenweide**
Als Nektarpflanze ohne Bedeutung, lediglich Pollen als Kraftnahrung interessant.

**Sonstige Nutzung**
Die Verwendung der **Quinoapellets** wurde mit Erfolg in den letzten Jahren in Dänemark geprüft (HAABER 1991). Die Qualität wurde dabei sogar mit Wicken und Klee verglichen.
Als **Nahrungsmittel** kann Quinoa in Suppen (das Kochwasser wegen des Beigeschmacks wegschütten), als Mehlzusatz zu Brot, Kuchen oder Biscuits verwendet werden. Sie wird besonders bei Glutenallergien als Speise empfohlen. Auch Salat- und Alkoholzubereitung!
Als **Samen zur Verfütterung**: wegen des hohen Lysingehalts ist sie besonders an Schweine und Geflügel anteilig sehr gut verfütterbar. Die Blätter können als Spinat gegessen werden.

## Saat

**Reinsaat:** 5 bis 10 kg/ha. Für die Grünnutzung sollte man etwa 130 Pfl/m² anstreben, für die Körnernutzung 15 bis 30.
**Saattiefe:** 1 bis 2 cm;
**Reihenweite:** 25 bis 50 cm; Breitsaat gut möglich;

**Saatmethoden**
Als **Hauptfrucht** ist die Saatzeit April/Mai, Körnerernte erfolgt ab September. (Die Grünreife wird bereits im August erreicht.).

Als **Zwischenfrucht** z. B. als Wildäsung mit Saat im August empfohlen.

## Ertrag

Der Grünertrag liegt im nordeuropäischen Versuchsanbau bei 40 bis 100 dt/ha Trockenmasse mit etwa 16% Rohproteinanteil. Der Körnerertrag liegt bei 10 bis 20 (37) dt/ha; er ist aber stark von der Witterung abhängig (DOBOS 1994).
Das Problem ist aber der unterschiedliche Reifegrad der Körner (LEE 1994).

## Ökologische Bedeutung

**In der Fruchtfolge**
Quinoa hat einen hohen Vorfruchtwert; sie gilt als strukturverbessernd, garefördernd, nitratbindend und gesund.
Die **Bodenbedeckung** ist ab Juli sehr gut, die Gesamtrückstände und das Wurzelwerk mit längeren Pfahlwurzeln sind gut verrottbar (Tab. 1 und 2). In **natürlichen Gesellschaften** findet man vereinzelt auch Quinoa-Unterarten.

## Sortenangebot

Zugelassene Sorten gab es bei uns und in der EG im Jahre 1993 noch nicht. Das Saatgut wird normalerweise importiert, doch ist zu hoffen, daß bald geeignete Genotypen herausgelesen und gezüchtet werden, zumal inzwischen russische Sorten ohne Saponin bekannt wurden (HAABER 1992). Überprüft wurden in Deutschland die Sorten 'Pichaman' und 'Faro' (LEE 1994), ferner in Dänemark die Varietät Baer (KVL 8401) und mehrere weitere Genotypen (JACOBSEN 1993 und DOBOS 1994).

# Sonnenblume

Sonnige Blume, Mondblume (türk.)
sunflower
*Helianthus annuus* L.

## Herkunft/Vorkommen

Eine uralte, vor allem durch ihre Blütenpracht auffallende, ölhaltige Pflanzenart aus Nordamerika und Mexiko. Dort schon von der Urbevölkerung als Kernspeisefrucht angebaut und als Brennmaterial genutzt. Zahlreiche archäologische Funde bereits aus 2000 v. Chr. beweisen dies, aber erst die Spanier führten die schönen Ziersonnenblumen im Jahre 1510 nach Europa ein (SCHUSTER 1992).
Als Ölfrucht wurde die Sonnenblume im 19. Jahrhundert in der Ukraine verstärkt kultiviert; die Anbauflächen in Rußland und auf dem Balkan überstiegen dann schnell eine Million Hektar. Wahrscheinlich auch deshalb, weil ihr Öl nicht im Fastenkatalog der orthodoxen Kirchen unter den verbotenen Fetten aufgeführt war. Interessant ist, daß Ende des 19. Jahrhunderts die Sonnenblumensorten durch russische Auswanderer nach Amerika zurückgebracht wurden und dort einen Sonnenblumenboom auslösten.
In Deutschland wurde die Sonnenblume als landwirtschaftliche Art erst spät erkannt.
Heute ist sie weltweit verbreitet, vor allem in Europa, Asien, Amerika und Afrika. Sie ziert sogar das Staatswappen von Kansas, ist „Markenzeichen" einer politischen Partei, und auf Speiseölflaschen abgebildet garantiert sie die Reinheit und Qualität des Inhaltes.
Sonnenblumenöl ist biologisch sehr wertvoll, da es den menschlichen Organismus mit den lebensnotwendigen essentiellen Fettsäuren versorgt.
Die Weltproduktion liegt bei 20 Millionen Tonnen Kernen (FAO 1991).
Seit mehreren Jahren wird der Sonnenblumenanbau von der Europäischen Gemeinschaft subventioniert („Nachwachsender Rohstoff") und hat deshalb in Europa, vor allem in Frankreich, flächenmäßig unwahrscheinlich zugenommen. Der Anbau wird aber auch von der Europäischen „Fettordnung" und dem Weltmarkt beeinflußt. Die Mindest-EG-Qualität liegt heute bei 44% Gesamtöl, maximal 9% Wasser und 2% Fremdbesatz.

**Da die Sonnenblume spät gesät wird und den Boden erst im Hochsommer bedeckt, kann sie auch einige Probleme verursachen. Daß diese leistungsfähige Art auch „umweltgerecht" angebaut werden kann, beweisen mehrere Anbautechniken mit Gras- und Kleeuntersaaten (hier: Weißklee). Nicht nur die Bodenbeschattung kann so verbessert werden, sondern auch Unkrautunterdrückung und die Befahrbarkeit bei der Ernte.**

Eine leistungsfähige, doch anspruchsvolle Ölpflanze. Die Grünverfütterung und Silierung in Rein- und Gemengesaaten als Haupt- oder Zwischenfrucht ist sehr gut möglich. Auch als Zierpflanze, Brennmaterial und Aschedünger in vielen Ländern genutzt, neuerlich auch als Tierfutterextraktionsschrot.

## Botanik

Cytologie: 2n = 2x = 34 Chromosomen.
Eine Korbblütlerart aus der artenreichen *Compositeae*-Familie. Unsere Sorten stammen von der sommerjährigen Form *„annuus"* ab. Ein enger Verwandter der Sonnenblume ist auch die bekannte Topinamburpflanze (2n = 102 Chromosomen).

**Pflanze:** Reich beblättert, sommerjährig, abfrierend, dennoch leicht frostverträglich, standfest, ein- oder mehrkörbig, je nach Form 40 cm bis 4 m hoch. Unsere Sorten sind etwa 2 m lang. Auf Korbbeschädigungen reagiert die Pflanze durch die Bildung sekundärer Blütenköpfchen aus den Blattachseln. Die Korbgröße und Pflanzenlänge sind stark von Bestandesdichte, Anbautechnik und Klima stark abhängig, ebenso wie die Ölqualität. Das Wurzelwerk ist vor allem in der Ackerkrume buschartig und reichlich verbreitet; oft findet man auch tiefgehende Pfahlwurzeln (Wasserversorgung!).
Die Sonnenblume gehört zu den C 3-Pflanzenarten (ebenso wie Getreide und Rüben); sie ist also mit ihrem Assimiliationssystem an unser Klima gut angepaßt. Sie besitzt eine sogenannte „Lichtatmung" und kann so ihre Photo- und Fettsynthese hervorragend abwickeln (HUGGER 1989).
**Jugendentwicklung:** Mittelgut, stärker wärme- und saatzeitabhängig.
**Konkurrenzkraft:** Insgesamt gut, doch schwach unter Beschattung oder Unkrautdruck.
**Stengel:** 1 bis 10 cm dick, behaart oder glatt, mit Stengelmark gefüllt, innen weiß, aufrecht, stabil, bei unseren Sorten nicht bestockt. Stark zellulose- und kalihaltig; deshalb oft als Brennstoff und Dünger verwendet. In Rußland gab es hierfür vor 50 Jahren dreißig Düngemittelfabriken! Neue Hybridsorten haben heute nur schwach verholzende Stengel.
**Blätter:** Die ersten Blattpaare sind gegenständig, alle anderen typisch wechselständig, herzförmig, meistens gezähnt, lange grün, deshalb effektiv assimilierend, im Durchmesser 15 bis 50 cm groß und kurz behaart. Nicht nur der Korb, auch die Blätter drehen sich (bis zur Abblüte) für einige Stunden (nicht den ganzen Tag) zur Sonne, bzw. zu einer Lichtquelle (Heliotropismus).
**Blüten:** Zahlreich in runden Blütenböden, den Körben, eingebettet. Gelb bis rötlich blühend; es sind mehrere Hundert bis Tausende zwittrige Einzelblüten, die vom Rande her kreisförmig abblühen. Doch sie sind nicht kreisförmig, sondern in spiraligen Schrägzeilen angeordnet. Die Blütezeit eines Feldbestandes dauert zwei bis drei Wochen. Die Selbstbestäubung wird teilweise verhindert durch *Proterandrie* (weibliche Blüte wird später reif als die männlichen Pollen).
Die auffälligen Randzungenblüten sind steril, lange blühend und insektenanlockend. Die Sonnenblume ist ein hochgradiger Insektenfremdbefruchter, die Pollen sind aber etwas klebrig (Sortenunterschiede).
Für die Hybridzüchtung wurden spezielle Linien mit genetisch bedingter männlicher Sterilität entwickelt (HOFFMANN et al. 1985, HUGGER 1989). Interessant ist, daß es auch selbstfertile Genotypen gibt.

## Samen

Botanisch handelt es sich eigentlich um Achänen; als nußartige Schließfrüchte haben diese eine längere Keimruhe. Sie bestehen größtenteils aus zwei Keimblättern und dem Embryo.
**TKG:** 30 bis 100 (180) g bei den langkörnigen Speisesorten;
**Farbe:** schwarz, gestreift, weiß, grau (die Farbe ist das Endergebnis der Farbstoffschichten in der Epidermis- und der Korkschicht); Oberfläche matt, leicht behaart, oder glatt; die meisten sorten haben zuerst weiße Samen, die erst später evtl. dunkler werden;
**Form:** oval bis spitz und kantig;
**Größe:** etwa 8 bis 12 mm × 6 × 5 mm; bis 6 cm Länge (bei den Speiseformen) sind möglich;
**Besonderheiten:** Schalenteil etwa 25 bis 45%; er besteht aus mehreren Schichten: Epidermis, Korkschicht und Mottenpanzerschicht (schützende Phytomelanschicht) sind die wichtigsten. Die Qualität der Reinsamen ist sehr hoch: Gesamtöl bis 72% (SCHUSTER 1992), davon Linolsäure bis 70%, Ölsäure etwa 16%, Stearinsäure 5%, Palmitinsäure 6%. Allerdings ist die Zusammensetzung und die Gesamtmenge stark sorten-, anbau- und witterungsabhängig. Dies gilt auch für Eiweißgehalt (etwa 20%), Kohlenhydrate (12%), Wasser (9%) und viele Vitamine, vor allem Vitamin E.
Das Öl wird auch zur Herstellung von Seifen und Farben genutzt. In der Tierfütterung ist der Ölenergiegehalt mit dem Rapsöl vergleichbar; Sonnenblumenschrot kann man auch gut verfüttern. Natürlich steht aber die Speiseölnutzung im Vordergrund.

## Ansprüche

Insgesamt anspruchsvoll; doch in Europa auch auf mittleren Standorten und sogar in Maisgrenzlagen anbauwürdig.

### Klima

Samenkeimung ab 5 °C Bodentemperatur; schnell erwärmbare Standorte sind deshalb vorteilhaft. Notwendig ist eine mäßige Bodenfeuchtigkeit, etwa 300 bis 500 mm Niederschläge während der Vegetation und anschließend Trockenheit zur Ausreife. Beregnung bzw. Regen zur Blüte sind sehr effizient. Der Transpirationskoeffizient liegt bei 570 l Wasser pro 1 kg TM und ist damit recht hoch. Die Sonnenblume ist keine trockenresistente, sondern trockentolerante Art; sie kann das Bodenwasser während der Jugendentwicklung sehr gut nutzen. Wassermangel führt zu kurzen, dünnen Pflanzen und kleineren Blättern, Spätwassermangel zu kleineren Köpfen, schlechten Erträgen und Qualitäten. Hagel kann die Pflanze empfindlich schädigen.
Der Wärmebedarf für Frühsorten mit Körnerernte liegt ab 1500 °C Wärmesumme (Basis 6 °C ab Mai bis September). Spätsorten brauchen mindestens 1700 °C. Ideal ist das Körnermaisklima z.B. in der Rheinebene.

### Boden

Gut vorbereitete, lockere, nährstoffreichere, tiefgründigere, wasserreichere, wärmere Löß- und Lößlehmböden sind ideal. Die Wurzelentwicklung ist dann optimal. Keine zu kalten, schweren Standorte wählen.
Der **Nährstoffbedarf** ist insgesamt hoch, vor allem aber im Juli. Entzugsmengen pro 10 dt/Körner (mit Stengeln): 40 bis 60 kg N/20 bis 25 kg $P_2O_5$/100 bis 120 kg $K_2O$/17 kg MgO/30 kg $SO_3$/6 g Bor (Durchschnittswerte).

### Auftreten von Krankheiten und Schädlingen

Rapskrebs *(Sclerotinia sclerotiorum)*, *Plasmopara helianthii, Botrytis cinerea, Phomopsis h., Macrophomina p., Alternaria h.* und *Verticillium dahliae* können schwerwiegende Folgen haben, ferner Mehltau-, Rost- und Fusariumbefall. Mäuse- und Schneckenfraß können vor allem bei Einzelkornsaat ugrößere Schäden verursachen. Eigentlich schlimmer als der eigentliche Vogelfraß bei der Körnerreife sind die Schäden durch den dadurch verursachten Samenausfall. In unseren Versuchen in Nürtingen wurden starke Schäden durch skandinavische Zugvögel verursacht (SNEYD 1989).
Möglich ist auch Befall durch den Parasit *Orobanche cumana* (PETZOLDT, K. et. al. 1989).

## Verwendung

Der deutsche Öl-Sonnenblumenanbau ist in den letzten Jahren erheblich gestiegen; 1994 waren es bereits über 100 000 ha, doch war das Vegetationsjahr insgesamt ungünstig. Die Wettbewerbskraft ist heute durch die EG-Subvention und die frühen ertragreichen Hybridsorten mit Getreide, Raps und Erbsen vergleichbar (Voraussetzung ist ein optimaler Witterungsverlauf). Auch die „alternativen" Nutzungen haben weiter zugenommen (siehe Abschnitte Gründüngung bis Bienenweide).

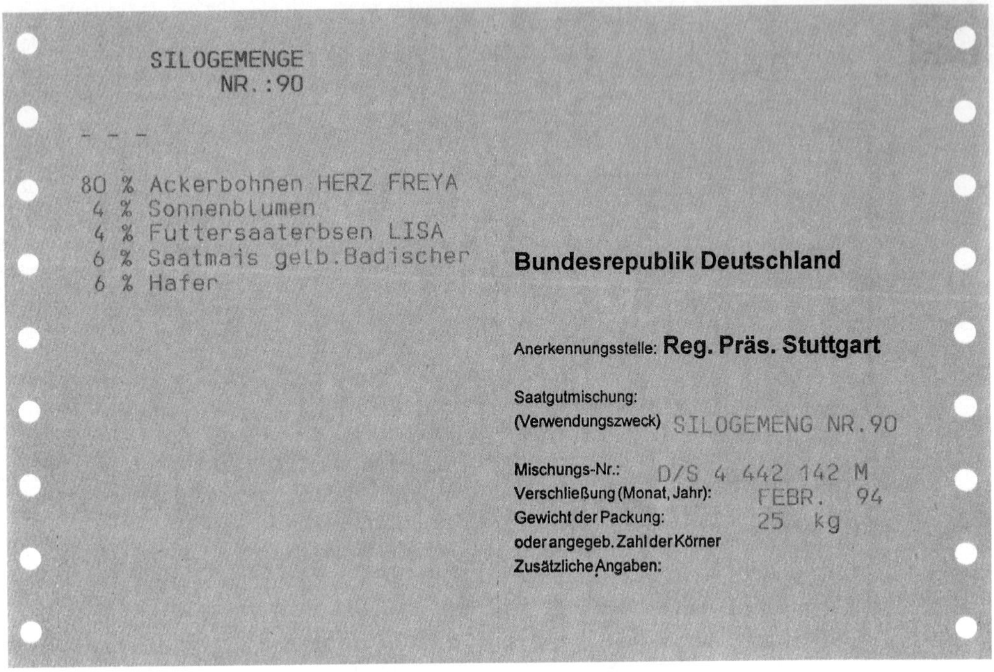
SILOGEMENGE
NR.:90

- - -

80 % Ackerbohnen HERZ FREYA
4 % Sonnenblumen
4 % Futtersaaterbsen LISA
6 % Saatmais gelb.Badischer
6 % Hafer

**Bundesrepublik Deutschland**

Anerkennungsstelle: **Reg. Präs. Stuttgart**

Saatgutmischung:
(Verwendungszweck) SILOGEMENG NR.90

Mischungs-Nr.: D/S 4 442 142 M
Verschließung (Monat, Jahr): FEBR. 94
Gewicht der Packung: 25 kg
oder angegeb. Zahl der Körner
Zusätzliche Angaben:

**Qualitativ hochwertiges Saatgut wird nach dem Saatgutverkehrsgesetz geprüft und anerkannt, bevor es vertrieben werden darf (Sack-etikett).**

**Grünfutter**
Hybriden, aber auch schnellwachsende, freiabblühende Sorten, werden oft angebaut – in verschiedenen Gemengen und im Streifenanbau zusammen mit Mais. Verfütterung ab 1 m Höhe ab Blühanfang gut möglich.
Saatbeispiel:

| | |
|---|---|
| – Reinsaaten | 20 bis 25 kg |

**Futterwert:** Die Pflanzen sind bis zur Abreife sehr wasserreich. Eine Grünverfütterung kann trotzdem bereits nach zwei bis drei Monaten vor allem an Rinder erfolgen. Bei Blühbeginn liegt das Eiweiß-Stärke-Verhältnis bei 1:6. Nach der Blüte verholzen die Pflanzenstengel und Körbe schnell. Rohproteingehalt (in der TM) erreicht 15%, die kStE und NEL sind sehr hoch (Tab. 3).
**Schmackhaftigkeit** und **Verdaulichkeit:** Wegen der manchmal unerwünschten Behaarung der Blätter und Stengel soll man die Grünmasse etwas anwelken lassen; das macht sie schmackhafter und verdaulicher, ähnlich wie das Häckseln. Eine kurze Gewöhnungszeit der Tiere ist ebenfalls vorteilhaft.
Insgesamt ist die Schmackhaftigkeit mit Ölrettich, Phacelia, Topinamburblatt oder Malve vergleichbar.
Gemengebeispiele:

| | |
|---|---|
| – Sonnenblumen | 7 kg |
| Ölrettich | 2 kg |
| Sommerraps | 1 kg |
| Ackerbohnen | 30 kg |
| Sommerwicke | 20 kg |
| Futtererbse | 40 kg |

gut silierbares Gemenge
(Ministerium für Ländlichen Raum 1991)
oder

| | |
|---|---|
| – Sonnenblumen | 12 kg |
| Ackerbohnen | 200 kg |
| Futtererbse | 12 kg |
| Hafer | 15 kg |

(Resele-Gemenge)
(Preuschen 1982)
(oder siehe bei Buchweizen, Gelbe Lupine, Malve, Ölrettich, Platterbse, Serradella und Weiße Lupine).

**Weide, Silage**
Da Sonnenblumen leicht brüchig, behaart und wasserreich sind, sind sie für eine Weidenutzung weniger geeignet. Die Silagebereitung dagegen ist (rein, besser jedoch im Gemenge) gut möglich (Tab. 1), z. B.:

| | |
|---|---|
| – Sonnenblumen | 10 kg |
| Grünmais | 30 kg |
| Futtererbse | 60 kg |
| Weiße Lupinen | 50 kg |

oder
– Sonnenblumen mit Mais; $^1/_3 : {}^2/_3$ der Fläche
(oder siehe bei Alexandrinerklee, Perserklee).

**Gründüngung**
Sehr gute Eignung als Sommer- und Stützpflan-

zen (Tab. 1). „... die Sonnenblume hat sich inzwischen auch für reine Gründüngungszwecke schon erhebliche Flächen erobert. Die besondere Bedeutung liegt in ihrer vorzüglichen Eignung für Gemengesaaten mit Schmetterlingsblütlern" (RHEINWALD 1936).
Gemengebeispiele:

| | |
|---|---|
| – Sonnenblumen | 15 kg |
| Serradella | 12 kg |
| Blaue Lupinen | 50 kg |
| oder | |
| – Sonnenblumen | 7 kg |
| Futtererbsen | 30 kg |
| Sommerrübsen | 4 kg |
| Erdklee | 2 kg |
| Blaue Lupinen | 20 kg |

(oder siehe bei Alexandrinerklee, Buchweizen, Blaue Lupine, Gelbe Lupine, Ölrettich, Peluschke, Rispenhirse und Weiße Lupine).

**Grünbrache**
Für Rotationsbrache werden empfohlen:

| | |
|---|---|
| – Sonnenblumen | 10 kg |
| Welsches Weidelgras | 20 kg |
| Ölrettich | 5 kg |
| Phacelia | 2 kg |

(auch für Wasserschutzgebiete gut geeignet).

**Wildäsung**
Sehr viele Sonnenblumenanbauer mußten leider feststellen, daß besonders die Knospen und Blätter von Hasen und Hochwild früh und gerne gefressen werden. (Eine solche Pflanze treibt zwar aus den Blattachseln neue Blütenköpfchen aus, ist aber für die Samenernte wertlos.)
Saatempfehlung:

| | |
|---|---|
| – Sonnenblumen | 10 kg |
| Phacelia | 4 kg |
| Perserklee | 4 kg |
| Peluschke | 30 kg |
| Rispenhirse | 3 kg |

(auch für Bienen und Vögel geeignet)
oder

| | |
|---|---|
| – Sonnenblumen | 7 kg |
| Ölrettich | 2 kg |
| Mais | 10 kg |
| Alexandrinerklee | 2 kg |
| Zottelwicken | 20 kg |
| Buchweizen | 15 kg |

Die Sonnenblumen- und Maispflanzen bleiben nach der Reife praktisch bis zum Frühjahr stehen und bieten so einen guten Sichtschutz.
(oder siehe bei Blaue Lupine, Gelbe Lupine, Kolbenhirse, Phacelia, Rispenhirse, Ölrettich, Sommerrübsen, Zottelwicke, Weiße Lupine).

**Bienenweide**
Für den „Normalbürger" ist die Sonnenblume fast ein Symbol, für den Imker eine Trachtpflanze mit einer Ausbeute von über 50 kg Honig pro Hektar, für viele Insekten eine wichtige Nahrungspflanze (Tab. 1). Gute Bestäubung dankt die Sonnenblume mit hohen Erträgen. Doch sollen folgende mögliche Nachteile nicht übersehen werden:

- Da die Pflanze auf den Blättern bienenanlockende Nektardrüsen besitzt, kann der Honig u. U. bitterer schmecken („Honigtauhonig").
- Die Blütezeit der modernen Sorten ist insgesamt kurz und zu intensiv. Dies kann zu einer starken Abarbeitung der Bienen und zu unplanmäßiger Entwicklung der Bienenvölker führen.
- Einige neue Hybridsorten haben zu lange Blütenröhrchen und klebrige Pollen und sind deshalb als Trachtpflanzen weniger geeignet (HUGGER 1989).

Gemengebeispiel einer Honigweide:

| | |
|---|---|
| – Sonnenblumen | 4 kg |
| Kulturmalve | 2 kg |
| Buchweizen | 15 kg |
| Phacelia | 3 kg |
| Perserklee | 2 kg |

(oder siehe bei Phacelia und Buchweizen, Gelbklee, Hornklee, Inkarnatklee, Perserklee, Phacelia, Ölrettich, Malve, Sareptasenf und Abschnitt Wildäsung/Sonnenblumen).

**Sonstige Nutzung**
Als Wintervogelfutter, Brennstoff- und Aschedünger in manchen Ländern genutzt, auch Gelierpektingewinnung aus den Korbböden. Geröstete Kerne werden als Kaffeersatz genutzt, die Gesamtpflanze zur Papier- und Dämmplattenherstellung verarbeitet, die Blüten als Tee in der Volksmedizin empfohlen. Auf die Futtereigenschaften wurde bereits hingewiesen.

## Saat

**Reinsaat:** 4 bis 10(40) kg, je nach Keimfähigkeit, TKG und Nutzung. Für die Körnernutzung sechs bis acht Pflanzen pro m$^2$ anstreben, für Grünnutzung auch 30. Für Einzelkornsaaten werden heute abgepackte Einheiten mit 75 000 Körnern angeboten (Z-Saatgut).
**Mindestqualität:** K > 85%, R > 98%;
**Saattiefe:** 3 bis 5 cm;
**Reihenweite:** üblich sind 75 cm, besser wären 45

bis 60 cm (Beschattung niedriger, Standfestigkeit besser). Für Zwischenfruchtanbau sind auch 30 cm empfehlenswert; Breitsaat möglich, aber nicht bei Körnernutzung zu empfehlen; **Saatgutpreis:** 2,– bis 30,– DM je nach Sorte (die teueren Hybriden für Einzelkornsaat sind ertragreicher, homogener und standfester; siehe auch Abschnitt Sortenangebot).

**Saatmethoden**

Als **Untersaat** nicht geeignet.
Als **Hauptfrucht** auch in Grenzlagen des Maisanbaus möglich.
Als **Zwischenfrucht** bis August; dann kommen die Frühsorten noch zur Blüte; daher Grünnutzung noch gut möglich.

## Ertrag

Der Grünertrag beim Hauptfruchtanbau liegt bei 300 bis 500 dt/ha (40 bis 70 dt Trockenmasse mit etwa 5 dt verdaulichem Protein). Zweitfruchterträge sind um die Hälfte niedriger; es bestehen jedoch starke Sortenunterschiede.

## Ökologische Bedeutung

**In der Fruchtfolge**

Die Sonnenblume paßt in unsere Getreidefruchtfolgen als Blatt- und Gesundungsfrucht ausgezeichnet. Der Pflanzenschutzmittelbedarf ist relativ gering.
Sie kann auch noch nach Erbsen, Frühkartoffeln und Wintergerste als Zwischenfrucht angebaut werden. Die breiten Saatreihen ermöglichen eine mechanische Unkrautregulierung.
Die **Bodenbedeckung** und Unkrautunterdrückung sind gut. Der Vorfruchtwert dagegen ist nur mäßig, da die Sonnenblumen viel Stickstoff und Bodenwasser verbrauchen können.
Die **Ernterückstände** beim Körneranbau liegen bei 60 dt schwer verwertbarer Trockenmasse und 20 dt Wurzeln. Die **Durchwurzelung** (Tab. 2) ist gut, in die Tiefe durch die Pfahlwurzel sogar sehr gut. Selbstausbreitung durch Samenausfall bei der Reife und beim Vogelfraß sind ebenso möglich wie der unangenehme Durchwuchs im nächsten Jahr z.B. in Zuckerrüben.
Daß man Sonnenblumen umweltfreundlich anbauen kann, beweisen auch unsere Versuchsergebnisse (SNEYD 1990) mit Untersaatversuchen. Danach waren die Nitratwerte im Herbst und damit die Auswaschungsgefahr aus den mit Gräsern bestellten Flächen weitaus niedriger als bei Sonnenblumen ohne Untersaat. Auch Kleearten können als Untersaaten in Nichtwasserschutzgebieten interessant sein (BRÖCHELER 1994).
In **natürlichen Gesellschaften** sind mehrere Wildarten – vor allem in Mittelamerika – verbreitet, nicht aber bei uns.

## Sortenangebot

Im deutschen Sortenregister waren im Jahre 1994 zehn zugelassene und fünfzehn geschützte Sorten aufgeführt. Es handelt sich dabei um recht unterschiedliche Typen; neben Freiabblühern sind es überwiegend die Einfachhybriden. Die Artenunterschiede im Haupt- und Zweitfruchtanbau bezüglich der Eigenschaften sind beträchtlich (Bundessortenamt 1994).
Im EG-Sortenkatalog 1992 (Stand 12/1994) sind 371 Sorten – überwiegend Hybridsorten – aufgeführt. Viele dieser Hybriden werden über CMS (cytologisch männlich sterile Linien) im Streifenanbau vermehrt.
Neugezüchtet wurden auch Hybriden mit Resistenz gegenüber dem Wurzelparasit *Orobanche cumana* Wallr., welcher in wärmeren Gebieten häufiger auftritt (SNEYD, PETZOLDT, NEMLI und BÜLBÜL 1994). Die Vermehrung des Z-Saatgutes erfolgte im Jahre 1994 ausschließlich im Ausland.

# Anhang

## Tabelle 1: Verwendung/Nutzung/Eignung insgesamt

+++ = sehr gut geeignet, sehr hoch
++ = gut geeignet, hoch
+ = mäßig geeignet, niedrig
o = weniger geeignet, sehr niedrig
– = nicht geeignet

| | 1. Gründungung | 2. Grünbrache (Rotations-, Dauerbrache) | 3. Wildäsung | 4. Insektenweide | 5. allgem. Grünfutterwert | 6. in Wiese / Weide | 7. als Heu | 8. als Silage | 9. Gesamtertragsleistung (oberirdisch) | 10. sonstige spezielle Eignung / (Eigenschaft / Nutzung – insbesondere |
|---|---|---|---|---|---|---|---|---|---|---|
| 1) Alexandriner Klee/Alexandrinerklee | +++ | R++ | ++ | ++ | +++ | + | + | ++ | +++ | Zwischenfrucht / Stickstoffbindung / Bodendecker / Rotationsbrache |
| 2) Bodenfrüchtiger Klee / Erdklee | ++ | R++ | o | – | o | o | o | o | ++ | Untersaat möglich / Begrünung / Rotationsbrache / Erosionsschutz |
| 3) Gelbklee / Hopfenklee | + | D+ | + | ++ | ++ | +++ | ++ | ++ | + | Pionierpflanze / Erosionsschutz / Begrünung / Untersaat / Stickstoffbindung / Standorttreu |
| 4) Hornschotenklee / Hornklee | ++ | D++ | + | + | ++ | ++ | ++ | ++ | ++ | Pionierpflanze / Dauerbegrünung / Stickstoffbindung / Erosionsschutz |
| 5) Inkarnatklee / Blutklee | ++ | R++ | + | ++ | +++ | o | ++ | ++ | +++ | Rotationswinterbrache / Stickstoffbindung / Sommergründüngung |
| 6) Persischer Klee / Perserklee | +++ | R++ | ++ | +++ | +++ | + | ++ | ++ | +++ | Zwischenfrucht / Stickstoffbindung / Rotationsbrache / Bodendecker |

## Tabelle 1: Verwendung/Nutzung/Eignung insgesamt

| | | | | | | | | | | |
|---|---|---|---|---|---|---|---|---|---|---|
| 7) Schwedenklee / Bastardklee | ++ | D++ | + | ++ | + | ++ | + | + | ++ | Begrünung / Stickstoffbindung / Dauerbrache / Erosionsschutz |
| 8) Steinklee / Weißer u. Gelber | + | D+ | o | + | o | o | o | o | + | Pionierpflanze / Erosionsschutz / Stickstoffbindung / Befestigungen von Dämmen o.ä. |
| 9) Wundklee / Echter Wundklee | o | D+ | + | + | ++ | ++ | ++ | ++ | + | Pionierpflanze / Stickstoffbindung / Heilpflanze / Würzpflanze |
| 10) Esparsette / Esper | + | D++ | + | + | +++ | ++ | ++ | + | ++ | Stickstoffbindung / Dauerbrache / Bienenpflanze / Erosionsschutz |
| 11) Linse / Echte Linse | o | Ro | o | – | + | – | + | o | o | Körnernutzung / Strohnutzung / Stickstoffbindung |
| 12) Lupine (Ausdauernde) / Dauerlupine | + | D++ | + | o | o | – | – | o | + | Pionierpflanze / Erosionsschutz / Begrünung / Zierstaude / Stickstoffbindung / Befestigungen |
| 13) Lupine, Blaue / Schmalblättrige | ++ | R++ | o | o | o | – | o | o | ++ | Erosionsschutz / Brache / Stickstoffbindung / Zierpflanze |
| 14) Lupine, Gelbe / Gold der Sandböden | ++ | R++ | o | o | + | – | o | o | + | Brache / Körnernutzung / Pionierpflanze für leichte Böden / Stickstoffbindung |
| 15) Lupine, Weiße / Weißlupine | ++ | R++ | + | o | + | – | o | o | ++ | Brache / Körnernutzung / „Nachwachsender Rohstoff" / Stickstoffbindung |
| 16) Peluschke / Grünfuttererbse | ++ | R++ | ++ | o | ++ | ++ | ++ | ++ | ++ | Gesundungsfrucht / Gemengeanteil / Rotationsbrache / Stickstoffbindung |
| 17) Platterbse / Saatplatterbse | + | Ro | + | – | + | o | o | + | + | Zwischenfrucht / Weinbegrünung / Stickstoffbindung |
| 18) Serradella / Klee des Sandes | + | Ro | o | + | ++ | o | o | o | + | auf kalkarmen Böden im Herbst ideal / Stickstoffbindung |
| 19) Zaunwicke / Unkrautwicke | o | D+ | + | + | ++ | +++ | ++ | + | o | Pionierpflanze / Ameisenweide / Stickstoffbindung |
| 20) Zottelwicke / Winterwicke | ++ | R++ | ++ | ++ | +++ | + | + | ++ | ++ | Futterpflanze! / Erosionsschutz / Winterform / Stickstoffbindung / Erosionsschutz |
| 21) Futterkohl / Markstammkohl | o | Ro | +++ | o | +++ | – | – | + | +++ | Kleintierfütterung / Insektenweide bei Saatgutvermehrung |
| 22) Ölrettich / Dünnwurzeliger Rettich | +++ | R+++ | + | + | + | – | – | o | ++ | Erosionsschutz / Nitratbindung / „Nachw. Rohstoff" / Zwischenfrucht / Nematodenresistente Sorten |
| 23) Sareptasenf / Sarepta-Senf | + | R+ | o | + | o | – | – | o | + | Nitratbindung / Zwischenfrucht / Erosionsschutz / für Wasserschutzgebiete geeignet |
| 24) Sommerrübsen / Grünrübsen | ++ | R++ | + | + | + | – | – | o | + | Nitratbindung / Erosionsschutz / Zwischenfrucht / Grünfuttersorten / Wasserschutzgebiete-Einsatz |

| | | | | | | | | | | |
|---|---|---|---|---|---|---|---|---|---|---|
| 25) Glatthafer / Hoher Wiesenhafer | + | D++ | ++ | – | ++ | +++ | +++ | + | ++ | Dauerwiesen / Dauerbrache / Befestigungen / für Mischbestände geeignet |
| 26) Goldhafer / Gelbhafergras | + | D++ | ++ | – | ++ | ++ | +++ | + | ++ | Dauerwiesen / Befestigungen / für Mischbestände |
| 27) Quecke / Ackerquecke | o | Do | o | – | o | + | o | o | o | Pionierpflanze / Erosionsschutz / Befestigungen / Rekultivierungsflächen |
| 28) Kolbenhirse / Borstenhirse | + | R+ | ++ | – | ++ | – | o | + | ++ | Dürrefestigkeit / Körnerfrucht / Rotationsbrache / Vogelfutter |
| 29) Rispenhirse / Echte Hirse | + | R+ | + | – | ++ | – | o | + | ++ | Körnerfrucht / Vogelfutter / Rotationsbrache |
| 30) Ackerspörgel / Spergel | o | Ro | o | – | + | + | o | – | o | Herbstzwischenfrucht / gute Vorfrucht, abfrierend |
| 31) Buchweizen / Heidekorn | ++ | R++ | + | ++ | + | – | o | o | ++ | Nitratbindung / Erosionsschutz / Zwischenfrucht / gute Vorfrucht / Gesundungspflanze / Wasserschutzgebiet |
| 33) Malve / Futtermalve | + | R++ | ++ | ++ | + | o | o | + | + | Begrünung / Pionierpflanze / Zierpflanze / Heiltee / Nitratbindung |
| 34) Phazelie / Phacelia | ++ | R+++ | o | +++ | o | – | o | o | o | Erosionsschutz / Nitratbindung / Begrünung / Wasserschutzgebiete / Mulchsaaten / abfrierend |
| 35) Quinoa / Hochlandmelde | + | Ro | + | – | ++ | – | + | + | ++ | Körnerfrucht / Pellets |
| 36) Sonnenblumen | + | R+ | + | +++ | + | – | – | + | ++ | Speiseöl / Vogelfutter / Aschedünger / Zwischenfrucht / „Nachwachs. Rohstoff“ |

# Tabelle 2: Agrotechnik / Anbau / Ökologische Bedeutung

1) S = sommerjährig
W = winterjährig
m = mehrjährig
2 = zweijährig

2) F = Frühjahr
H = Herbst

3) n = niedrig
m = mittel
h = hoch

4) R = Reinsaat
M = Mischsaat

5) H = Hauptfrucht
Z = Zwischenfrucht

6) +++ = sehr gut geeignet, sehr hoch
++ = gut geeignet, hoch
+ = mäßig geeignet, sehr niedrig
o = weniger geeignet, sehr niedrig
– = nicht geeignet, kaum

| | 1. Lebensdauer | 2. bevorzugter Saattermin | 3. Gesamtansprüche | 4. Anbau meistens in / als Reinsaat Mischsaat | 5. Anbau überwiegend als Hauptfrucht Zwischenfrucht | 6. Ökologische Bedeutung a) in der Fruchtfolge | b) Bodendeckung (Vollvegetation) | c) Ernterückstände (nach der Ernte) | d) Durchwurzelung (Intensität / Tiefe) | e) Verbreitung in natürlichen Gesellschaften bei uns | Bemerkungen |
|---|---|---|---|---|---|---|---|---|---|---|---|
| 1) Alexandriner Klee / Alexandrinerklee | S | F H | m-h | R M | H Z | +++ | +++ | ++ | +++ | o /– | |
| 2) Bodenfrüchtiger Klee / Erdklee | S | H | m | R | Z | + | +++ | + | ++ | –/o* | * im Mittelmeergebiet |
| 3) Gelbklee / Hopfenklee | S-m* | F | n | M | H Z | ++ | ++ | + | ++ | +++ | * aussamend |
| 4) Hornschotenklee / Hornklee | m | F | n-m | M | H | ++ | ++ | ++ | ++ | +++ | |
| 5) Inkarnatklee / Blutklee | W | H | m | M | Z | +++ | ++ | ++ | ++ | o | |
| 6) Persischer Klee / Perserklee | S | F H | m-h | R M | H Z | +++ | +++ | ++ | +++ | o / – | |
| 7) Schwedenklee / Bastardklee | 2m | F | n-m | M | H | ++ | ++ | ++ | ++ | ++ | |
| 8) Steinklee / Weißer u. Gelber | 2 | F | h | R M | H | + | + | + | ++ | ++ | * aussamend |
| 9) Wundklee / Echter Wundklee | 2m* | F | n | M | H | + | + | + | + | ++ | * aussamend |
| 10) Esparsette / Esper | m | F | m | M R | H | ++ | ++ | ++ | ++ | + | |
| 11) Linse / Echte Linse | S | F | n | R | H | + | + | + | + | – | |

**Tabelle 2: Agrotechnik/Anbau/Ökologische Bedeutung**

| | | | | | | | | | | | |
|---|---|---|---|---|---|---|---|---|---|---|---|
| 12) Lupine (Ausdauernde) / Dauerlupine | m* | F H | n | R M | H | + | ++ | + | ++ | + | * aussamend |
| 13) Lupine, Blaue / Schmalblättrige | S | H F | m | R M | Z | ++ | +++ | ++ | ++ | o | |
| 14) Lupine, Gelbe / Gold der Sandböden | S | F H | m | R M | H Z | ++ | ++ | + | + | o | |
| 15) Lupine, Weiße / Weißlupine | S | F H | m-h | R M | H Z | ++ | ++ | ++ | ++ | – | |
| 16) Peluschke / Grünfuttererbse | S/W | F H | m | M R | Z | +++ | ++ | ++ | ++ | o | |
| 17) Platterbse / Saatplatterbse | S | F H | n-m | M R | Z | + | ++ | + | + | o | |
| 18) Serradella / Klee des Sandes | S | F H | n | R | Z | + | ++ | + | + | + | |
| 19) Zaunwicke / Unkrautwicke | m | F | n | M | H | + | + | + | + | +++ | |
| 20) Zottelwicke / Winterwicke | w | H | m | M | Z | ++ | ++ | ++ | ++ | o | |
| 21) Futterkohl / Markstammkohl | S-W* | F | h | R | H Z | + | ++ | + | + | – | * 2jährig für Samengewinnung |
| 22) Ölrettich / Dünnwurzeliger Rettich | S* | H | n-m | R M | Z | ++ | +++ | ++ | +++ | o / – | * doch Durchwachsgefahr |
| 23) Sareptasenf / Sarepta-Senf | S | H | m | M | Z | + | ++ | + | + | o / – | |
| 24) Sommerrübsen / Grünrübsen | S | H | m | R | Z | + | +++ | + | ++ | o / – | |
| 25) Glatthafer / Hoher Wiesenhafer | m | F | m | M | H | ++ | + | ++ | ++ | +++ | |
| 26) Goldhafer / Gelbhafergras | m | F | m | M | H | ++ | + | ++ | ++ | +++ | |
| 27) Quecke / Ackerquecke | m | F | n-m | M | (H) | ?* | + | + | + | +++ | * Ruderalpflanze |
| 28) Kolbenhirse / Borstenhirse | S | F H | m | R | H | + | ++ | + | + | +* | * Unkrautformen |
| 29) Rispenhirse / Echte Hirse | S | F H | m | R | H | + | ++ | + | + | +* | * Unkrautformen |
| 30) Ackerspörgel / Spergel | S | H | n | R | Z | + | + | + | + | +* | * Unkrautpflanze |
| 31) Buchweizen / Heidekorn | S | H | n-m | R M | Z | ++ | +++ | + | + | o / – | |
| 32) Futtermöhre / Gemeine Möhre | S*-2 | F | m-h | R | H | + | ++ | + | ++ | o / – | * 2jährig für Samengewinnung |
| 33) Malve / Futtermalve | S-m* | F H | n-m | M | Z | + | ++ | + | + | ++ | * aussamend |
| 34) Phazelie / Phacelia | S | H F | n-m | R M | Z | ++ | ++ | + | + | – | |
| 35) Quinoa / Hochlandmelde | S | F | m | R | H | + | ++ | + | + | – | |
| 36) Sonnenblumen | S | F H | m-h | R M | H Z | + | + | + | ++ | – | |

# Tabelle 3: Futterwerttabellen (Wiederkäuer)

(nach: Universität Hohenheim, Dokumentationsstelle, 1993).

(* aktualisierte „DLG-Angaben 1968“ durch Herrn Ing. (grad.) Häußermann.)

*Bem.:* In der Zeile unter dem Mittelwert ist die Standardabweichung angegeben.

| | in 1 kg Trockenmasse | | | | | | | Verdaulichkeit | | | | | | in 1 kg Trockenmasse | | | |
|---|---|---|---|---|---|---|---|---|---|---|---|---|---|---|---|---|---|
| Anzahl der Analysen | in 1 kg Futtermittel Trockensubstanz g | Rohasche g | Organ. Masse g | Rohprotein g | Rohfett g | Rohfaser g | N-freie Extr.-stoffe g | Anzahl der Versuchstiere | Organ. Substanz % | Rohprotein % | Rohfett % | Rohfaser % | N-freie Extr.-stoffe % | verdauliches Rohprotein g | Umsetzbare Energie MJ | Stärkeeinheiten | Nettoenergie Laktation MJ |
| 1)* Alexandrinerklee / Grünfutter | | | | | | | | | | | | | | | | | |
| 8 | 121 | 140 | 860 | 190 | 33 | 240 | 400 | 1 | 67 | 73 | 56 | 35 | 83 | 141 | – | 579 | 5.31 |
| 2) Bodenfrüchtiger Klee (Erdklee) / Grünfutter | | | | | | | | | | | | | | | | | |
| 16 | 176 | 118 | 882 | 166 | 35 | 213 | 468 | 5 | 80 | 79 | 69 | 74 | 85 | 132 | 11.13 | 661 | 6.81 |
| | 103 | 29 | 29 | 47 | 10 | 57 | 42 | | 1 | 3 | 3 | 3 | 3 | | | | |
| 3) Gelbklee / Grünfutter | | | | | | | | | | | | | | | | | |
| 15 | 45 | 129 | 871 | 201 | 25 | 217 | 428 | 3 | 64 | 69 | 58 | 50 | 71 | 139 | 8.82 | 507 | 5.15 |
| | 6 | 45 | 45 | 38 | 6 | 48 | 38 | | 0 | 0 | 0 | 0 | 0 | | | | |
| 4) Hornklee / Grünfutter | | | | | | | | | | | | | | | | | |
| 26 | 224 | 93 | 907 | 187 | 30 | 252 | 438 | 1 | 67 | 75 | 54 | 43 | 82 | 140 | 9.74 | 554 | 5.75 |
| | 51 | 28 | 27 | 38 | 8 | 60 | 50 | | 0 | 0 | 0 | 0 | 0 | | | | |
| 5)* Inkarnatklee / Grünfutter | | | | | | | | | | | | | | | | | |
| 18 | 167 | 96 | 904 | 162 | 18 | 281 | 435 | 2 | 70 | 75 | 71 | 59 | 75 | 121 | – | 637 | 5.74 |
| 6) Persischer Klee / Grünfutter | | | | | | | | | | | | | | | | | |
| 69 | 136 | 130 | 870 | 207 | 27 | 203 | 433 | 11 | 80 | 79 | 45 | 66 | 80 | 164 | 10.12 | 598 | 6.08 |
| | 39 | 23 | 23 | 37 | 6 | 40 | 37 | | 5 | 5 | 17 | 4 | 11 | | | | |
| 7) Schwedenklee / Grünfutter | | | | | | | | | | | | | | | | | |
| 54 | 199 | 104 | 896 | 195 | 28 | 203 | 470 | 3 | 66 | 66 | 65 | 53 | 67 | 129 | 8.91 | 516 | 5.19 |
| | 56 | 20 | 20 | 46 | 7 | 52 | 45 | | 0 | 0 | 0 | 0 | 0 | | | | |
| 8) Steinklee, Gelber / Grünfutter | | | | | | | | | | | | | | | | | |
| 8 | 154 | 85 | 915 | 181 | 36 | 263 | 435 | 4 | 66 | 78 | 50 | 53 | 69 | 141 | 9.35 | 532 | 5.46 |
| | 18 | 23 | 23 | 34 | 6 | 79 | 65 | | 5 | 4 | 5 | 17 | 5 | | | | |

| | | | | | | | | | | | | | | | | | |
|---|---|---|---|---|---|---|---|---|---|---|---|---|---|---|---|---|---|
| Steinklee, Weißer / Grünfutter | | | | | | | | | | | | | | | | | |
| 14 | 180 | 113 | 887 | 222 | 34 | 283 | 348 | 3 | 64 | 74 | 56 | 42 | 72 | 165 | 8.68 | 480 | 5.00 |
| | 31 | 23 | 23 | 38 | 8 | 54 | 43 | | 0 | 0 | 0 | 0 | 0 | | | | |
| 9) Wundklee / Grünfutter | | | | | | | | | | | | | | | | | |
| 6 | 185 | 85 | 915 | 198 | 23 | 343 | 351 | – | – | – | – | – | – | – | – | – | – |
| | 46 | 24 | 24 | 53 | 7 | 29 | 78 | | | | | | | | | | |
| 10) Esparsette / Grünfutter | | | | | | | | | | | | | | | | | |
| 33 | 221 | 68 | 932 | 184 | 27 | 252 | 469 | 6 | 64 | 71 | 62 | 43 | 75 | 131 | 9.55 | 543 | 5.59 |
| | 50 | 14 | 14 | 49 | 7 | 55 | 42 | | 3 | 3 | 8 | 2 | 7 | | | | |
| 13) Lupine, Blaue, bitter / Grünfutter | | | | | | | | | | | | | | | | | |
| 11 | 168 | 105 | 895 | 172 | 27 | 207 | 489 | – | – | – | – | – | – | – | – | – | – |
| | 21 | 14 | 14 | 21 | 6 | 67 | 67 | | | | | | | | | | |
| Lupine, Blaue, süß / Grünfutter | | | | | | | | | | | | | | | | | |
| 9 | 167 | 114 | 886 | 205 | 23 | 225 | 433 | 3 | 70 | 78 | 47 | 64 | 73 | 160 | 9.66 | 565 | 5.73 |
| | 20 | 43 | 43 | 41 | 8 | 58 | 61 | | 0 | 0 | 0 | 0 | 0 | | | | |
| 14) Lupine, Gelbe, süß / Grünfutter | | | | | | | | | | | | | | | | | |
| 64 | 130 | 91 | 909 | 196 | 31 | 311 | 371 | 6 | 73 | 80 | 44 | 67 | 75 | 157 | 9.95 | 570 | 5.88 |
| | 27 | 30 | 30 | 34 | 9 | 59 | 48 | – | 7 | 3 | 17 | 9 | 9 | | | | |
| 15) Lupine, Weiße, süß / Grünfutter | | | | | | | | | | | | | | | | | |
| 11 | 125 | 109 | 891 | 162 | 27 | 330 | 372 | 9 | 72 | 74 | 56 | 62 | 81 | 120 | 9.74 | 551 | 5.77 |
| | 18 | 33 | 33 | 38 | 3 | 69 | 35 | | 4 | 5 | 3 | 5 | 3 | | | | |
| 16) Peluschke / Futtererbse / Grünfutter | | | | | | | | | | | | | | | | | |
| 108 | 162 | 108 | 892 | 204 | 45 | 287 | 356 | 23 | 74 | 81 | 59 | 59 | 82 | 166 | 10.17 | 584 | 6.05 |
| | 88 | 32 | 33 | 43 | 51 | 67 | 87 | | 3 | 4 | 8 | 7 | 3 | | | | |
| 17) Platterbse / Saatplatterbse / Grünfutter | | | | | | | | | | | | | | | | | |
| 11 | 183 | 100 | 900 | 226 | 27 | 255 | 392 | 4 | 75 | 83 | 62 | 50 | 83 | 188 | 10.24 | 588 | 6.11 |
| | 46 | 34 | 34 | 32 | 12 | 41 | 49 | | 3 | 3 | 2 | 7 | 4 | | | | |
| 19) Zaunwicke / Grünfutter | | | | | | | | | | | | | | | | | |
| 3 | 180 | 76 | 924 | 254 | 11 | 303 | 356 | – | – | – | – | – | – | – | – | – | – |
| | 0 | 0 | 0 | 33 | 0 | 0 | 0 | | | | | | | | | | |
| 20)* Zottelwicke / Grünfutter | | | | | | | | | | | | | | | | | |
| 14 | 145 | 103 | 897 | 241 | 34 | 276 | 348 | 2 | 60 | 65 | 59 | 42 | 70 | 157 | – | 544 | 4.80 |
| 21) Futterkohl / Markstammkohl / Grünfutter (Gesamt-var. medullosa) | | | | | | | | | | | | | | | | | |
| 134 | 127 | 136 | 864 | 179 | 27 | 181 | 477 | 45 | 78 | 67 | 60 | 61 | 87 | 120 | 10.26 | 619 | 6.23 |
| | 26 | 27 | 27 | 37 | 12 | 39 | 65 | | 6 | 16 | 13 | 12 | 5 | | | | |

| | | | | | | | | | | | | | | | | | |
|---|---|---|---|---|---|---|---|---|---|---|---|---|---|---|---|---|---|
| 22) Ölrettich / Grünfutter | | | | | | | | | | | | | | | | | |
| 39 | 103 | 180 | 820 | 214 | 29 | 219 | 358 | 3 | 79 | 83 | 67 | 79 | 79 | 177 | 10.11 | 599 | 6.13 |
| | 18 | 69 | 69 | 58 | 7 | 71 | 54 | | 0 | 0 | 0 | 0 | 0 | | | | |
| 23) Sareptasenf / Grünfutter | | | | | | | | | | | | | | | | | |
| 5 | 140 | 132 | 868 | 159 | 38 | 163 | 508 | 1 | 76 | 85 | 63 | 58 | 86 | 134 | 11.00 | 655 | 6.78 |
| | 0 | 24 | 24 | 34 | 9 | 0 | 0 | | 0 | 0 | 0 | 0 | 0 | | | | |
| 24)* Sommerrübsen / Grünfutter | | | | | | | | | | | | | | | | | |
| 22 | 105 | 171 | 829 | 181 | 38 | 200 | 422 | 6 | 80 | 79 | 60 | 77 | 84 | 163 | – | 676 | 6.35 |
| 25) Glatthafer / Grünfutter | | | | | | | | | | | | | | | | | |
| 29 | 233 | 88 | 912 | 134 | 34 | 285 | 459 | 1 | 66 | 66 | 20 | 75 | 65 | 88 | 9.05 | 525 | 5.27 |
| | 75 | 33 | 33 | 42 | 14 | 56 | 65 | | | | | | | | | | |
| 26)* Goldhafer / Grünfutter | | | | | | | | | | | | | | | | | |
| 4 | 303 | 69 | 931 | 109 | 23 | 327 | 475 | 1 | 68 | 66 | 20 | 75 | 65 | 71 | – | 628 | 5.41 |
| 27) Quecke / Grünfutter | | | | | | | | | | | | | | | | | |
| 14 | 390 | 73 | 927 | 134 | 23 | 308 | 462 | 12 | 73 | 67 | 59 | 66 | 75 | 90 | 9.91 | 569 | 5.87 |
| | 96 | 19 | 19 | 64 | 12 | 67 | 37 | | 2 | 8 | 8 | 4 | 2 | | | | |
| 28) Kolbenhirse / Grünfutter | | | | | | | | | | | | | | | | | |
| 19 | 286 | 115 | 885 | 122 | 21 | 292 | 450 | 5 | 62 | 58 | 52 | 61 | 64 | 71 | 8.35 | 472 | 4.83 |
| | 80 | 29 | 29 | 50 | 4 | 53 | 23 | | 4 | 7 | 4 | 7 | 4 | | | | |
| 29) Rispenhirse / Grünfutter | | | | | | | | | | | | | | | | | |
| 18 | 229 | 86 | 914 | 94 | 30 | 281 | 509 | 9 | 59 | 52 | 46 | 56 | 62 | 49 | 8.27 | 465 | 4.75 |
| | 44 | 22 | 23 | 21 | 10 | 30 | 49 | | 3 | 6 | 9 | 3 | 3 | | | | |
| 30) Ackerspörgel / Grünfutter | | | | | | | | | | | | | | | | | |
| 1 | 204 | 103 | 897 | 127 | 34 | 260 | 476 | – | – | – | – | – | – | – | – | – | – |
| 31) Buchweizen / Grünfutter | | | | | | | | | | | | | | | | | |
| 3 | 161 | 73 | 927 | 153 | 39 | 269 | 466 | 2 | 64 | 67 | 54 | 54 | 70 | 103 | 9.31 | 529 | 5.42 |
| 32) Futtermöhre (Möhrenkraut) / Grünfutter | | | | | | | | | | | | | | | | | |
| 13 | 163 | 194 | 806 | 150 | 30 | 170 | 456 | 2 | 79 | 62 | 81 | 75 | 85 | 93 | 10.03 | 599 | 6.15 |
| | 51 | 44 | 44 | 40 | 11 | 61 | 68 | | 0 | 0 | 0 | 0 | 0 | | | | |

| | | | | | | | | | | | | | | | | | | |
|---|---|---|---|---|---|---|---|---|---|---|---|---|---|---|---|---|---|---|
| 33) Malve (Futtermalve) / Grünfutter | | | | | | | | | | | | | | | | | | |
| | 29 | 144 | 154 | 846 | 188 | 30 | 233 | 395 | 13 | 71 | 81 | 73 | 52 | 79 | 152 | 9.57 | 550 | 5.71 |
| | | 37 | 36 | 36 | 46 | 9 | 84 | 64 | – | 7 | 4 | 13 | 15 | 6 | | | | |
| 34) Phacelia / Grünfutter | | | | | | | | | | | | | | | | | | |
| | 46 | 122 | 190 | 810 | 167 | 29 | 221 | 393 | 5 | 62 | 67 | 58 | 51 | 67 | 111 | 7.89 | 448 | 4.56 |
| | | 50 | 45 | 45 | 36 | 12 | 50 | 59 | | 11 | 12 | 9 | 17 | 8 | | | | |
| 35) Quinoa / Grünfutter | | | | | | | | | | | | | | | | | | |
| | 9 | 169 | 202 | 798 | 216 | 19 | 256 | 307 | – | – | – | – | – | – | – | – | – | – |
| | | 0 | 37 | 37 | 41 | 4 | 70 | 32 | | | | | | | | | | |
| 36)* Sonnenblumen / Grünfutter | | | | | | | | | | | | | | | | | | |
| | 10 | 125 | 19 | 981 | 152 | 24 | 200 | 448 | 1 | 74 | 68 | 74 | 60 | 82 | 100 | – | 747 | 7.07 |

# Literaturverzeichnis


AID (Auswertungs- und Informationsdienst für Ernährung, Landwirtschaft und Forsten e.V.), Bonn: Zwischenfrüchte im integrierten Pflanzenbau; diverse Info-Hefte. Bonn 1992, 1993, 1994.

Amtsblatt der Europäischen Gemeinschaft: Gemeinsamer Sortenkatalog für landwirtschaftliche Pflanzenarten. Luxemburg 1992.

APPEL, C.: Wildäsung (Broschüre). Darmstadt 1991.

APPEL, L.: Samen- und Pflanzen-Preisliste. Beerfelden 1992.

BACHTHALER, G. u. a.: Pflanzliche Erzeugung. DLV-Verlagsgesellschaft, München 1987.

BAER, E. VON: Süßlupinenanbau in Chile. Zeitschrift „Landwirt im Ausland". Frankfurt 1972.

BÄR, A.: Untersaaten/Nitratproblematik. Gastvorträge Fachhochschule Nürtingen 1992, 1993.

Barenbrug, Holland-Saaten. Sorteninformationen. Oosterhout 1991.

Bayerische Futtersaatbau GmbH: Saatgutinformationen. Jagd und Forst, Ismaning bei München 1992, 1994.

Baywa AG: Saatgutinformationen. München 1992.

BECKER, H.: Pflanzenzüchtung. Verlag Eugen Ulmer, Stuttgart 1993.

BEHM, K.: Inkarnatklee-Sortenbeschreibung. Hamburg 1991.

BENDA, I.: Meziplodiny v soustave rostline vyroby. Tschechei 1984.

BERNATH, K.: Futterbau. Verlag ökologischer Landbau. Bad Dürkheim 1990.

BITZINGER, B.: Die Bitterlupine – Eiweißpflanze mit Zukunft? Agrarische Rundschau Nr. 7, Wien 1989.

BOGUSLAWSKI, E. VON: Ackerbau. DLG-Verlag, Frankfurt 1981, und mündliche Mitteilungen Rauisch-Holzhausen 1989.

BRÖCHELER, F.: Untersaaten zu Sonnenblumen und Mais. DSV-Saatzucht, 1994

BROUWER, W. und STÄHLIN, A.: Handbuch der Samenkunde. DLG-Verlag, Frankfurt 1975.

Bundesministerium für Ernährung, Landwirtschaft und Forsten: „Die EG-Agrarreform 1994": Politik für unsere Bauern – Flächenstillegung, Extensivierung, Flurbereinigung, Investitionsförderung. Info-Schriften. Bonn 1992, 1994, 1994.

Bundessortenamt (BSA): Beschreibende Sortenliste Gräser, Klee, Luzerne, Getreide. Verlag Alfred Strothe, Hannover 1992 bis 1994.

Bundessortenamt (BSA): Richtlinien für die Durchführung von landwirtschaftlichen Wertprüfungen und Sortenversuchen. Verlag Alfred Strothe, Hannover 1988.

Bundessortenamt (BSA): Sortenregister und Blatt für Sortenwesen. Hannover 1993, 1994.

Deutsche Saatzucht AG: Sortenratgeber, Zwischenfruchtanbau. Quedlinburg 1993.

Deutsche Landwirtschaftsgesellschaft (DLG): Süßlupinen in der Fütterung. Info-Blatt, Arbeitskreis Fütterung. Frankfurt 1985, 1985.

Deutsche Landwirtschaftsgesellschaft (DLG): Futterwerttabellen. Frankfurt 8. Aufl.

Deutsche Saatveredelung (DSV), Lippstadt: Sortenkatalog. Ratgeber/Saatgutmischungen/Versuchsfeldführer/Grünbrache-Info-Broschüren. Lippstadt 1990 bis 1994.

Develey GmbH: Sareptasenf. Sorteninformation. Unterhaching 1992.

DOBOS, G.: Div. mündl. und schriftl. Mitteilg., Wien 1994.

EGGELING, F. K. VON: Deckung und Äsung. Ratgeber, Landesjagdverband Bayern e. V. Verlag Mayer, München 1991.

ELLIGER, A., PEGEL, M. und WEIS, G. B. (Wildforschungsstelle des Landes Baden-Württemberg): Flächenstillegungen. Aulendorf 1991.

ENCKE, F., BUCHHEIM G. und SEYBOLD, S.: Zander, Handwörterbuch der Pflanzennamen. Verlag Eugen Ulmer, Stuttgart 1993, 14. Aufl.

ESSER, J. und LÜTKE-ENTRUP, E.: Ackerfutterbau und Gründüngung haben Zukunft. Landwirtschaftsverlag GmbH, Münster 1991.

Feldsaaten Freudenberger GmbH: Wirtschaftsfutter/Grünbrache/Ölrettich. Informationsblätter. Zwischenfruchtbau. Krefeld 1994.

Fetzer Samen: Hornschotenklee-Sortenbeschreibung. Kitzingen 1992.

FISCHBECK, G., HEYLAND, K.-U. und KNAUER, N.: Spezieller Pflanzenbau. Verlag Eugen Ulmer, Stuttgart 1982, 2. Aufl.

FISCHER, W. und LÜTKE-ENTRUP, E.: Die wichtigsten Gräser. Verlag Mensing und Co., Hamburg 1992.

GEISLER, G.: Farbatlas Landwirtschaftlicher Kulturpflanzen. Verlag Eugen Ulmer, Stuttgart 1991.

GEISLER, G.: Pflanzenbau. Verlag Paul Parey, Berlin und Hamburg 1988, 2. Aufl.

GESSL, E.: Futtermittel. Leopold Stocker Verlag, Graz 1981.

HAABER, I.: *Chenopodium quinoa* Willd. as a green crop for the pelleting Industry. The Royal Veterinary & Agricultural University, Dept. of Agricultural Sciences, Taastrup (Dänemark). Schriftl. Mitteilg. 1992.

HAAG, J.: Wundklee. Diplomarbeit Fachhochschule, Nürtingen 1993.

HEMINGWAY, J.: Sareptasenf. Briefl. Mitteilungen, Norfolk 1992.

Hesa-Saatgutgroßhandlung: Saatgutkataloge und Sortenempfehlungen. Wiener Neudorf 1992, 1993.

HOFFMANN, W., MUDRA, A. und PLARRE, W.: Lehrbuch der Züchtung landwirtschaftlicher Kulturpflanzen. Verlag Paul Parey, Berlin und Hamburg 1985, 2. Aufl.

HONDELMANN, W.: Die Lupine – alte und neue Kulturpflanze. Festvortrag anläßl. der Verleihung der Ehrendoktorwürde an Herrn Prof. Dr. von Sengbusch; Justus-Liebig Universität, Giessen 1983.

HUGGER, H.: Sonnenblumen. Verlag Eugen Ulmer, Stuttgart 1989.

I. G. Saatzucht: Sortenbeschreibung Grünfuttererbse Binar (Zuchtstation Biendorf). München 1993.

Institut für Öl- und Futterpflanzenzüchtung Hans Lembke – Saatzucht: Futterkohl und Rübsen-Sortenbeschreibungen. Malchow 1991.

JAHN-DEESBACH, W.: Feldfutterbau. In: Faustzahlen für die Landwirtschaft. Landwirtschaftsverlag, Münster-Hiltrup 1988.

JACOBSEN, S.-E.: *Chenopodium.* Pers. Mitteilung, Jerusalem 1992.

JACOBSEN, S.-E. and STOLEN, O.: Quinoa-Morphology, phenology and prospects for its production as an new crop in europe. Eur. J. Agron., 1993, 2. Ed.

JACOBSEN, S.-E., JORGENSEN, I. and STOLEN, O.: Cultivation of quinoa under temperate climatic conditions in Denmark. Journal Agric. Scienc, Cambridge 1994, 122. The Royal Veterinary and Agricultural University, Frederiksberg, C. (Dänemark), 1994.

Jäger, Zeitschrift für das Jagdrevier: Zuschußaktion für Saatgut auch 1992. Hamburg 1992.

Joordens Saatguthandel: Sorteninformation Buchweizen 'Empire'. Kessel-Holland 1993.

KÄMPF, R.: Fruchtfolge aktuell. Verlagsunion Agrar, Frankfurt/Main 1987, 6. Aufl.

KÄMPF, R., NOHE, E. und PETZOLDT, K.: Pflanzliche Produktion. DLG-Verlag, Frankfurt 1971.

KÄMPF, R., PETZOLDT, K. und SNEYD, J.: Feldfutterbau. Verlagsunion Agrar, Frankfurt 1985

KAPPERT, H. und RUDORF, W.: Handbuch der Pflanzenzüchtung. Verlag Paul Parey, Berlin und Hamburg 1959.

KIFFMANN, R.: Samencharakteristiken. Briefl. Mitteilungen, Schweiz 1991.

KLAPP, E.: Taschenbuch der Gräser. Verlag Paul Parey, Berlin und Hamburg 1983.

KÖRBER-GROHNE: Nutzpflanzen in Deutschland. Konrad Theis Verlag, Stuttgart 1987.

Kruse-Saaten: Lupinen in neuem Licht. Info-Broschüre, Spenge 1992.

Kruse-Saaten: Ansaaten für Stillegungsflächen. Info-Broschüre 1993. Grün-Aktiv, Spenge 1994.

KUNHARDT, H. (Hrsg.): Sorten und Saatgutrecht. Verlag A. Strothe, Frankfurt 1988.

KWS (Kleinwanzlebener Saatzucht AG): Info-Sortenbeschreibung und briefl. Mitteilungen. Einbeck 1992, 1993, 1994.

Landesverband Württembergischer Imker e. V.: Merkblatt: Bienenweide-Verbesserung. Stuttgart 1991, 1992.

Landwirtschaftskammer Hannover: Lehranstalt für Gartenbau. Info-Blatt über Ölrettich als Indikatorpflanze. Hannover 1992.

LEE, J. H.: Ertrag und Qualität von Reismelde (*Chenopodium quinoa*) in Abhängigkeit von pflanzenbaulichen Maßnahmen. Mitteilg. Gesellsch. Pflanzenbauwissenschaften 7, 1994.

Lembke-Saatzucht, Malchow: Raphanobrassica (Futterkohl). Mitteilg. H. ENDERLEIN 1993.

LESAK, J.: Picninarstvi – Vorlesungsmanuskript. Vysoka Skola zemedelska. Brno 1986.

Limagrain Genetics: Ölrettich/Sorteninformation. Scheemda-Holland 1993.

Lochow-Pektus GmbH: Sorten-Info: Sareptasenf 'Vitasso' Bergen 1992.

MEINERT, G. und MITTNACHT, A.: Integrierter Pflanzenschutz. Verlag Eugen Ulmer, Stuttgart 1992.

Ministerium für Ländlichen Raum, Landwirtschaft und Forsten, Baden-Württemberg: Berichte: Stillegung von Ackerflächen und Nitratuntersuchungsergebnissen. Stuttgart 1989 bis 1993.

Ministerium für Ländlichen Raum, Landwirtschaft und Forsten, Baden-Württemberg: Empfehlungen für die Ansaat und Nachsaat von Dauergrünland. Hrsg.: Staatliche Lehr- und Versuchsanstalt. Aulendorf 1992.

MOREAU, Frh. von: Sorteninfo 1992.

MÜLLER, Ch.: Eignung einiger Pflanzenarten als Bienenweide und ihr Einfluß auf die Honigqualität. Diplomarbeit, Fachhochschule Nürtingen 1992.

Nebelung Samengroßhandlung: Futterkohl – Sortenbeschreibung. Münster 1991.

Norddeutsche Pflanzenzucht, H.-G. Lembke (NPZ): Senf, Weißer und andere – Sortenbeschreibungen und briefl. Mitteilungen Dr. Frauen. Holtsee-Hohenlieth 1991 bis 1994.

NÖSBERGER, J. und OPITZ VON BOBERFELD, W.: Grundfutterproduktion. Verlag Paul Parey, Berlin und Hamburg 1986.

Nungesser-Saaten: Zwischenfrucht-Kompaß; Sorteninformationen. Darmstadt 1991.

OEHMICHEN, J.: Pflanzenproduktion. Verlag Paul Parey, Berlin und Hamburg 1986.

PABST, W.: Der landwirthschaftliche Pflanzenbau. Verlag Leske, Darmstadt 1844.

PETERS, M.: Der Anbau von Linsen mit Gerste als Stützfrucht in Tachenhausen. Diplomarbeit, Fachhochschule Nürtingen 1993.

PETZOLDT, K., SNEYD, J., NEMLI, Y. und BÜLBÜL, A.: Berichte und Publikationen über Sonnenblumen und *Orobanche cumana*. Forschungsprojekt GTZ/BMZ/DFG. Nürtingen, Izmir, Edirne 1984 bis 1994.

PREUSCHEN, G.: Gründüngung – aber wie? Sonderausgabe Nr. 9. Stiftung ökologischer Landbau 1991.

PREUSCHEN, G. und BERNATH, K.: Die Kunst der Gründüngung. Verlag Leopold Stocker, Graz 1983.

PROBST, G. und PROBST, M.: Praktische Gründüngung. Volkswirtschaftlicher Verlag, Edition Siebeneichen, München 1982.

Pro-Agro Saatenvertriebs GmbH: Ölrettich – Sortenbeschreibung, 1991.

Radicin Institut GmbH: Azotobakter-Kulturen. Info und briefl. Mitteilungen. Iserlohn 1993.

RENIUS, W.: Samenbau für Zwischenfrucht und Gründüngung. Landbuch-Verlag, Hannover 1949.

RENIUS, W., LÜTKE-ENTRUP, E. und LÜTKE-ENTRUP, N.: Zwischenfruchtanbau zur Futtergewinnung und Gründüngung. DLG-Verlag, Frankfurt 1992.

RHEINWALD, H.: Gründüngung im Zwischenfruchtanbau. Verlag Eugen Ulmer, Stuttgart 1936.

ROEMER, TH., RUDORF, W. und KAPPERT, H.: Handbuch der Pflanzenzüchtung. Verlag Paul Parey, Berlin 1988.

RÖMER, P.: Weiße Süßlupinen. In: Leguminosen-Broschüre der Saaten-Union. Hannover 1994. Auch: Lupinen; G.F.L., 1994.

Rügensaaten Gingst GmbH: Grünfuttererbse. Briefl. Mitteilung. Granskevitz-Rügen 1992.

Ruhr-Stickstoff AG (Hrsg.): Faustzahlen für Landwirtschaft und Gartenbau. Landwirtschaftsverlag Münster-Hiltrup 1988.

Rustica-Pflanzenzucht, Bad Mergentheim: Versuche zu Untersaaten. Fachhochschule Nürtingen 1994.

Saaten-Union GmbH: Zwischenfrüchte für Grünbrache – Infobroschüren. Hannover 1989, 1993, 1994.

Saaten-Union GmbH: Erosionsschutz; Zwischenfrüchte für Mulchsaaten bei Mais und Zuckerrüben Flächenstillegung – Infobroschüren. Hannover 1991, 1992, 1994.

Saaten-Union GmbH: Saaten und Sorten – Infobroschüren. Hannover 1992 bis 1994.

Saaten-Union GmbH: Biologische Bekämpfung der Rübennematoden mit resistentem Ölrettich und resistentem Gelbsenf. Hannover 1986.

Saatzucht Bornhof GmbH: Phacelia und Lupine – Sortenbeschreibungen. Bocksee 1991, 1993.

Saatzucht Gotha-Friedrichswerth: Sorteninformationen – Sareptasenf. Gotha 1991.

Saatzucht Hege: Sorten-Info. Weißlupine Minori, 1994.

Saatzucht Petersen: Sorteninformationen. Lundsgaard 1993.

Saatzucht Steinach: Saatgut-Info, 1991 bis 1994.

Saatzucht Trebatsch: Gelbe Lupine – Sortenbeschreibung. Trebatsch 1991.

SchALVO (Schutzgebiets- und Ausgleichsverordnung)*. Ministerium für Ländlichen Raum. Stuttgart 1992.

SCHREINER, W. und OBST, A.: Landwirtschaftliche Nutzpflanzen in Wort und Bild. DLG-Verlag, Frankfurt 1988.

Schoell Saatguthandel: Sortenkataloge. Neckartailfingen, 1992, 1993, 1994.

SCHUSTER, H.: Ölpflanzen in Europa. DLG-Verlag, Frankfurt 1992.

SEIFFERT, M.: Landwirtschaftlicher Pflanzenbau. VEB – Deutscher Landwirtschaftsverlag mbH. Berlin1968.

Semundo Saatzucht: Erfolgreicher Zwischenfruchtanbau – Infobroschüre. Hamburg 1991.

SENGBUSCH, R. VON: Umwandlung von Wildpflanzen in Kulturpflanzen – Süßlupinen. Max-Planck-Institut für Züchtungsforschung, 1952; und persönl. Mitteilungen. Hamburg-Ahrensburg 1969 bis 1975.

SNEYD, J.: Phaceliasamen – ein neuer Exportartikel. Landwirtschaftsjournal, Ankara 1981.

SNEYD, J.: Samenkunde. Vorlesungsmanuskript Fachhochschule, Nürtingen 1994.

SNEYD, J.: Sonnenblumenanbau in Deutschland und in der Türkei; Vorträge: Universität Izmir 1989, Hohenheim 1992, Quedlinburg 1994 und Albena (Bulgarien) 1994.

SNEYD, J.: Langjährige Zuchtarbeit bei Landsorten – erste Teilerfolge bei Wintergrünfuttererbsen. Postervortrag anläßlich Symposium pflanzengenetische Ressourcen. Insel Vilm 1992.

SNEYD, J.: Untersaaten in Mais und Sonnenblumen – Feldversuche im Versuchsbetrieb Tachenhausen. Nürtingen 1990 und 1994.

SNEYD, J., WÜRTELE, S., WÜSTHOLZ, M., HAHN, G., SCHMID, H. und GURRATH, P.: Demonstrations- und Anbauversuche mit „alternativen“ Arten in Tachenhausen. Versuchsberichte Fachhochschule. Nürtingen 1989 bis 1994.

SNEYD, J. und GILL, R.: Landsorten und Hochzuchtsorten – Erhaltung, Nutzung, Rettung. Lehr- und Versuchsbetrieb Tachenhausen 1993, 1994.

Sperling, C. GmbH: Futtermöhre – Sortenbeschreibung. Lüneburg 1991.

STEPHAN, J.: Die Serradella als Futterpflanze. Verlag Eugen Ulmer, Stuttgart 1939.

Süddeutsche Saatzucht-Genossenschaft A. G.: Schwedenklee, Hornklee und Glatthafer – Sortenbeschreibung. Waldbrunn 1991, 1994.

Universität Hohenheim, Dokumentationsstelle: Futterwertzahlen einiger Pflanzenarten. Versuchsergebnisse/Zusammenstellungen, Hohenheim 1993.

Top-Agrar: Zwischenfrüchte. Nr. 6, S. 78, 1990.

Top-Agrar: Stillegung. Nr. 7, S. 60, 1992.

Umweltministerium Baden-Württemberg: Verordnung über Schutzbestimmungen in Wasserschutzgebieten. Stuttgart 1991.

VARLAMOVA, K. A.: Malve. Briefl. Mitteilungen. Odessa 1992.

WAGNER, F.: Landwirtschaftliche Samen und Saaten. ACG-Verlag, Sindelfingen 1979.

Weibulls-Saatzucht: Sorteninfo – Schwedenklee. Landskrona (Schweden) 1991.

WICK, H.: Phacelia und Gelbsenf sind die Favoriten. Schwäbischer Bauer Nr. 24, 1993.

WIELAND, Ch.: Die Weiße Lupine – Entstehung und heutige Bedeutung. Diplomarbeit, Fachhochschule Nürtingen 1990.

WLZ-Raiffeisen AG: Saatgutratgeber. Stuttgart 1992, 1993, 1994.

WOLFF, T.: Persönliche Mitteilungen und Anregungen. Nürtingen 1993.

Württembergisches Wochenblatt für die Landwirtschaft (WWL): Brachflächen nach der Agrarreform. Stuttgart 1992.

Zander: siehe Encke, Buchheim, Seybold.

Zernikow Saatzucht GmbH: Winterwickensorte ‘Welta’ – Sortenbeschreibung. Zernikow 1992.

# Bildquellen

Baumeister, W. Farbtafel 1: oben links, rechts; Mitte links; unten rechts. Farbtafel 3: Mitte links. Farbtafel 4: oben rechts. Farbtafel 6: unten links. Farbtafel 7: unten. Farbtafel 8: unten links und rechts.

Herdtfelder, R.: Seite 22

Wüstholz, M.: Seite 28

Hirschle, I.: Seite 30

Saaten-Union: Seite 84

Moser M.: Seite 95

Arm, U.: Seite 107

Jacobsen, S. E./Haaber, I.: Seite 123